Genossenschaftliche Zeit- und Streitfragen
begründet von
Ludolf Parisius und Dr. Hans Crüger,
fortgeführt von
Heft 5. Dr. Hans Crüger. Heft 5.

Die internationalen Genossenschafts-Kongresse in Paris im Jahre 1900.

Von

Dr. Hans Crüger,
Anwalt des Allgemeinen Verbandes der deutschen Erwerbs- u. Wirthschaftsgenossenschaften.

Berlin 1901.
J. Guttentag, Verlagsbuchhandlung,
G. m. b. H.

I.

In Verbindung mit der Pariser Weltausstellung haben in Paris eine große Anzahl Internationaler Kongresse der verschiedensten Art stattgefunden. Diese Gelegenheit wollten sich die französischen Genossenschafter nicht entgehen lassen, sie wünschten eine Reihe Internationaler Genossenschafts-Kongresse zu veranstalten. Es mag an und für sich auffallend erscheinen, daß, da doch ein Internationaler Genossenschafts-Verband besteht, daneben noch Internationale Genossenschafts-Kongresse der verschiedenen Genossenschafts-Arten gebildet werden sollten, und jedenfalls haben diese Neben-Kongresse gerade nicht dazu beigetragen, den Kongreß des Internationalen Verbandes zu heben, sie gingen dem letzteren voraus und hatten mit ihren Tagesordnungen dem Internationalen Verband so ziemlich alle Arbeit abgenommen. Die Bezeichnung „Internationaler Kongreß" ist für diese Versammlungen wohl auch eine etwas zu weitgehende, es sei denn, daß man z. B. den Kongreß, auf dem Angehörige verschiedener Nationen zusammenkommen, als einen „Internationalen" bezeichnet.

Es war vorauszusehen daß die Internationalen Kongresse der Kreditgenossenschaften, Konsumvereine u. s. w. hauptsächlich von Franzosen würden beschickt werden, und daß die deutschen, englischen Genossenschaften u. s. w. nur als Gäste den Kongressen beiwohnen würden. Und es kam so. Dies gab natürlich den Verhandlungen und Beschlüssen ein besonderes Gepräge; die Geschäftssprache war fast ausschließlich die französische, und bei den Beschlüssen wurden fast allein die französischen Verhältnisse berücksichtigt. Es wäre daher ein Fehler, jenen Verhandlungen und Beschlüssen eine übergroße Bedeutung beizulegen.

Wir sehen aber überhaupt nicht den besonderen Werth solcher Internationalen Veranstaltungen in den Beschlüssen derselben, sondern in der sich für die Betheiligten dort bietenden Möglichkeit einander kennen zu lernen, um mit einander in Verkehr zu treten. Die Beziehungen, die bei solchen Gelegenheiten angeknüpft werden, soll man in ihrer Bedeutung nicht unterschätzen. Die Vertreter der verschiedenen Nationen, die sich hier begegneten, lernen nicht blos einander kennen, sondern gewinnen auch einen Einblick in die Eigenthümlichkeiten der fremden Nationen, was oft gleichbedeutend ist mit einander verstehen und vieles erklärlich finden, was ohne dieses Verstehen zu Mißverständnissen und unrichtigen Auffassungen führt. Der deutsche Genossenschafter, z. B. der einen französischen Kongreß besucht, lernt dort die französischen Genossenschafter in ihrer Thätigkeit als Menschen und Genossenschafter kennen. Er nimmt an der Quelle Kenntniß von der Lage der französischen Genossenschaften, sieht deren Bedürfnisse, und lernt damit französische Einrichtungen verstehen, die ohne dies für einen deutschen Genossenschafter oft nicht erklärlich sind; das Gleiche gilt umgekehrt für den französischen Genossenschafter gegenüber dem deutschen — es gilt für die Genossenschafter aller Nationalitäten die auf solchen Kongressen Gelegenheit haben, miteinander in Beziehungen zu treten. Und keineswegs wollen wir nun behaupten, daß solche Genossenschafts-Kongresse keinerlei praktische Arbeit fördern. Wenn auch natürlich nicht von heute auf morgen es möglich ist, internationale, wirthschaftliche Beziehungen unter den Genossenschaften der einzelnen Länder anzubahnen; wenn auch statistische Erhebungen nicht sogleich sich durchführen lassen, so ist doch klar, daß ein solcher Kongreß ein sehr geeignetes Fundament bietet, auf dem derartige Gedanken zur Ausführung gelangen können, und es ist nicht ausgeschlossen, daß internationale Verbindungen zu praktischer Arbeit führen. Braucht man also die Vortheile von derartigen internationalen Zusammenkünften nicht allzuhoch zu veranschlagen, so hat man doch auch nicht nöthig, diese Zusammenkünfte völlig zu mißachten. Die deutschen Genossenschaften haben schon sehr früh den Werth der nationalen genossenschaftlichen Beziehungen erkannt. Man hat in ihnen mehr gesehen als den Austausch von Freundschaftsbezeugungen — mehr auch als Bestrebungen zur Förderung der rein technischen genossenschaftlichen Arbeit — man hat in diesen Beziehungen einen Weg gesehen, auf dem es möglich ist, in weiten Volkskreisen Verständniß für fremde Völker und deren Sitten und Gewohnheiten zu erwecken. Gerade die Genossenschaft greift ja nach oben und auch nach unten hin mit ihren Wurzeln tief in alle Volksschichten hinein. Verstehen sich die Genossenschaften der verschiedenen Staaten, so liegt hierin auch schon eine wirthschaftliche und politische Annäherung von Volk zu Volk.

Nicht immer aber konnten die Genossenschaften der verschiedenen Länder unbehindert zusammenkommen und Kongresse abhalten; war doch selbst für einen deutsch-nationalen Verband dies in Deutschland zunächst schwer durchzuführen. Gerade in der heutigen Zeit, wo die Regierungen aller Staaten bestrebt sind, das Genossenschaftswesen zu fördern, ist es vielleicht am Platz, daran zu erinnern, daß die Regierung des Königreichs Sachsen die Abhaltung des letzten Vereinstages der deutschen Vorschußvereine in Dresden verboten hat. Dem ersten internationalen Genossenschaftstag ging es nicht besser. Die deutschen Genossenschaften hatten im April 1867 die Einladung zu einem internationalen Genossenschaftskongreß erhalten, der aus Veranlassung der Weltausstellung in Paris stattfinden sollte; die Tagesordnung berührte nur Fragen wirthschaftlicher Natur. Schulze-Delitzsch wollte dem Kongreß beiwohnen; er war bereits auf der Reise nach Paris, als ihm die Nachricht zuging, daß die französische Regierung den Kongreß verboten habe. Nachstehend lassen wir den Protest folgen, den Schulze-Delitzsch unter Zustimmung des Allgemeinen Vereinstages hierauf veröffentlichte, und der, wie Bernstein in seinem Buche — „Schulze-Delitzsch, sein Leben und Wirken“ — mit Recht hervorhebt, um so beachtenswerther war, als er mit prophetischem Blicke das Schicksal des napoleonischen Kaiserreichs scharf und treffend andeutet.

„Bereits auf dem Wege nach Paris, wo ich mich in Vertretung des Deutschen Genossenschaftsverbandes, an dem Mitte August dorthin berufenen Internationalen Kongreß der Kooperativ-Gesellschaften zu betheiligen beabsichtigte, traf mich die Nachricht von dem Verbot desselben durch die französische Regierung. Ich habe jede Konzession zur Erwirkung der Zurücknahme des Verbots, als die Würde und Freiheit der Kongreßverhandlungen gefährdend, widerrathen, und die Reise nach Paris sofort eingestellt.

Indessen ist die Sache damit nicht abgethan. Vielmehr legt mir meine Stellung als Anwalt des genannten Genossenschaftsverbandes die Pflicht auf, gegen das ergangene Verbot ausdrücklich und öffentlich zu protestiren, weil das darin ausgesprochene Verdikt nicht blos die Veranstalter und Adhärenten des Kongresses, sondern die Kooperativ-Bewegung, das Genossenschaftswesen überhaupt, trifft. In dem Augenblicke, wo in Paris auf Einladung der französischen Regierung die Erzeugnisse der Kunst und Industrie aus allen Erdtheilen zu einer Universal-Ausstellung zusammenströmen; wo allen irgend beachtenswerthen Strebungen in Wissenschaft und Leben eine gastliche Stätte geboten wird; wo man die Leistungen auf sozialem Felde, zur Hebung des Looses der arbeitenden Klassen, ausdrücklich in diesen Kreis zieht, weist man die Kooperativ-Vereine der Handwerker und Arbeiter zurück! Sind sie Unwürdige — so fragt man sich unwillkürlich — gefährdet ihre Zulassung in irgend welcher Rücksicht die Elemente der Civilisation, die dort versammelt sind, oder gar den Staat, daß man die Thore vor ihnen schließt?

In der That sieht man sich erstaunt nach dem Motiv dieses Verbotes um, welches so plötzlich, ohne jeden Versuch einer Begründung, den Genossenschaftskongreß traf, und so wenig zu der Rede des französischen Kaisers bei Beginn der Ausstellung stimmt. Was wollen, was treiben denn die Kooperativ-Gesellschaften, die Genossenschaften der Handwerker und Arbeiter, welchen Weg schlagen sie ein, um das Wohl ihrer Mitglieder zu fördern? Stellen sie etwa unerfüllbare Forderungen an den Staat, tasten sie durch ihre Zwecke oder die Mittel, die sie dazu anwenden, die Grundlagen der Gesellschaft an? — Nichts von alledem! Der Weg, auf den sie ihre Mitglieder verweisen, er ist theoretisch und praktisch der allein mögliche, allein erprobte, der kein Almosen vom Staat oder den übrigen Gesellschaftsklassen in Anspruch nimmt, der, wie er die eigene Würde der Arbeiter wahrt, der Gesellschaft in ihnen keine Gegner, sondern die besten Stützen zuführt, der Weg der Selbsthülfe, des Emporkommens durch eigene Tüchtigkeit. Es ist unumstößliches Naturgesetz, daß Kraft und Fülle, Schönheit und Gesundheit in irgend einen Organismus niemals von außen hineingebracht werden, sondern sich nur innerhalb des Organismus selbst entwickeln können, und daß man durch äußere Einwirkung wohl hemmend oder fördernd auf diesen inneren Prozeß einzuwirken, in keiner Weise aber ihn zu ersetzen vermag. Dies gilt von dem physischen und geistigen Leben der Einzelnen so gut, wie von dem zahlreicher Gesellschaftsklassen. Die schlummernden Kräfte wecken, bei Pflege innerer Tüchtigkeit die Erschwingung der äußeren Mittel ermöglichen, welche zum Erfolge im Leben und Erwerb unentbehrlich sind. — Das allein ist es, wodurch die Hebung der Arbeiter, wie aller anderen Menschen erreicht werden kann. Und dies unternimmt die Kooperation, die Genossenschaftsbewegung durch Zusammenfassen kleiner, in ihrer Isolirung unzureichender Mittel und Kräfte, durch gegenseitiges Stützen und für einander Einstehen der Einzelnen. Indem sie intellektuelle und sittliche Anforderungen der ernstesten Art an ihre Mitglieder richtet, ihnen die allmälige Ansammlung des zum Emporkommen unerläßlichen geistigen und materiellen Kapitals vermittelt, ermöglicht sie ihnen allmälig eine gehobene Stellung im Verkehr, dessen natürlichen Gesetzen sie in jeder Beziehung gerecht wird. Insbesondere werden die Fundamente des wirthschaftlichen wie des Kulturlebens, die individuelle Freiheit und das Privateigenthum, von den Genossenschaften nicht blos respektirt, sondern dadurch erst recht gefestigt, daß sie bemüht sind, dieselben immer größeren Bevölkerungskreisen zugängig zu machen. Nur auf diese Weise wird dem verderblichen Klassenkampf vorgebeugt, der unsere industrielle Entwickelung bedroht, nur so die Kluft ausgeglichen zwischen Bemittelten und Mittellosen, und Kapital und Arbeit dauernd versöhnt, indem man die Segnungen des ersteren den Arbeitern zuführt.

Und wie diese Befriedigung der Gesellschaft im besten und höchsten Sinne durch die Genossenschaftsbewegung innerhalb der einzelnen Länder sich vollzieht, muß sie auch nach Außen hin, in den gegenseitigen Beziehungen der verschiedenen Völker ihre segensreiche Wirkung äußern, sobald diese Gelegenheit finden, sich untereinander über ihre Strebungen und Interessen zu verständigen. Das war eben die große Bedeutung des Kooperativ-Kongresses, eine solche internationale Verständigung anzubahnen. Ein Friedenskongreß wäre es geworden, praktisch wirksamer als jeder andere. Haben sich die arbeitenden Klassen untereinander über die Grenzen ihrer Länder hinaus erst einmal über die Einheit ihrer Interessen, über den allein richtigen Weg ihres Emporkommens in der oben angedeuteten Weise verständigt, so ist der allgemeine energische Protest gegen den Krieg in allen civilisirten Staaten die nothwendige Folge davon. Je mehr Wohlstand und Bildung sich unter den Massen verbreiten, desto weniger werden diese geneigt sein, Gut und Blut, die mühsam erworbenen Güter an Besitz und Gesittung in Kämpfen auf das Spiel zu setzen, wo Mittel und Zwecke ihrem eigenen Gedeihen und Emporkommen schnurstracks zuwiderlaufen. Die bis dahin einander fremden, ja verfeindeten Nachbaren haben sich gegenseitig kennen gelernt, und damit die nationale Gereiztheit gegeneinander abgestreift. Man fühlt sich durch dieselben Strebungen, durch wahrhafte Solidarität der wirthschaftlichen und humanen Interessen verknüpft, deren Störung durch den Krieg, vermöge der internationalen Natur des modernen Verkehrs, sich niemals blos auf die unmittelbar Betroffenen, sondern über den ganzen Weltmarkt erstreckt. So ergiebt sich dasselbe tiefe Friedensbedürfniß wie zu Haus, so bei den benachbarten Nationen, in allen Schichten des arbeitenden Bürgerthums in Stadt und Land. Nicht von den Völkern — das erkennt man immer mehr — sondern von der Machtsucht der Dynastien gehen die Kriegshetzereien aus, welche jene unter der Vorspiegelung von Nationalehre und Nationalinteresse gegen einander in den unseligen Bruderkampf verwickeln, in welchem der Sieg meist verhängnißvoller ist als die Niederlage. Denn noch immer hat die Unterwerfung anderer Völker, die Behauptung vorwiegender Machtstellung nach Außen, wie sie nur durch einen großen kriegerischen Apparat zu erhalten ist, dem herrschenden Volke nichts als die eigene Knechtschaft, den Verlust der innern Freiheit eingetragen. Nicht also Feinde, sondern Stützen staatlicher Ordnung sind die Genossenschaften; nicht den Krieg, den Frieden bringen sie der Gesellschaft. Das beginnen zur Zeit die Regierungen fast überall zu begreifen, wo es überhaupt Genossenschaften giebt, mit alleiniger Ausnahme etwa der Russischen. Die kaiserliche Regierung in Frankreich selbst hat derartige Bestrebungen in mehrfacher Beziehung gefördert. Und nun dieses Verbot? — Erblickt sie in der Perspektive — der weiteren Entwickelung der bisher von ihr protegirten Genossenschaften etwa eine Gefahr — wenn nicht für den Staat, dessen Bestand anderwärts ja nicht dadurch erschüttert wird, doch vielleicht für ihr System? — Hat sie es verschmäht, ihr Verbot zu begründen, so muß sie es sich gefallen lassen, wenn wir uns selbst nach den Gründen umsehen, ja die öffentliche Kritik wird geradezu zur Pflicht.

Gewiß hat kein Land so an sich erfahren, was es mit jenen sozialistischen, die Gesellschaft in ihren Tiefen erschütternden Experimenten auf sich hat, denen die Kooperativbewegung allein als Trägerin gesunder Arbeiterbestrebungen auf die Dauer das Ziel zu setzen vermag. Nirgends hat man daher mehr Ursache, das Einlenken der arbeitenden Klassen in diese Bewegung mit aller Macht zu fördern! Das in der furchtbaren Junischlacht niedergeworfene rothe Gespenst hat die Franzosen um sämmtliche Früchte der Revolution von 1848 gebracht, als es die französische Gesellschaft der Staatsrettung um jeden Preis in die Arme trieb, und das Kaiserthum ist nichts als die Permanenz der auf diese Weise entstandenen Diktatur. Aber so sehr dasselbe von der Unerfüllbarkeit und Verderblichkeit der sozialistischen Forderungen, wie von der Heilsamkeit der Kooperativbewegung überzeugt sein mag, so bedenklich und mit Erhaltung seiner Machtfülle unvereinbar scheint ihm die selbstbewußte Initiative zu sein, welche mehr und mehr in jenen Bildungs-, Wirthschafts- und Erwerbs-Genossenschaften erstarkt, wovon die Berufung des Kongresses Zeugniß giebt. Freilich tritt davor die bisher geübte Protektion zurück, vermöge deren man die Fäden des Ganzen hübsch in den Händen behielt. Entwöhnen sich die Leute erst in diesen Dingen, alle Anstöße von der Regierung zu erwarten, lernen sie sich aus eigenem Antriebe wie aus eigener Kraft in selbstgewählten Bahnen auf diesem Felde bewegen, so führt dies leicht weiter. Die wirthschaftliche Selbstregierung ist die Vorschule zur Selbstregierung in Staat und Gemeinde, die mit dem Präfektenthum, mit der administrativen Zentralisation unvereinbar ist. Wird nun zu alledem gar noch mittelst der persönlichen Zusammenkunft der verschiedenen Volksgenossen jene internationale Verständigung eingeleitet, welche der Kriegsluft wie der Kriegsfurcht mehr und mehr den Boden entzieht, wie dies schon die brüderlichen Grüße der französischen, englischen, deutschen und italienischen Arbeiter bezeugen, so läßt sich das Verbot wohl erklären. Ein System, wie das gegenwärtig in Frankreich herrschende, sucht sich regelmäßig im Kriege das letzte Ableitungsmittel zu sichern für den Freiheitsdrang der Nation. Es ist nicht zuviel gesagt: In dem Augenblicke, wo die französische Gesellschaft durch die Haltung der Arbeiter von der Furcht vor dem rothen Gespenst befreit ist, und sich mit Entschiedenheit von der äußern Machtpolitik der Regierung ab- und ihren innern Aufgaben zuwendet, hat das gegenwärtige Regiment in Frankreich seine Hauptstütze verloren. Die so oft verheißene Krönung des Gebäudes wird dann zur Nothwendigkeit und man ist nicht im Stande, der französischen Nation die ihren großen geschichtlichen Leistungen wie ihrem Kulturzustande entsprechenden Rechte und Freiheiten länger vorzuenthalten.

So wird denn hiermit vor der gebildeten Welt, vor deren civilisatorischer Kooperation in Paris man die soziale Kooperativbewegung ausgeschlossen hat, Protest erhoben. Mit dem Verbote des internationalen Genossenschafts-Kongresses hat die Pariser Weltausstellung in einer der wichtigsten Beziehungen ihren Anspruch auf Universalität verwirkt und ihre internationale Bedeutung geschwächt. Wie auch die Genossenschaften anderer Länder zu diesem Attentat auf die Würde und soziale Berechtigung ihrer Sache sich stellen mögen — schon haben sich in Paris energische Stimmen in der Tagespresse dagegen erhoben — es ist ganz besonders Sache der deutschen Genossenschaften und Pflicht ihres Anwaltes, hier einzutreten. Wir allein stehen in lebensvoller Organisation da, zur Abwehr von Angriffen und Wahrnehmung gemeinsamer Interessen verbunden. Wir sind eine Macht, die sich die staatliche Anerkennung im eigenen Lande erkämpft hat. Und als wirthschaftliche und sittliche Macht, fußend auf Allem, was gut und recht, was wahrhaft menschenwürdig ist, weisen wir jenen Willkürakt zurück. Die französische Regierung, die sich einst mit dem Ausspruche: „Das Kaiserthum ist der Friede" inaugurirte, hat durch ihre Achtserklärung eines der werthvollsten Elemente für den inneren und äußeren Frieden der Völker von sich gewiesen. Die Genossenschaften nehmen davon Akt.

In Vertretung des Allgemeinen Verbandes der auf Selbsthülfe beruhenden deutschen Erwerbs- und Wirthschaftsgenossenschaften.

Schulze-Delitzsch, derzeitiger Anwalt.

Zu dem Kongreß im Jahre 1900 konnte der Anwalt des Allgemeinen Verbandes unbehelligt reisen.

In Paris fanden die nachfolgenden Genossenschafts-Kongresse statt:

1. Internationaler Kongreß über Volkskredit;
2. " " landwirthschaftl. Syndikate;
3. " " von Produktiv-Genossenschaften;

4. Internationale Kongresse der Konsumvereine;
5. Internationaler Kongreß des Internationalen Genossenschafts-verbandes;
6. „ „ ländl. u. Handwerks-Darlehnskassen und ähnlicher Syndikate.

Ohne Weiteres erscheint der Kongreß des Internationalen Verbandes als der wichtigste, er bildet den Mittelpunkt der internationalen Genossenschaftsbestrebungen, und es mag daher zunächst einiges über die Entstehung des Internationalen Verbandes vorausgeschickt werden.

Seit Jahrzehnten sind die Genossenschaften aller Länder, in denen die genossenschaftliche Idee Boden gefaßt hat, zum Austausche ihrer Meinungen und Erfahrungen mit einander in Verbindung getreten.

Von Zeit zu Zeit wurde der Gedanke erörtert, durch eine Verbandsbildung die Genossenschaften der verschiedenen Staaten in engere Fühlung zu bringen. Bereits im Jahre 1887 hatte der damalige engere Ausschuß des Allgemeinen Verbandes der deutschen Erwerbs- und Wirthschaftsgenossenschaften bei Gelegenheit des Allgemeinen Genossenschaftstages beschlossen, eine Kommission zu wählen mit dem Auftrag, im Verein mit dem Anwalt Schenck die freundschaftlichen Verbindungen mit den fremdländischen Genossenschaftsverbänden aufrecht zu erhalten und zu pflegen. Ein französischer Genossenschafter, de Boyve von Nimes, trat bei seinen wiederholten Besuchen der englischen Genossenschafts-Kongresse lebhaft für die Bildung eines Internationalen Genossenschaftsverbandes ein, und fand dafür besonders bei Vansittart Neale, dem Leiter der englischen Genossenschaften, volles Verständniß. Es waren auch die englischen und französischen Genossenschafter sich dadurch besonders nahe getreten, daß ein gegenseitiger Besuch der Kongresse zur Regel geworden war. — Dem Gedanken aber endlich für die Ausführung Form gegeben zu haben, ist das Verdienst des jetzigen Präsidenten des Internationalen Genossenschaftsverbandes Henry W. Wolff in London, der den Kontinent bereiste und alle bekannteren Genossenschaftsführer aufsuchte, um die Bildung eines Verbandes vorzubereiten.

Wolff hatte selbst im eigenen Lande viel Hindernisse zu überwinden, denn der englische Genossenschaftsverband erachtete seine eigenen internationalen Beziehungen für ausreichend. Im Jahre 1892 fand eine Konferenz von englischen Genossenschaftern und Volkswirthen in London statt, der eine Anzahl Vertreter französischer Genossenschaften beiwohnte; der Konferenz schlossen sich die in England jährlich wiederkehrenden Genossenschafts-Feste und Genossenschaftsausstellungen im Krystall-Palast in London an. Dort wurde der Beschluß gefaßt, einen Internationalen Bund der Freunde der Produktivgenossenschaften zu bilden, der die Aufgabe haben sollte, Beziehungen zu gegenseitiger Unterstützung zwischen denen herzustellen, die in allen Ländern bemüht sind, den chronischen Kriegszustand zwischen Kapital und Arbeit zu beenden, und den Frieden in den industriellen Verhältnissen, der auf der Betheiligung der Arbeiter am Ertrage begründet ist, herzustellen.

Keineswegs herrschte auch nur unter den englischen Genossenschaften selbst über diese Grundsätze Uebereinstimmung, z. B. Mitchell, der frühere Präsident der Großeinkaufs-Genossenschaft zu Manchester stand der Gewinnbetheiligung der Arbeiter und der Produktiv-Genossenschafts-Bewegung durchaus ablehnend gegenüber. Er und seine Anhänger forderten Zentralisation der Produktion durch die Großeinkaufsgenossenschaften; sie lehnten im Interesse der Konsumenten die Bildung von Einzel-Produktivgenossenschaften ab. Vansittart Neale, der zu den Mitbegründern der heutigen englischen Genossenschaftsbewegung gehört, versuchte nun außerhalb des englischen Genossenschafts-Verbandes, in dem Mitchell mit seinem Anhange die Förderung der Produktiv-Genossenschaften und der Gewinnbetheiligung der Arbeit lahm legte, die Sache zu betreiben und glaubte durch Bildung eines Internationalen Verbandes dies am besten erreichen zu können. Aber erst im Jahre 1894 gelangte der erwähnte Beschluß zur Verwirklichung, und auch in etwas anderem Sinn, als Neale und seine Freunde es sich gedacht hatten.

Englische Genossenschafter hatten im August 1894 einen Internationalen Genossenschafts-Kongreß nach London eingeladen, zur Bildung eines Internationalen Genossenschafts-Verbandes, für die Tendenz dieses Kongresses ist es bezeichnend, daß der englische Genossenschafts-Verband sich fernhielt; denn obgleich es sich nicht mehr um einen Bund der Freunde der Produktivgenossenschaften handelte, sondern um Schaffung eines internationalen Genossenschaftsverbandes, erblickte der englische Genossenschaftsverband in demselben im Wesentlichen Bestrebungen zur Förderung der Produktiv-Genossenschaften und der Gewinnbetheiligung der Arbeiter, die er nicht unterstützen wollte.

Es mag mancher Konferenzen bedurft haben, viele Meinungsverschiedenheiten mußten beseitigt werden, bis der englische Genossenschafts-Verband bewogen wurde, dem Kongreß beizuwohnen, dessen Abhaltung dann schließlich auch noch auf ein Jahr vertagt wurde. Vom 13. bis 23. August 1895 fand endlich der 1. Internationale Genossenschafts-Kongreß statt. Wir folgen einem Bericht in den Blättern für Genossenschaftswesen von 1895 Nr. 39 über den Verlauf.

Die englischen Genossenschaften waren durch den General-Sekretär ihres Verbandes, sowie durch Abgeordnete von Einzelgenossenschaften und Verbänden, die mit den Genossenschaften in näherem Zusammenhang stehen — Frauen-Verein, Arbeiter-Verein u. a. — vertreten. Aus Frankreich, Italien, Belgien, Holland, Dänemark, der Schweiz, Rumänien und aus den Vereinigten Staaten von Nordamerika waren Vertreter von Genossenschaften und Genossenschaftsverbänden erschienen. Oesterreich und Deutschland hatten Vertreter nicht entsendet, es lagen aber Berichte dieser Länder über die Entwickelung und den Stand der Genossenschaftssache in diesen Ländern vom Anwalt Wrabetz und von Dr. Crüger vor.

Das Präsidium des ersten Tages, Montag den 19. August, hatte der Earl Grey von Hawick. Er eröffnete die Verhandlungen mit einigen Worten des Gedenkens an Vansittart Neale (der kurz vorher verstorben war) und begrüßte darauf die erschienenen Vertreter der Genossenschaften der einzelnen Länder, dabei auf die Erfolge der genossenschaftlichen Bewegung in den verschiedenen Ländern verweisend. Die Gewinnbetheiligung der Arbeit streifte der Präsident, indem er der Hoffnung Ausdruck gab, daß diese und die Angelegenheiten der Produktivgenossenschaften durch den Kongreß und durch eine engere internationale Verbindung der Genossenschaften eine wesentliche Förderung erfahren möchten; besonders eindringlich empfahl er der englischen Großeinkaufsgenossenschaft und den Gewerk-Vereinen die Förderung des Prinzipes der Gewinnbetheiligung.

Nach einem Vortrage von Edward Owen Greening über den zu errichtenden Internationalen Genossenschafts-Verband wurde auf Antrag von G. J. Holyoake dem Nestor der englischen Genossenschaften beschlossen:

„Die Verbände und Personen, welche ihren Beitritt erklärt haben, bilden hierdurch einen Internationalen Genossenschafts-Verband zur Fortsetzung des Werkes, welches von dem verstorbenen Vansittart Neale und anderen begonnen wurde."

Léon d'Andrimont, Präsident des Verbandes der belgischen Volksbanken, schlug zur Ausarbeitung der Verbandsstatuten die Herren Cavalieri (Italien), Micha (Belgien), Charles Robert (Frankreich) und J. C. Gray, E. O. Greening, N. O. Nelson, H. W. Wolff, A. Williams vor, denen diese Arbeit dann übertragen wurde.

Ueber die Errichtung einer Agentur für internationale geschäftliche Beziehungen unter den Genossenschaften referirte H. W. Wolff. Nach einer lebhaften Debatte, an welcher sich Charles Robert (Frankreich), Campbell (Leeds), Micha (Belgien), Slotemaker (Holland), Greenwood (Hebdon Bridge), Cavalieri (Italien), Graf Rocquigni (landwirthsch. Syndikate, Frankreich), Nelson (Nordamerika), de Quéker (Belgien) und Andere betheiligten, faßte der Kongreß folgenden Beschluß:

„Es soll eine Geschäfts-Agentur in Verbindung mit dem Kongreß errichtet werden, zu dem Zweck, Handelsbeziehungen zwischen den Genossenschaften der verschiedenen Länder herzustellen; ein zu erwählendes Komitee soll mit den zu diesem Zweck einzusetzenden Spezial-Komitees in den verschiedenen Ländern in Berathung treten."

Auf Vorschlag von E. O. Greening wurden in dieses Komitee gewählt: Miß Tournier (Englischer Frauen-Verein), Kergall, Graf de Larnage, Soria, Graf Roquigny (sämmtlich von Frankreich), Croce (Italien), Abt (Schweiz), Dr. Faber (Dänemark), Savage Landor, Ballard, Blandford, Bignell, Greenwood, Powell und Wright (England)." Die weiteren Verhandlungen betrafen andere genossenschaftliche Angelegenheiten; sie gehören nicht hierher.

Erwähnt sei, daß im Anschluß an einen Bericht von T. A. Brassey über die englischen Produktivgenossenschaften und die Gewinnbetheiligung der Arbeit auf Antrag von Enea Cavalieri (Italien) folgender Beschluß gefaßt wurde:

„In der Erwägung, daß eine große Ausdehnung der genossenschaftlichen Produktion erwünscht ist, macht der Kongreß den Genossenschaftern eine vermehrte Thätigkeit in der Errichtung von Genossenschafts-Werkstätten mit Gewinnbetheiligung in jedem Lande zur Pflicht und ersucht das Central-Komitee, über diesen Gegenstand Informationen zu sammeln und zu verbreiten, und wenn möglich, dem nächsten Kongreß einen Bericht vorzulegen, der praktische Vorschläge zur Vereinigung, Festigung und Ausbreitung der Thätigkeit der Organisationen, die zur Förderung dieses Zweiges der Genossenschaften in jedem Lande errichtet sind, enthält."

Ferner wurde zur Frage der Gewinnbetheiligung der Arbeit folgender Antrag von Charles Robert, dem Präsidenten der französischen Gesellschaft zur Verbreitung der Gewinnbetheiligung der Arbeit, zum Beschluß erhoben:

„Der Kongreß ist der festen Ueberzeugung, daß eine befriedigende und dauernde Verständigung über die gegenseitigen Beziehungen von Kapital und Arbeit nicht möglich ist ohne die Zulassung der Arbeiter zum Antheil an dem Gewinn über ihre gewöhnlichen Löhne hinaus, und daß diese Zulassung möglich ist in einer Weise, die sowohl für Arbeitgeber als Arbeitnehmer billig ist; der

Kongreß empfiehlt allen Arbeitgebern die Durchführung der Gewinnbetheiligung und wünscht seine dahin gehende Meinung ausdrücklich zu erklären, daß das treue Festhalten an den genossenschaftlichen Grundsätzen alle Genossenschaften, die Arbeiter beschäftigen, verpflichtet, ihren Arbeitern einen Antheil am Gewinn zuzubilligen."

Es stand der Kongreß also unter dem Eindruck der Freunde der Einzelproduktivgenossenschaften und der Gewinnbetheiligung der Arbeit. Dieser Ursprung hat die Gestaltung und Zusammensetzung des internationalen Verbandes, der hier ins Leben gerufen wurde, wesentlich beeinflußt.

Auf Antrag von Jules Many, früherem Kabinetschef im französischen Ministerium für Handel und Gewerbe, wurde folgender Beschluß gefaßt:

„Der Kongreß empfiehlt, in jedem Lande gemischte Komitees von Vertretern der verschiedenen Zweige der Genossenschaften zu bilden, zu dem Zweck, so Beziehungen zu gegenseitiger Förderung zu schaffen."

Das zur Berathung der Statuten des Internationalen Verbandes eingesetzte Komitee legte am vierten Verhandlungstag den Entwurf der Grundzüge der Organisation des Verbandes vor, nach welchem auf dem nächsten Kongreß endgültig die vom Komitee zu entwerfenden Statuten beschlossen werden sollten. Eine lebhafte Diskussion entwickelte sich bei dieser Gelegenheit wieder über die Frage der Gewinnbetheiligung. Von einer Seite wurde gefordert, daß als Grundsatz des Internationalen Verbandes die Gewinnbetheiligung der Arbeit in den Statuten niedergelegt werden sollte; andererseits verlangte man, daß der Verband auf der breiten Grundlage der Genossenschaft errichtet werden solle, indem man betonte, daß wenn man die Gewinnbetheiligung zum bindenden Gesetz mache, manche Genossenschaften sich vom Verbande fern halten würden.

Der Kongreß nahm folgende Grundzüge für das Statut des Internationalen Verbandes einstimmig an:

1. Es wird ein Internationaler Genossenschaftsverband gebildet von Genossenschaften und Einzelpersonen, die jetzt oder später dem durch Vansittart Neale und seine Freunde begonnenen Werk beitreten, zum Zwecke der Förderung des Genossenschaftswesens und der Gewinnbetheiligung in allen ihren Formen. Die Beschlüsse des ersten Internationalen Genossenschaftskongresses (London, 19.—25. August 1895) sollen für den Entwurf der Statuten des Verbandes und für seine Thätigkeit als Maßgabe dienen.

2. Der Verband hat nichts mit Politik oder Religion zu thun.

3. Als Zwecke des Verbandes werden bezeichnet: a) Die Genossenschaften der verschiedenen Länder und ihr Werk untereinander bekannt zu machen, durch Kongresse, literarische Publikationen und auf andere zweckmäßige Art. b) Durch internationale Diskussion und Korrespondenz das Wesen der echten genossenschaftlichen Grundsätze zu erläutern. c) Geschäftliche Beziehungen unter den Genossenschaften der verschiedenen Länder zu gegenseitigem Vortheil anzubahnen.

4. Der Verband wird Sorge tragen, wenn irgend möglich durch die in den verschiedenen Ländern bestehenden Organisationen thätig zu sein.

5. Das provisorische Central-Komitee, welches durch Beschluß vom 19. August eingesetzt ist, ist unter der Bezeichnung Central-Komitee bis zum Ende des nächsten Kongresses in Thätigkeit. Mitglieder desselben sind: Earl Grey-England, de Boyve-Frankreich, Cavalieri-Italien, Dr. Crüger-Deutschland, E. O. Greening-England, J. C. Gray-England, Luzzatti-Italien, Micha-Belgien, Nelson-Vereinigte Staaten von Amerika, Charles Robert-Frankreich, A. Williams-England, H. W. Wolff-England, L. d'Andrimont-Belgien. Das Komitee soll die Ermächtigung zur Kooptation weiterer Mitglieder aus der Mitte der Verbandsmitglieder haben.

6. Das Central-Komitee soll aus seiner Mitte ein Bureau wählen, bestehend aus Vorsitzendem, stellvertretenden Vorsitzendem (der zugleich Schatzmeister ist) und Sekretär. Der Sitz des Bureaus soll in London sein.
7. Das Central-Komitee soll dem nächsten Internationalen Kongreß ein vollständiges Statut des Verbandes unterbreiten, welches die Zwecke und Grundsätze des Verbandes nach den vorliegenden Beschlüssen und auf folgenden Linien umfaßt: a) Der Internationale Verband soll ein Central-Komitee haben, welches bis zum nächsten Internationalen Kongreß in Funktion bleibt und auf jedem Kongreß zur Hälfte seiner Mitglieder neu gewählt wird. Die ausscheidenden Mitglieder werden beim ersten Male durch Loos, dann durch ihr Alter bestimmt. Ausscheidende Mitglieder sind wieder wählbar. b) In jedem Lande soll eine Sektion oder verschiedene Sektionen des Verbandes sein, jede Sektion soll einen Sektionsrath haben. Alle Genossenschaften und Genossenschafter, die sich dem Verbande angeschlossen haben, sollen im Sektionsrath vertreten sein. c) Die Statuten sollen die einzelnen Funktionen des Central-Komitees und der Sektionsräthe bestimmen, den Betrag der Subskriptionen und das Stimmrecht festsetzen.
8. Bis zum nächsten Kongreß soll das Central-Komitee in jedem Lande einen oder mehrere Korrespondenten, deren Funktionen es zu bestimmen hat, ernennen.
9. Kongresse des Verbandes sollen in Zwischenräumen von nicht mehr als 3 Jahren, nach Bestimmung des Central-Komitees, stattfinden. Die Kongresse sollen, wenn irgend thunlich, abwechselnd in jedem der verbundenen Länder auf Einladung des betreffenden Landes, welche das Central-Komitee entgegennimmt, abgehalten werden.
10. Genossenschaften und Personen werden auf ihren Antrag in den Verband aufgenommen: a) Bis zum nächsten Kongreß durch das Central-Komitee. b) Nachher den Bestimmungen des Statuts gemäß.
11. Die Beiträge zum Verbande betragen bis zum nächsten Kongreß wenigstens 2 Schilling für die Person, 1 Pfd. Sterl. für den Verein.

Der 2. Kongreß, der im Jahre 1896 in Paris stattfand, setzte ein Statut fest, das wir im Wortlaut hier folgen lassen.

I. Kapitel.

Zweck des Internationalen Genossenschaftsverbandes.

Art. 1. Der Internationale Genossenschaftsverband hat zum Zweck:

1. Die Genossenschafter aller Länder mit einander bekannt zu machen.

2. In den Genossenschaften aller Art bei den verschiedenen Nationen und vor der Oeffentlichkeit aller Welt gemeinsam zu studiren und zu fördern die wahren Prinzipien und die besten Methoden: — des ohne Einmischung des Staates organisirten Genossenschafswesens in allen seinen Formen, — der Gewinnbetheiligung der Arbeit, — der Vereinigung von Arbeit und Kapital, — der Entlohnung der Arbeiter und Angestellten, — indem dabei die Beschlüsse des ersten Kongresses des Verbandes, der in London vom 19. bis 23. August 1895 getagt hat, als Grundlage angenommen werden, ohne jedoch Jemandem als Beitrittsbedingung den Anschluß an einen vorgeschriebenen Statuten-, System- oder Reglements-Typus auferlegen zu wollen.

3. Mit allen zur Verfügung stehenden Mitteln den Zeitpunkt herbeizuführen, in dem alle Vereinigungen, die den Namen Genossenschaften tragen, seien es industielle oder landwirthschaftliche Produktivgenossenschaften, Konsumvereine, Kredit- oder Baugenossenschaften ohne Ausnahme die Gewinnbetheiligung ihres Personals eingeführt und in ihre Statuten die Verpflichtung aufgenommen haben werden, diese Gewinnbetheiligung anzuwenden: die Gewinnbetheiligung des Personals, welche das Wesen aller genossenschaftlichen Thätigkeit ist.

4. Zu gemeinsamem Interesse geschäftliche Beziehungen zwischen den Genossenschaften der verschiedenen Länder anzuregen.

Art. 2. Der Verband beschäftigt sich weder mit Politik noch mit Religion. Das Genossenschaftswesen ist neutrales Terrain, auf welchem die Anhänger der verschiedendsten Ansichten und Glaubensbekenntnisse sich zusammenfinden und gemeinsam arbeiten können. Zur Aufrechterhaltung dieser Neutralität, von welcher die Einheitlichkeit der genossenschaftlichen Bewegung abhängt, erkennt jede Person und jeder Verein, welcher dem Bunde beitritt, an, daß das Genossenschaftswesen Selbstzwecken, nicht aber irgend einer Partei als Werkzeug dient.

II. Kapitel.

Bildung des Internationalen Genossenschaftsverbandes.

Art. 3. Der Internationale Genossenschaftsverband setzt sich zusammen aus:

1. Genossenschaftlichen Gruppen, Verbänden und Vereinen, welche an den Bund den im nachstehendenden Art. 9 angegebenen Jahresbeitrag zahlen;

2. aus Personen, die einer Genossenschaft angehören und den ebenda angegebenen Beitrag zahlen.

Art. 4. Gruppen, Verbände, Vereine oder Personen können nur Mitglieder des Verbandes werden, wenn sie nach Vorschlag durch die Mehrheit der Mitglieder des Central-Komitees ihres Landes durch Beschluß des leitenden Bureaus in London — Art. 29 des Statuts — aufgenommen werden.

Art. 5. Mitglieder des Verbandes, Genossenschaften oder Individuen, die nicht ihren Beitrag bezahlt haben, können nicht am Verbands-Kongreß theilnehmen; sie können aus der Mitgliederliste auf Beschluß des Central-Komitees — Art. 27 des Statutes — gestrichen werden, wenn sie nach Ablauf von 6 Monaten nach Fälligkeit den Beitrag nicht gezahlt haben.

Art. 6. Auf Antrag des Central-Komitees kann der Kongreß den Ausschluß der Genossenschaften oder Individuen beschließen, welche, anstatt zur Förderung des gemeinsamen Werkes beizutragen, in irgend einer Weise mit Absicht die Interessen des Genossenschaftswesens und des Verbandes schädigen.

Art. 7. Alle Gruppen, Verbände oder Genossenschaften, die dem Verbande angehören, sind gehalten, ein Exemplar ihrer Statuten an das leitende Bureau in London gelangen zu lassen, jede Aenderung, die daran gemacht wird, anzuzeigen und ebenso alle Zeitungen, Uebersichten, Berichte, Abschlüsse und Agitationsschriften, welche auf ihre Veranlassung erscheinen, an dasselbe zu senden.

III. Kapitel.

Hülfsmittel des Verbandes.

Art. 8. Die Hülfsmittel des Verbandes bestehen:

1. Aus dem Ergebniß der in Art. 9 vorgesehenen Beiträge;

2. aus Geschenken und Legaten, die ihm etwa gemacht werden und aus Beträgen, die ihm durch wohlthätige Männer zufließen;

3. endlich aus den Erträgnissen seines Vermögens und seiner Werthe jeder Art.

Art. 9. Für Genossenschaften ist der Mindestbetrag des Jahresbeitrages zum Verbande auf 10 Schillinge festgesetzt, für Personen auf 5 Schillinge.

Der Beitragssatz wird dergestalt festgesetzt, daß dadurch die allgemeinen Kosten des Verbandes und die besonderen Ausgaben für den Druck des Kongreßberichts und andere Publikationen gedeckt werden können.

IV. Kapitel.

Sitz des Verbandes.

Art. 10. Der Sitz des Internationalen Genossenschaftsverbandes ist London, wo das leitende Bureau — Art. 29 — sich befindet.

V. Kapitel.

Von den Sektionen der einzelnen Länder.

Art. 11. In jedem Lande können eine oder mehrere nationale Sektionen des Bundes gebildet werden.

Art. 12. Jede Sektion setzt nach ihrem Belieben die Bestimmungen über ihre innere Organisation fest.

Die Sektionen können entweder Bezirke mit allen Genossenschaftsgruppen in einem bestimmten Kreise umfassen, oder sie können auch eine besondere Gattung von Genossenschaften in sich schließen, entweder eines Landes oder eines Bezirks.

Bestehen mehrere nationale Sektionen in demselben Lande, so hat jede derselben dem Namen des Landes eine besondere Bezeichnung zur Unterscheidung von den anderen Sektionen hinzuzufügen.

Art. 13. In jedem Falle können nationale Sektionen des betreffenden Landes, gleichviel ob eine oder mehrere, nur errichtet werden und die Genehmigung des Central-Komitees erlangen, wenn die Zustimmung derjenigen Mitglieder des Central-Komitees vorhanden ist, die das Land vertreten, dem die betreffende Sektion angehört.

Art. 14. Jede auf diese Weise errichtete und genehmigte Sektion beauftragt eine Person aus ihrer Mitte mit der Korrespondenz mit dem leitenden Bureau in London, mit dem Einkassiren der Mitgliederbeiträge der Sektion und mit der Abführung derselben an den Schatzmeister des leitenden Bureaus.

Art. 15. Der Verband und seine nationalen Sektionen sind soweit als möglich durch die Vermittelung der Gruppen, Verbände und Genossenschaften, die in den verschiedenen Ländern bestehen, thätig.

Art. 16. Die Aufgabe, die geschäftlichen Beziehungen unter den Genossenschaften zu entwickeln, ist in jedem Lande der nationalen Sektion des betreffenden Landes anvertraut.

Zur Erfüllung dieser Mission können die nationalen Sektionen sich mit geeigneten geschäftskundigen Personen in Verbindung setzen.

Falls in einem Lande keine nationale Sektion bestehen sollte, kann das Central-Komitee eine solche von Amtswegen bilden mit der Befugniß, sich mit kompetenten Männern in Verbindung zu setzen.

VI. Kapitel.

Vom Internationalen Genossenschafts-Kongreß.

Art. 17. Der Internationale Genossenschaftsverband tritt mindestens ein Mal alle drei Jahre zu einem internationalen Genossenschafts-Kongreß zusammen.

Das Land und die Stadt, wo der Kongreß abgehalten wird, werden entweder durch den vorhergehenden Kongreß oder durch das Central-Komitee bestimmt.

Art. 18. Die Kongresse werden nach folgender Ordnung organisirt und abgehalten, die, wenn nöthig, für jeden Kongreß durch besonderen Beschluß des Central-Komitees im Einvernehmen mit dem lokalen Organisations-Komitee vervollständigt werden kann, wie nachstehend in Art. 19 bestimmt ist.

Art. 19. Das Central-Komitee des Bundes genehmigt die Bildung eines lokalen Organisations-Komitees in dem Lande, in welchem der künftige Kongreß stattfinden soll.

Das Central-Komitee und das lokale Organisations-Komitee setzen sich zur Ernennung des Ehren-Präsidenten und Vize-Präsidenten, des ordentlichen Präsidenten und der ordentlichen Vize-Präsidenten und der Sekretäre des nächsten Kongresses, und zur Aufstellung der Liste der Einladungen, die an Genossenschaften oder an Personen zu erlassen sind, die nicht dem Bunde angehören, mit einander in Verbindung.

Art. 20. Der Kongreß beschäftigt sich mit Fragen, die von allgemeinem genossenschaftlichem Interesse für die Genossenschafter der verschiedenen Länder sind;

er nimmt den Bericht entgegen, welchen das Central-Komitee über den Fortschritt seiner Arbeiten seit dem letzten Kongreß unterbreitet; er prüft die Anträge, die ihm unterbreitet werden; er ernennt die Mitglieder des nach Art. 27 des Statuts eingesetzten Central-Komitees.

Art. 21. Jeder Delegirte von Gruppen, Verbänden oder Genossenschaften, die dem Verbande angehören, muß zum Zwecke des Besuches des Kongresses mit einer ordnungsmäßigen Vollmacht versehen sein, die von dem Vorsitzenden und dem Schriftführer der betreffenden Vereinigung unterzeichnet und mit dem Vereinsstempel versehen ist. Nach Anerkennung seiner Vollmacht erhält jeder Delegirte eine persönliche Karte.

Art. 22. Gruppen, Verbände oder Genossenschaften, die dem Verbande angehören, können sich durch beliebig viele Delegirte beim Kongresse vertreten lassen, von denen jedoch nur einer das Stimmrecht hat.

Die persönlichen Mitglieder des Verbandes haben auf den Kongressen nur berathende Stimme; jedoch können je zehn derselben einen Stimmberechtigten ernennen.

Art. 23. Mehrere der vorbezeichneten Vereinigungen können ihr Mandat auf einen Delegirten übertragen, der für sie die Stimme führt, jedoch darf ein Delegirter nicht mehr wie fünf Vereine vertreten.

Art. 24. Eine vorläufige offizielle Tagesordnung der dem Kongreß für jede Genossenschaftsgattung zu unterbreitenden Angelegenheiten wird gedruckt und zur Vertheilung gebracht, aber das Bureau des Kongresses bestimmt die Reihenfolge, in welcher die einzelnen Fragen zur Diskussion kommen.

Alle nicht auf der Tagesordnung stehenden Vorschläge werden am Schluß jeder Sitzung niedergelegt und einer Prüfungs-Kommission überwiesen.

Die von der Prüfungs-Kommission gebilligten Vorschläge werden erst nach Erschöpfung der offiziellen Tagesordnung diskutirt, mit Ausnahme derjenigen, für welche der Kongreß die Dringlichkeit beschließt.

Art. 25. Der Präsident leitet die Verhandlungen in Gemäßheit des vorliegenden Statuts und der Bestimmungen der Geschäftsordnung, die für jeden Kongreß durch das Central-Komitee des Verbandes in Gemeinschaft mit dem lokalen Organisations-Komitee aufgestellt wird.

Art. 26. Ein ausführlicher Kongreßbericht wird durch die Sekretäre des Kongresses abgefaßt. Er wird vom Central-Komitee genehmigt und veröffentlicht, welches jedem Verbands-Mitgliede, das seine Beiträge bezahlt hat, ein Exemplar zugehen läßt.

VII. Kapitel.

Vom Central-Komitee und dem leitenden Bureau.

Art. 27. Ein Central-Komitee wird beauftragt, sich in der Zeit zwischen den einzelnen Kongressen mit der Vertretung der Interessen des internationalen Genossenschafts-Verbandes zu befassen.

Das Central-Komitee besteht aus 37 Mitgliedern, die den verschiedenen in dem Internationalen Genossenschafts-Verbande vertretenen Ländern angehören.

Diese Mitglieder werden durch den Kongreß ernannt.

Das so ernannte Central-Komitee wird am Schlusse der Sitzungen jedes Kongresses zur Hälfte nach jeder Nationalität neu gewählt.

Die ausscheidenden Mitglieder sind wieder wählbar.

Art. 28. Das Verhältniß, nach welchem die verschiedenen Länder im Central-Komitee vertreten sein sollen, wird durch den Kongreß nach der jeweiligen Bedeutung der genossenschaftlichen Bewegung in den vertretenen Ländern bestimmt.

Art. 29. Das Central-Komitee wählt aus sich ein leitendes Bureau mit dem Sitze in London, welches aus einem Präsidenten, einem Vize-Präsidenten, einem Schatzmeister und einem oder mehreren Sekretären besteht.

Art. 30. Der Schatzmeister kassirt die Einnahmen und zahlt die Ausgaben; er allein hat das Recht, gültige Quittung zu ertheilen; er vertritt den Verband vor Gericht und bei allen Akten des bürgerlichen Verkehrs.

Art. 31. Das Central-Komitee ist mit der Erledigung aller laufenden Angelegenheiten betraut.

Es kann auf schriftlichem Wege berathen und beschließen.

Das leitende Bureau setzt alle Mitglieder des Central-Komitees in den einzelnen Ländern in einer noch durch das letztere näher zu bestimmenden Weise über Vorkommnisse von irgend welcher Bedeutung in Kenntniß.

Art. 32. Wenn während der Zeit zwischen zwei Kongressen im Central-Komitee Lücken entstehen, so ist das Central-Komitee berechtigt, wegen des Ersatzes selbst das Erforderliche zu veranlassen, ohne den Zusammentritt des nächsten Kongresses abwarten zu müssen. In solchen Fällen veranlaßt das leitende Bureau die schriftliche Wahl der Ersatzmitglieder für das betreffende Land.

Art. 33. Die Beschlüsse des leitenden Bureaus oder des Central-Komitees, welche in Gemäßheit der Art. 4 und 5 des vorliegenden Statuts bezüglich der Aufnahme oder der Ablehnung des Aufnahmeantrages oder des Ausschlusses eines Mitgliedes gefaßt werden, müssen die Mehrheit von zwei Drittheilen der Mitglieder haben.

Gegen diese Beschlüsse kann von den Betheiligten bei dem nächsten Kongresse Berufung eingelegt werden; die Berufung hebt jedoch nicht die Wirkung der gefaßten Beschlüsse auf.

Von deutschen Genossenschaftern wurden in das Central-Komitee gewählt: Der Anwalt des Allgemeinen Verbandes Dr. Crüger, der Direktor des Verbandes der Rheinpreußischen Landwirthschaftlichen Genossenschaften Dr. Havenstein, und der damalige Sekretär des Allgemeinen Verbandes Häntschke. Ferner wurde eine besondere Kommission zur Erhebung einer Internationalen Genossenschafts-Statistik eingesetzt.

Der 3. Internationale Genossenschaftstag fand im Jahre 1897 zu Delft statt, er wurde von dem Anwalt des Allgemeinen Verbandes der deutschen Erwerbs- und Wirthschaftsgenossenschaften, Dr. Crüger, besucht.

Der 4. Kongreß wurde dann gelegentlich der Weltausstellung in Paris abgehalten. Von den deutschen Genossenschaften waren eine Anzahl Vertreter dorthin geschickt.*)

Wohl der wichtigste Beschluß dieses Kongresses ist, ein neues Statut auf Grund der bisherigen Erfahrungen festzustellen. Man muß sich hierbei der Entstehung des Internationalen Verbandes erinnern; war doch der Vorläufer desselben der geplante Bund der Freunde der Produktivgenossenschaften und Gewinnbetheiligung.

Es war vielleicht ein kluger Schachzug gewesen, nicht diesen Bund zu gründen, sondern einen Internationalen Genossenschaftsverband ins Leben zu rufen; man konnte auch diesen mit dem gleichen Geist beseelen und ihn gleichen Zwecken dienstbar machen. Wohl ist es ein Inter-

---

*) Anwesend waren der Anwalt des Allgemeinen Verbandes Dr. Crüger, Verbandsdirektor Dr. Alberti-Wiesbaden, Direktor Lorenzen-Speyer, Direktor Prével-Metz, Direktor Hüfner-Chemnitz, Fell-Hamburg und die Mitglieder des Aufsichtsraths des Chemnitzer Kreditvereins Kellermann und Flemming.

nationaler Genossenschaftsverband, doch der Zweck desselben beschränkt sich nicht auf rein genossenschaftliche Sachen, es wird nicht nur die Gewinnbetheiligung der Arbeit hineingezogen, sondern ihr sogar ein sehr großer Raum gewährt — ein so großer Raum, daß verschiedene der Kongresse mehr den Eindruck machten von Gewinnbetheiligungskongressen als von Genossenschaftskongressen. Und die Freunde der Gewinnbetheiligung suchen für deren Einführung bei den Genossenschaften in einer Weise zu wirken, daß darüber erprobte wirthschaftliche genossenschaftliche Grundsätze verletzt werden. Auch auf die Zusammensetzung der Mitglieder des Verbandes war diese Entstehung von entscheidendem Einfluß. Nicht die Genossenschaften wurden die ausschließlichen Träger des Verbandes, sondern den Genossenschaften gesellten sich Personen hinzu, so daß die Tendenz des Verbandes wesentlich verschoben wurde.

Die Organisation hatte sich auch wenig bewährt, wohl waren einige Arbeiten gefertigt, die wir sogleich erwähnen werden, aber das Ganze funktionirte zu schwerfällig.

Das Central-Komitee bestand schließlich aus einigen Dutzend Personen; Männer, die sich um die Gewinnbetheiligung verdient gemacht hatten, wurden eo ipso in das Central-Komitee gewählt, ohne Rücksicht darauf, ob sie auch auf dem Gebiete des Genossenschaftswesens Leistungen aufzuweisen hatten. Das Central-Komitee wurde so groß, daß es arbeitsunfähig wurde. Die Finanzen ließen zu wünschen übrig. Die Vorbereitungen für die Kongresse waren unvollkommen. So hat man sich denn endlich entschlossen, die gesammte Organisation umzugestalten.

Wir erwähnten bereits, daß das Central-Komitee einige Werke gefördert, die um so höher zu veranschlagen sind, als sie nicht blos Arbeit, sondern auch Geld kosteten und dies schwer zu beschaffen war. In den ersten Jahren hatte freilich der Internationale Genossenschafts-Verband das Glück, in dem Grafen Chambrun einen thätigen Förderer zu haben, dessen Gunst wohl allerdings dem Umstande zuzuschreiben ist, daß der Verband auch die Förderung der Gewinnbetheiligung der Arbeit in seine Zwecke aufgenommen hat. Mit dem Tode des Grafen Chambrun versiegte die hauptsächlichste Einnahmequelle. Von den Arbeiten des Verbandes kommen insbesondere in Betracht die Herausgabe der internationalen Genossenschafts-Statistik und ferner die Herstellung des Produktiv-Genossenschaften-Katalogs, der bestimmt ist, die wirthschaftlichen Beziehungen unter den Genossenschaften der verschiedenen Länder zu pflegen und zu fördern. Ob der Katalog freilich diesen Erfolg erreicht hat?

Ueber die internationale Statistik noch einige Worte:

Großbritannien und Irland weist in der Statistik der Geschäftsergebnisse von 1453 Konsumvereinen, 259 Produktivgenossenschaften, 17 Magazingenossenschaften, 8 Genossenschaften verschiedener Art, 1 Molkerei-Genossenschaftsverband und 2 Großhandlungs-Genossenschaften auf. Die Mitgliederzahl dieser Genossenschaften betrug Ende 1896 1492371, sie beschäftigten im Konsumgeschäft 33619, im Produktivbetriebe 27703 Angestellte und erzielten im Jahre 1896 einen Verkaufserlös von 1146368520 Mk. — Die Geschäftsergebnisse von 9 in den Jahren von 1894—1897 errichteten Kreditgenossenschaften werden besonders mitgetheilt; sie sind noch nicht bedeutend, es werden die Mitgliederzahl auf 383, die gewährten Kredite von 7 dieser Genossenschaften auf 38343 Mk. angegeben.

Deutschland hat für die internationale Statistik die speziellen Angaben des „Jahresberichts" für 1895 des Anwaltes des Allgemeinen Verbandes der deutschen Erwerbs- und Wirthschaftsgenossenschaften und die Summen des Jahresberichts für 1896 geliefert; 468 für 1896 berichtende Konsumvereine hatten 344012 Mitglieder und 91696684 Mk. Verkaufserlös, 17 gewerbliche Produktivgenossenschaften 2697 Mitglieder, 1829989 Mk. Verkaufserlös; 1055 Kreditgenossenschaften 527765 Mitglieder, bei 1673688000 Mk. gewährte Kredite; 13 Rohstoffgenossenschaften 825 Mitglieder, 1943528 Mk. Verkaufserlös; 5 Magazingenossenschaften 210 Mitglieder, 217484 Mk. Verkaufserlös; 23 Baugenossenschaften 5374 Mitglieder. — Aus dem Jahrbuche des Allgemeinen Verbandes der landwirthschaftlichen Genossenschaften des Deutschen Reiches (Offenbach) für 1896 sind die betreffenden Mittheilungen entnommen, wonach 1065 ländliche Spar- und Darlehnskassen im Jahre 1895 93417 Mitglieder hatten und 166551255 Mk. Kassenumsatz verzeichneten; 635 landwirthschaftliche Bezugsgenossenschaften hatten 46048 Mitglieder, 10879192 Mk. Waarenbezug; 486 Molkereigenossenschaften hatten 24781 Mitglieder, welche 578805435 Liter Milch einlieferten. — Die Geschäftsergebnisse der Genossenschaften des Generalanwaltschaftsverbandes ländlicher Genossenschaften in Neuwied (Raiffeisen), des Verbandes landwirthschaftlicher Genossenschaften in Württemberg u. A. werden summarisch mitgetheilt. Summarische Aufstellungen der bestehenden Genossenschaften, sowie Listen der Verbände sind in diesem Theile der Statistik enthalten.

Oesterreich lieferte die speziellen statistischen Angaben von 130 Konsumvereinen für 1895 und die Summen von 141 Konsumvereinen für 1896, letztere weisen 81325 Mitglieder und 19848370 Mk. Verkaufserlös nach; 14 gewerbliche Produktivgenossenschaften hatten Ende 1896 399 Mitglieder, im Jahre 1896 850042 Mk. Verkaufserlös; 122 Kreditgenossenschaften 53586 Mitglieder, 137302638 Mk. gewährte Kredite. Es bestanden Ende 1896 703 Vorschußvereine, 324 Konsumvereine, 294 Produktiv-, Rohstoff-, Magazin-, Bau- u. s. w. Genossenschaften nach Schulze-Delitzsch.

Der Centralverband der Ungarischen Kreditgenossenschaften berichtet, daß im Jahre 1894 807 Kreditgenossenschaften in Ungarn bestanden, die am Jahresschluß von 1894 136 Millionen Mark Darlehen auszustehen hatten. Ende 1896 hatten die 350 Kreditgenossenschaften dieses Verbandes 148476 Mitglieder, 347 berichteten, daß 16275798 Mk. Darlehen ausstanden und daß sie 3117763 Mk. Geschäftsguthaben hatten. — Der Verband der Raiffeisen'schen Genossenschaften in Hermannstadt (Siebenbürgen) hatte Ende 1895 57 Kreditgenossenschaften mit 3480 Mitgliedern,

5 Winzervereine mit 329 Mitgliedern, 2 landwirthschaftliche Werkgenossenschaften mit 29 Mitgliedern. 51 Kreditgenossenschaften hatten Ende 1895 1434612 Mk. ausstehende Darlehen.

Frankreich berichtet über die Geschäftsergebnisse von 145 Konsumvereinen mit mindestens 40000 Mk. Verkaufserlös, über die von 107 gewerblichen Produktivgenossenschaften für 1896 in besonderen Tabellen, deren Kolonnen keine Summen aufweisen. — Der Verband der Raiffeisenschen Darlehnskassen-Vereine (Lyon) berichtet, daß ihm im Mai 1897 581 Kassen angehörten. 317 dieser Kassen hatten Ende 1896 8648 Mitglieder, ihre Einnahmen betrugen im Jahre 1896 941318 Mk., die Ausgaben 917042 Mk., die ausstehenden Darlehen Ende 1896 736473 Mk. — Die im Jahre 1893 errichtete Produktivgenossenschafts-Bank in Paris hatte Ende 1896 76 Mitglieder, ihr Umsatz im Jahre 1896 betrug 979200 Mk. — Ueber die französischen Volksbanken liegen keine Angaben vor.

In Italien bestanden Ende 1896 1012 Konsumvereine, 754 Volksbanken, 667 ländliche Darlehnskassen, 79 Baugenossenschaften, 400 Molkereigenossenschaften, 492 Arbeitergenossenschaften (Erdarbeiter, Maurer), 368 gewerbliche Produktiv- und andere Genossenschaften, zusammen 3772. Von 66 Konsumvereinen sind spezielle Angaben mitgetheilt, ebenso von 93 Produktivgenossenschaften und Genossenschaften verschiedener Art; die Eintragungen sind unvollständig. 24 Genossenschaften von Erdarbeitern (brazianti) haben zur Statistik berichtet, sie lieferten zum Theil interessante Zahlen. — 311 Volksbanken hatten Ende 1896 238115 Mitglieder. — 425 katholische Darlehnskassen gewährten im Jahre 1896 3955217 Mk. Kredite.

Belgien lieferte Berichte von 79 Konsumvereinen, 20 gewerblichen Produktivgenossenschaften, 31 verschiedenen landwirthschaftlichen Produktivgenossenschaften. — Der Verband der belgischen Kreditgenossenschaften umfaßte Ende 1896 21 Kreditgenossenschaften, deren Mitgliederzahl 13341 betrug; sie hatten im Jahre 1896 53949992 Mk. Kredite gewährt, ihr Gesammtumsatz hatte 247336738 Mk. betragen.

Die Niederlande sandten Berichte von 26 Konsumvereinen, 36 gewerblichen und landwirthschaftlichen Produktivgenossenschaften und 9 Kreditgenossenschaften. Es bestanden Ende 1896 595 Genossenschaften, darunter 266 Molkereigenossenschaften, 122 landwirthschaftliche Bezugsgenossenschaften, 59 Baugenossenschaften, 55 Konsumvereine, 28 Kredit- und Spargenossenschaften ꝛc.

Aus der Schweiz wurde über die Geschäftsergebnisse von 62 Konsumvereinen berichtet und

Norwegen lieferte statistische Angaben über 16 Konsumvereine.

Auf dem Kongreß in Delft wurde beschlossen, eine Spezialstatistik für die Kreditgenossenschaften zu erheben, die eingesetzte Kommission hat auch an der Sammlung des Materials gearbeitet; leider aber fehlten schließlich die Mittel, die Statistik herauszugeben, die Veröffentlichung der vorstehend besprochenen Statistik (Statistik der genossenschaftlichen Vereine in verschiedenen Ländern, London, 1898) war nur möglich mit finanzieller Unterstützung des Grafen Chambrun.

II.

Die Internationalen Genossenschafts-Kongresse haben sich mit allen möglichen Fragen beschäftigt, doch sobald man an Gesetzgebungs- und Organisationsfragen heranging, mußte man erkennen, welche Schwierigkeiten die nationalen Verschiedenheiten und nationalen Eigenarten der gemeinschaftlichen Lösung wirthschaftlicher, technischer oder rechtlicher Fragen aus dem Gebiete des Genossenschaftswesens boten. Wir theilen später die Beschlüsse der Pariser Kongresse mit, die ein Bild der Buntscheckigkeit bieten. Die Mannigfaltigkeit der genossenschaftlichen Bestrebungen in den einzelnen Staaten hat es wesentlich zur Folge, daß in einem Beschluß häufig im zweiten Satz aufgehoben wird, was im ersten Satz ausgesprochen ist. Dazu kommt, daß die Genossenschaften des Landes, in dem der Kongreß tagt, diesen am zahlreichsten besuchen und daher bei der Beschlußfassung ihrer Ansicht zum Siege verhelfen. Hierbei zeigte sich dann noch ganz besonders der Nachtheil der Zugehörigkeit von Einzelpersonen als Mitglieder des Internationalen Genossenschafts-Verbandes, denn oft giebt der Beschluß nicht die Ansicht der Genossenschaften wieder, sondern die Anschauungen einzelner Personen, deren Auffassungen vielleicht auf gewisse volkswirthschaftliche Liebhabereien zurückzuführen sind.

Vielleicht einer der schroffsten Gegensätze zeigt sich zwischen einem Beschluß, der in Delft auf dem 3. Internationalen Genossenschaftstag gefaßt wurde und einem Beschluß des Internationalen Kongresses zu Paris.

Der Delfter Kongreß beschloß:

„In Erwägung, daß die genossenschaftliche Organisation die Menschen einander nähert und bei ihnen die edlen Gefühle der Solidarität erweckt, von denen jede wahrhafte Civilisation abhängt;

in Erwägung, daß sie durch eine gerechte Vertheilung der Früchte der Arbeit, die die Quelle allen Reichthums ist, in dem sozialen Körper zum Frieden und zur Harmonie führt;

in Erwägung, daß die Genossenschaftsbewegung weder zu einem gerechten Gesetz noch zu einem wahren Wirthschaftsprinzip im Widerspruch steht;

fordert der Kongreß von den Regierungen, die die Sorge für das Schicksal der Völker haben und die die Gesetze erlassen, welche für den sozialen Körper bestimmend sind — keine Bestimmung zu treffen, die die Genossenschaftsbewegung hemmen oder ihrer Entwickelung ein Hinderniß bereiten könnte;

im Gegentheil, es sich angelegen sein zu lassen, die genossenschaftlichen Bestrebungen in allen Arten zu verbreiten und durch eine liberale Gesetzgebung den Genossenschaften die möglichst größte Unterstützung zu bieten."

Der Pariser Kongreß sprach sich auch im Grundsatz gegen jede finanzielle Förderung des Genossenschafts-Wesens durch den Staat aus, aber gleichzeitig nahm er einen Zusatz an, der diesen Grundsatz aufhebt, indem „Ausnahmen überall gestattet sein sollen, wo sie angebracht sind.“ Wollte man z. B. nach diesem Beschluß die Bedeutung des Internationalen Genossenschaftsverbandes für die Ausbreitung richtiger und klarer genossenschaftlicher Grundsätze beurtheilen, würde man den Verband nicht hoch anschätzen. Aber derartige verkehrte, sich gegenseitig widersprechende Beschlüsse, die auf zufällige Zusammensetzungen des Kongresses zurückzuführen sind, müssen mit in den Kauf genommen werden, wenn man nicht überhaupt die Beschlußfassung auf derartigen Kongressen aufgeben will. Dann hängt wieder alles davon ab, wie der Vorsitzende in einer Schlußbetrachtung es versteht, die Quintessenz aus den Verhandlungen wiederzugeben, und schließlich geht dann auch den Genossenschaften der einzelnen Länder jeder Anhalt für die von dem Internationalen Verbande aufgestellten Grundsätze verloren. Es soll ja gerade Aufgabe der Kongresse sein, die Entwickelung des Genossenschaftswesens zu beeinflussen, freilich haben die bisherigen Kongresse nach der Richtung hin wohl wenig Ersprießliches geleistet.

Bleiben wir nun gleich bei den Beschlüssen des Pariser Kongresses des Internationalen Genossenschaftsverbandes, sie lauten:

1. In jedem in der Allianz vertretenen Lande, in welchem bisher noch keine nationale Sektion sich gebildet hat, sind die solchem Lande angehörigen Mitglieder des Centralausschusses aufzufordern, binnen sechs Monaten von jetzt eine derartige Sektion zu bilden und zugleich, in Verfolg des § 13 der Statuten, eine mit dem Schriftwechsel mit dem ausführenden Centralausschuß und mit der Einziehung der Beiträge zu betrauende Person zu ernennen; es soll vor Schluß des Kongresses für jedes Land, auf welches dieser Beschluß Anwendung findet, eine Person bezeichnet werden, welche dem Centralausschuß angehören muß und welche dazu beauftragt wird, dem ausführenden Centralausschuß binnen der genannten Zeit über das Ergebniß der Aktion, wovon hier die Rede ist, zu berichten (ist aber auf dem Kongreß nicht geschehen); im Falle, daß diesem Beschlusse keine Ausführung gegeben wird, soll sich der ausführende Centralausschuß mit dem Centralausschuß über Anwendung des § 14 der Statuten verständigen, wonach eine nationale Sektion von Amtswegen eingesetzt werden darf, wo dies thunlich ist.

2. Die Aufmerksamkeit der Genossenschaften, welche der Allianz angehören, ist auf den § 7 der Statuten zu lenken, worin ihnen vorgeschrieben wird, dem ausführenden Centralausschuß Exemplare ihrer Statuten und sonstigen Bestimmungen zukommen zu lassen, ihn über jede Veränderung zu benachrichtigen, welche in derartigen Statuten und sonstigen Bestimmungen vorgenommen wird, und ihm auch sämmtliche veröffentlichten Drucksachen, Zeitschriften, Berichte und Propagandaschriften, welche sie zur Ausgabe bringen mag, zuzustellen.

3. Die Fragen: a) der zweckmäßigsten Mittel zur Anknüpfung von Handelsbeziehungen, wie sie der § 16 der Statuten vorsieht, und b) der Schritte, welche einzuleiten sind, um das Studium und die Verbreitung der Gewinnbetheiligung zu fördern, sollen allerwärts, wo es nationale Sektionen giebt, diesen, oder im anderen Falle den Einzelmitgliedern des Centralausschusses, oder den Mitgliedern des Ausschusses für Studium der Gewinnbetheiligung, wo keine Nationalsektionen bestehen, in solcher Gestalt, wie sie der Kongreß noch bestimmen wird (ist auch nicht geschehen), zugewiesen, und es soll von ihnen längstens binnen Jahresfrist eine Meinungsäußerung erbeten werden. Diese Meinungsäußerung wird durch den ausführenden Centralausschuß an sämmtliche Mitglieder des Centralausschusses

mitzutheilen sein, welche über weitere Schritte, welche sie zu praktischen Maßnahmen auf Grund solcher Aeußerungen empfehlen könne, zu beschließen haben.

4. Jeder nationale Ausschuß wird aufgefordert, sich bei jeder großen genossenschaftlichen Feierlichkeit in Nachbarländern durch ein oder mehrere Mitglieder vertreten zu lassen; so weit möglich sollen die Reisekosten für solche Mitglieder aus dem Reservefonds jedes einzelnen Ausschusses bestritten werden.

5. In Gemäßheit mit den bereits in förmlichster Weise ausgesprochenen Wünschen der genossenschaftlichen Kongresse sowohl für Produktion wie für Konsum, gewerblicher wie landwirthschaftlicher Art, und zu dem Zweck, thätige Handelsbeziehungen zwischen den verschiedenen Zweigen der Genossenschaften anzuknüpfen, sollen von den Vertretern jedes auf dem Kongresse vertretenen Landes zwei Mitglieder ernannt werden, welche der Commission mixte française des deux ordres de Coopération zu aggregiren sind und auf diese Art den wahren internationalen Ausschuß für praktische Interessen der Genossenschaftsallianz bilden werden.

6. Die zweckmäßigste Gestalt der Produktionsgenossenschaft ist diejenige, welche nach Zahlung eines genügenden Lohnes an die Arbeiter, das Kapital und das Talent, diese drei Faktoren auch in der gerechtesten Weise zugleich an dem Gewinn theilnehmen läßt, den ihre gemeinsame Arbeit erzeugt hat.

7. Die Großeinkaufsgenossenschaften bieten der Welt ein geradezu einziges Beispiel eines von dem Arbeiterstande selbst ausgehenden Unternehmens dar. Ihre Kapitalien werden ohne jedwede bewußte Einmischung des Einzelnen geschaffen und vermehrt; sie beweisen in schlagendster Weise, welche riesenartige Gewalt eine gesunde Vereinigung von einzelnen Kräften besitzt. Wir hoffen, daß das ruhmreiche Erbtheil, welches wir darin unseren Kindern überlassen, das allgemeine Wohlbefinden und den allgemeinen Frieden herbeiführen werden, welche die Genossenschaft in ihrer internationalen Anwendung sichern soll.

8. Es ist in jedem Lande ein genossenschaftlicher Ausschuß für Handelsbeziehungen zu bilden, welcher mit der Vermittelung der Handelsbeziehungen zwischen sämmtlichen Genossenschaftsarten und für jedes Land mit der Einrichtung einer ständigen Musterausstellung für Erzeugnisse der gewerblichen und landwirthschaftlichen genossenschaftlichen Produktion des eigenen Landes und des Auslandes zu beauftragen ist. Solche Ausstellung soll als erklärenden Führer ein Bulletin besitzen, welches in vollständigster Weise alle Auskunft über die ausgestellten Muster giebt. Das den genossenschaftlichen Ausschüssen für Handelsbeziehungen hier zugewiesene Werk läßt sich auch von den Großeinkaufsgenossenschaften leisten, wo solche bestehen.

9. Der Kongreß ist der Ansicht, daß es sich empfiehlt, daß in jedem Lande, wo die Produktivgenossenschaft auf Grund der Schwierigkeiten, welche die Bildung eines genügenden Kapitals finden, sich nicht zu entwickeln vermag, die Konsumvereine sich zu vereinigen suchen, um auf diese Weise solchen Arbeitergenossenschaften, welche, abgesehen vom Kapital, im Stande sind, Produktivgenossenschaften zu bilden, die nöthigen Kapitalien zu schaffen, und auch so gebildete Genossenschaften mit Vorzug zur Lieferung der benöthigten Waaren herbeizuziehen.

10. Der Kongreß spricht den Wunsch aus, daß die Mitglieder des Ausschusses für Gewinnbetheiligung einen Bericht über das, was in dieser Hinsicht in jedem betreffenden Lande geleistet worden ist, fertigstellen und diese Berichte dem ausführenden Centralausschuß mittheilen, damit dieser sie dem nächsten Kongreß im Druck unterbreiten kann. Die Kosten dieser Veröffentlichung sollen, so weit als möglich, durch Beiträge von Einzelnen bestritten werden, im Nothfalle von der Allianz.

11. Zu dem Zweck, um die Genossenschaften in allen Ländern dazu anzuregen, dem Werk der Internationalen Genossenschaftsallianz ihren Beistand zu geben, erklärt der Kongreß, daß, im Interesse der Allianz, der Centralausschuß sobald als möglich Schritte einzuleiten hat, um dem nächsten Kongreß diejenigen Veränderungen, welche ihm im Hinblick auf die während des Bestehens der Allianz gemachten praktischen

Erfahrungen in der Konstitution und den Bestimmungen der Allianz für geboten erscheinen, zu unterbreiten.

12. Den Berichten über die Lage des Genossenschaftswesens in jedem Lande ist in Zukunft ein Zusatzbericht hinzuzufügen. Dieser Bericht soll in allgemeiner Weise erklären, was behufs Entwickelung des sittlichen und geistigen Unterrichts, behufs Erleichterung der Annäherung der Bevölkerungsklassen und Bekämpfung der Laster, welche den Aufschwung des Volkes hindern, seitens der Elite der Bürger in ihrem Lande geleistet worden ist. Damit wird der Boden für den Aufbau des genossenschaftlichen Gebäudes vorbereitet, welches sich nicht anders als mit Menschen, die einen unbestreitbaren sittlichen und geistigen Werth haben, aufführen läßt. Der Ausschuß fordert die Genossenschaften aller Länder auf, die sittliche und soziale Erziehung ihrer Mitglieder in die erste Reihe der Aufgaben zu setzen, welche sie sich stellen, und, nach Vorbild der englischen Genossenschaften, einen Theil ihres jährlichen Ueberschusses Unterrichtszwecken zuzuweisen, nach Vorbild der belgischen Genossenschaften, den Verkauf von geistigen Getränken zu untersagen.

Die Beschlüsse sind zweifellos sehr umfassender Art — unter dem Gesichtspunkt der Praxis sind sie vielfach ganz gewiß anfechtbar. Sie erklären sich durch die einleitend mitgetheilten Betrachtungen, durch die Zusammensetzung des Kongresses, durch das Uebergewicht der französischen Genossenschafter.

Dem Kongreß war eine Sitzung des Centralkomitees vorausgegangen, doch konnte dies an den getroffenen Festsetzungen nichts mehr ändern. Die Sitzung nahm nur kurze Zeit in Anspruch, und es ist in derselben für die Entwickelung des Internationalen Genossenschafts-Verbandes recht wenig geschehen. Nach dem Statut des Internationalen Verbandes hat zwar das Central-Komitee bei der Vorbereitung des Internationalen Genossenschaftstages für die Festsetzung der Tagesordnung das entscheidende Wort zu sprechen, doch für den Pariser Kongreß hatte das in Frankreich gebildete Komitee die Arbeiten in die Hand genommen und auf die Durchführung derselben den entscheidenden Einfluß ausgeübt. Die nothwendigsten Drucksachen u. s. w. wurden den Mitgliedern des Kongresses erst auf diesem selbst überreicht, die Legitimationsführung entsprach durchaus nicht den berechtigten Ansprüchen. Nebenbei sei nur bemerkt, daß der Kongreß am Vormittag beginnen sollte, aber erst am Nachmittag seinen Anfang nahm, sodaß eine Reihe Besucher unnöthig auf die Eröffnung gewartet hatten. An Klagen und Beschwerden über die Vorbereitungen fehlte auf dem Kongreß nicht und auch mit dem Präsidenten gab es im Laufe der Verhandlungen manchen Zusammenstoß.

Vertreten waren Deutschland, Oesterreich, Belgien, Dänemark, Spanien, Frankreich, West-Indien, Italien, Niederland, Großbritannien, Serbien, die Schweiz.

Wie es bei derartigen Kongressen ja leider einmal üblich ist, spielt die Einrichtung der Ehren-Präsidenten und Ehren-Vice-Präsidenten eine große Rolle.

Wir lassen nachstehend die Vertreter dieser Ehrenstellen folgen.

Ehren-Präsidenten:

Earl Grey . . . . England.
G. u. J. Holyoake . . . . . „

Shillito	England.
Luzzatti	Italien.
Cavalieri	"
Gilman	Verein. Staaten.
N. u. O. Nelson	"
G. u. C. Lorimer	"
Dr. Crüger	Deutschland.
Léon d'Andrimont	Belgien.
Van Marken	Niederlande.
Dr. Elias	"
Blem	Dänemark.
Col. Gérébiatieff	Rußland.
Lourties	Frankreich.
Clavel	"
Schär	Schweiz.
Ivanowitch	Serbien.

Ehren=Vice=Präsidenten.

Henry W. Wolff	England.
Mac Innes	"
Maxwell	Schottland.
Svend Högsbrö	Dänemark
Treub	Niederlande.
Alfred Micha	Belgien.
Bertrand	"
L. Ponti	Italien.
Dr. Müller	Schweiz.
Dr. Alberti	Deutschland.

Verhandelt wurde meist in französischer Sprache, auch die anwesenden Deutschen suchten sich in dieser Sprache zu verständigen ebenso wie die Italiener und Schweizer, nur die Engländer sprachen zum großen Theil in ihrer Muttersprache. Hierüber, das heißt über die zu wählenden Sprachen, kam es zu lebhaften Auseinandersetzungen, indem der Schweizer Deligirte, Herr Dr. Müller, forderte, daß alle Reden und Ausführungen in deutscher, französischer und englischer Sprache gehalten bezw. übersetzt werden sollten. Obgleich der Präsident den Wunsch als berechtigt anerkannte, wurde ihm doch nur theilweise entsprochen. Der Wunsch wurde wiederholt, schließlich kam es zu so lebhaften Auseinandersetzungen über die Geschäftsführung, daß Dr. Müller mit seinen schweizerischen Kollegen und dem Vertreter der Groß=Einkaufsgesellschaft in Hamburg, Fell, einen schriftlichen Protest einreichte und den Kongreß verließen.

Man hat sich wohl allgemein davon überzeugt, daß die Kongresse in der Weise wie bisher nicht weiter gehandhabt werden können, der Präsident zeigte ein so weitgehendes Entgegenkommen, daß jeder sprechen konnte soviel er wollte und worüber er mochte. Es liegt eben der Fehler in der Organisation vor allem auch in dem Umstande, daß das Genossenschafts=Wesen und Gewinnbetheiligungs=Wesen in dem Verbande verquickt ist. Der General=Sekretär des englischen Genossenschaftsverbandes, Gray, hatte einen Antrag eingebracht, das Statut dahin abzuändern, daß Personen nicht Mitglieder des Verbandes sollten sein dürfen. Zu diesem Antrage stellte der Anwalt des Allgemeinen Verbandes der deutschen Erwerbs- und Wirthschaftsgenossenschaften, Dr. Crüger, den Unterantrag auf Grund der bisherigen Erfahrungen, das ganze Statut des Internationalen Verbandes einer Revision zu unterziehen. Der Antrag wurde angenommen.

Die Einzelheiten der Verhandlungen bei den verschiedenen Gegenständen entbehren des Interesses für den deutschen Genossenschafter, die Gesammtstimmung kam in den oben mitgetheilten Beschlüssen zum Ausdruck; dagegen verlohnt es wohl Kenntniß zu nehmen von den Berichten der Vertreter der einzelnen Staaten. Diese lassen wir in der Uebersetzung nach dem kürzlich erschienenen Bericht über den 4. Kongreß des Internationalen Genossenschafts-Verbandes nachstehend folgen. Wir beginnen mit dem Bericht des Präsidenten des Internationelen Genossenschaftsverbandes Henry W. Wolff, den er bei dem Pariser Kongreß erstattete.

Bericht der Bureauleitung.

Herr Henry W. Wolff berichtet:

„Seit dem Kongreß in Delft hat der Internationale Genossenschafts-Verband vom Gesichtspunkt seiner Entwicklung und seiner Ausdehnung eine Periode der Ruhe durchgemacht, welche durch kein bemerkenswerthes Ereigniß unterbrochen wurde.

Mit tiefem Schmerz muß die Bureauleitung 2 schwere Verluste konstatiren, die der Allgemeine Internationale Genossenschafts-Verband seit dem Kongreß in Delft erlitten hat, der Tod hat ihm im Laufe desselben Jahres einen seiner Ehrenpräsidenten, den Grafen Chambrun, den edlen Wohlthäter des Verbandes, gestorben den 5. 2. 97 und 5 Monate später Charles Robert, einen der Gründer des Verbandes, einen hingebenden und unermüdlichen Arbeiter, entrissen. — Beider Hingang werden alle, die sie gekannt haben, betrauern. Die Bureauleitung hat sich der traurigen Aufgabe unterzogen, an Frau Charles Robert das Beileid des Central-Komitees zu übermitteln, und hat ferner zur Erinnerung für das Portrait des Verblichenen einen Ehrenplatz in ihrem Bureau in London eingeräumt. An Stelle von Charles Robert hat das Central-Komitee auf den Vorschlag seiner französischen Mitglieder einstimmig Herrn Albert Trombert erwählt, welcher die Wahl angenommen hat.

Dank gebührt der edelmüthigen Unterstützung, welche die dem englischen Genossenschaftsverband angeschlossenen Genossenschaften dem Internationalen Verband gewährt haben. Der Verband hat auf diese Weise endlich seinen Verbindlichkeiten nachkommen und mit Genehmigung der Mitglieder des Central-Komitees eine nicht unwesentliche Summe (5000 Frcs.) von der Schuld tilgen können, welche er in mehreren Anleihen bei Herrn E. O. Greening eingegangen war.

In Verfolg des in Delft vom Central-Komitee gefaßten Beschlusses ist der disponible Ueberschuß aus der vom Grafen Chambrun bewilligten Schenkung mit Genehmigung des Schenkers der Bureauleitung überlassen worden, um dem Allgemeinen Fonds des Verbandes einverleibt zu werden.

Die Bilanz, deren Abschluß in diesem Jahr geschehen mußte, bevor sie dem Central-Komitee vorgelegt werden konnte, damit sie zum Kongreß fertiggestellt wurde, präsentirt sich wie folgt: (Es folgt die Bilanz, die mit einer Ausgabe und Einnahme von 667 £ Sterling, 19 $ und 10 P. abschließt, es folgt hierauf ein Verzeichniß der Geschenke und Beiträge in dem Jahre vom 1. Juli 1899 bis zum 30. Juni 1900, geordnet nach den einzelnen Ländern. Die Beiträge und Geschenke betragen zusammen 347 £ Sterling, 5 $, 2 P. (Der Bericht fährt sodann weiter fort.)

Man wird bemerken, daß am 30. Juni sich in der Kasse 353 £ Sterling 7 $, 11 P. befanden und daß auf der andern Seite eine Schuld an Herrn E. O. Greening in Höhe von 122 £ Sterling, 10 $. 10 P. bestand.

Man wird ferner konstatiren, daß von der Gesammtsumme ein großer Theil, der sich auf nicht weniger als 239 £ Sterling 7 $ beläuft, nur von den Mitgliedern aus England geleistet ist. Die Bureauleitung hofft, daß bei dem internationalen Charakter des vom Verband geförderten Werkes die anderen Sektionen alle ihre Kräfte aufbieten werden, um ihre verfügbaren Hülfsquellen zu vermehren und im Stande zu sein, allen Eventualitäten begegnen und ihr Programm erfüllen zu können.

Folgende Mitglieder des Central-Komitees haben ihr Mandat in keiner Weise ausgefüllt und haben außerdem den Artikel 9 des Statuts nicht befolgt, welcher für jedes Mitglied eine Mindestzahlung von 5 $ vorschreibt.

Es sind dies die Herren: Budculescu, von Korf, Rasmussen und Dehli.

Im Verfolg des genannten Artikels 9 haben diese Personen ihre Eigenschaft als Mitglieder des Central-Komitees des Internationen Genossenschafts-Verbandes verloren.

Um Herrn Baron von Korf zu ersetzen, schlägt die Bureauleitung die Wahl des Kolonel Gérébiateff vor und empfiehlt Herrn Blem aus Kopenhagen an Stelle des Herrn Rasmussen. Die beiden Herren haben ihre eventuelle Annahme zugesagt.

Die Bureauleitung bedauert, mittheilen zu müssen, daß sie nach Schluß des Delfter Kongresses die Anzeige des Austrittes von 10 Genossenschaften, darunter 8 Holländische, und von 23 Einzelmitgliedern, sämmtlich aus Holland, erhalten hat. Es ist offensichtlich daß diese Mitglieder sich nur angeschlossen hatten, um während der Dauer des Kongresses die Rechte und Vortheile zu genießen, die der Verband seinen Mitgliedern gewährt.

Der Verband hält Kongresse ab, um fortgesetzt die Zahl seiner Mitglieder zu vermehren, und nicht nur, um eine vorübergehende Entwicklung hervor zu rufen. Die Bureauleitung äußert den Wunsch, daß die einzelnen nationalen Sektionen in Zukunft ihren Einfluß in diesem Sinne geltend machen.

Auf der anderen Seite hat der Verband den Beitritt von 65 neuen Mitgliedern, darunter 54 Genossenschaften und 11 Einzelmitgliedern, zu verzeichnen, welche sich wie folgt auf die einzelnen Länder vertheilen:

England	44	Genossenschaften,	1	Einzelmitglied.
Deutschland . . .	1	„	1	„
Vereinigte Staaten	1	„	6	„
Antillen	2	„	—	„
Belgien	1	„	—	„
Oesterreich . . .	1	„	—	„
Spanien	—	„	1	„
West-Indien . .	—	„	1	„
Dänemark . . .	1	„	—	„
Schweiz	2	„	—	„
Serbien	1	„	—	„
Rußland . . .	—	„	1	„
Zusammen	54	Genossenschaften,	11	Einzelmitglieder.

Die genossenschaftliche Bewegung hat im Allgemeinen Fortschritte gemacht und die internationalen Beziehungen sind engere und herzlichere geworden. Die bemerkenswerthe Entwicklung des Schweizer Genossenschafts-Verbandes gewährt einen schönen Ausblick für die Zukunft; nicht allein für die Schweiz selbst, sondern allgemein für alle Nationen.

Es existiert in Spanien ein Genossenschafts-Verband, der aber noch mit den Schwierigkeiten des Anfanges zu kämpfen hat. Wir hören auch, daß ein nationaler Verband soeben in Schweden und ein anderer in Dänemark entstanden ist. Anfänge von Verbänden existiren auch in Indien und West-Indien.

Die Bureauleitung fordert aufs Lebhafteste die fremden Genossenschafter auf, sich zu Verbänden zusammen zu schließen und nationale Sektionen des Internationalen Verbandes in ihren Ländern zu bilden.

Die Bureauleitung hat sich häufiger versammelt, um die laufenden Sachen zu erledigen. Die englische Sektion des Verbandes hat ebenfalls mehrere Sitzungen abgehalten.

Die statistische Kommission, welche vollkommen von Hülfsmitteln entblößt ist, hat keine Gelegenheit gehabt, sich zu versammeln und konnte ihre Arbeiten nicht verfolgen.

Das englische Komitee für Handelsbeziehungen hat sich bei verschiedenen Gelegenheiten versammelt und in der Zwischenzeit sind die dringendsten Angelegenheiten durch die Bureauleitung erledigt worden, die sich dieser Mühe gern unterzogen hat.

Außer verschiedenen Anfragen, welche das Komitee für Handelsbeziehungen aus Frankreich, Holland und Rußland erhalten hat und welchen es nach besten Kräften gerecht zu werden versucht hat, hat dieses Komitee einen Katalog der Waaren veröffentlicht, welche durch die Produktionsgenossenschaften fabrizirt werden und hat demselben eine möglichst weite Verbreitung gegeben. Das Komitee hofft, daß dieses Vorgehen einen glücklichen Einfluß auf den Lauf der Dinge haben werde. Die Aufstellung des Kataloges hat überdies dem Verband nichts gekostet, da die sämmtlichen Kosten durch den Preis der Annoncen gedeckt wurden.

Das englische Komitee für Handelsbeziehungen hat mit Genugthuung Kenntniß bekommen, daß direkte Handelsbeziehungen sich angesponnen haben auf der einen Seite zwischen den Holländischen Genossenschaften, der schottischen Wholesale, und einigen englischen Detail-Verkaufs-Genossenschaften, und auf der andern Seite zwischen den vereinigten holländischen Zwiebel-Züchtern und den englischen Genossenschaften.

Das Komitee ist endlich davon in Kenntniß gesetzt worden, daß Dank den Bestrebungen des Herrn Maurin und mehrerer seiner Freunde, die französischen ländlichen Genossenschaften beschlossen haben, eine beträchtliche Menge ihrer Produkte vortheilhaft auf dem englischen Markte unterzubringen.

Die permanente Kommission für Gewinnbetheiligung hat seit dem Delfter Kongreß keine Sitzung abgehalten.

Auf Grund des Artikels 27 des Statuts haben folgende 19 Mitglieder des Central-Komitees, die sämmtlich wiederwählbar sind, aus dem Komitee an dem Ende des Pariser Kongresses auszuscheiden. Es sind die Herren: Häntschke, Gray, Greenwood, Hardern, Reece, Wrabetz, Micha, de Quéker, Rasmussen, Rhodes, de Boyve, le comte de Rocquigny, Eugen Rostand, Elias, Buffoli, Luzzatti, Korf, Dehli und Abt.

Die Herren Abt und Buffoli haben den Wunsch ausgedrückt, vom Central-Komitee zurück zu treten.

Die Bureauleitung schlägt die Wiederwahl der sämmtlichen Herren mit Ausnahme der Herren Rasmussen, Buffoli, Korf, Dehli und Abt vor.

Die Letzteren empfiehlt es zu ersetzen durch folgende Herren: Guasti, Gérébiatieff, von Koch und Dr. Müller.

Bericht Deutschlands

erstattet von Dr. Hans Crüger, Anwalt des Allgemeinen Verbandes der deutschen Erwerbs- und Wirthschaftsgenossenschaften.

Das Jahr 1899 war für die Schulze-Delitzsch'schen Genossenschaften ein besonders ereignißreiches; mit diesem Jahr verknüpft sich die Erinnerung an das 50jährige Jubiläum der ersten von Schulze-Delitzsch ins Leben gerufenen Genossenschaften, an das 40jährige Bestehen des von Schulze-Delitzsch begründeten Allgemeinen Verbandes — an die Enthüllung des Schulze-Delitzsch-Denkmals in Berlin. Unwillkürlich wendet sich da der Blick zurück und vor dem geistigen Auge zieht die Geschichte 5 Jahrzehnte deutschen Genossenschaftswesens vorüber. Heute wird das deutsche Genossenschaftswesen allgemein gewürdigt und in seiner Bedeutung anerkannt, ja fast zu stürmisch ist die Anerkennung, die seitens der Regierungen dem Genossenschaftswesen entgegengebracht wird, zu eifrig ist die Förderung — sie steht im Gegensatz zu den Schwierigkeiten, die Schulze-Delitzsch und seine Freunde zu überstehen hatten, um das Genossenschaftswesen einzuführen. Wenn wir hier sagen „einzuführen", so soll damit nicht behauptet werden, daß Schulze-Delitzsch in den Genossenschaften eine neue Erfindung gemacht hat, denn der Gedanke der Genossenschaft ist urdeutsch, wir finden ihn in den alten Markgenossenschaften, in den Gilden, Zünften, dem Hansabund, das Verdienst Schulze-Delitzsch's bestand darin, für den alten genossenschaftlichen Gedanken eine neue Form gefunden zu haben, ihn verwerthbar gemacht zu haben für neue wirthschaftliche Verhältnisse und Lagen. Bei den Behörden hatte man damals kein Verständniß dafür, mit Mißtrauen beobachtete man die Entwicklung der Genossenschaften, denn an der Spitze der Genossenschaften standen ausschließlich liberale Männer und den Behörden war es vielfach unbegreiflich, daß diese liberalen Männer hier ein Werk fördern sollten, ohne Rücksicht auf dessen politische Schattirung, nur um seiner selbst willen. Allmählich aber mußte man doch die Uneigennützigkeit von Schulze-Delitzsch und seiner Freunde anerkennen, man konnte sich nicht länger verschließen, daß sie hier ein Werk vorbereiteten, das von hoher sozialer und wirthschaftlicher Bedeutung für die künftige Entwicklung werden mußte. Immer seltener wurden die Behörden, die die Entwicklung der Genossenschaften zu hindern suchten und heute klingt es wie eine Legende, daß Vorstandsmitglieder einer Genossenschaft auf die Anklagebank kamen, weil sie ohne Einholung der Genehmigung der Behörde die Genossenschaft ins Leben gerufen.

Nicht nur den Widerstand der Behörden hatte Schulze-Delitzsch zu überwinden, sondern auch den Widerstand der betheiligten Kreise. Freilich forderten die Handwerker die Bildung von Genossenschaften, aber sie begehrten dazu Staatssubvention. Schulze-Delitzsch zeigte ihnen den Weg, auf dem es möglich war, ohne Staatshülfe lebenskräftige Genossenschaften zu bilden.

Die ersten Genossenschaften erwuchsen aus dem kleinstädtischen Boden, den kleinhandwerkerlichen Kreisen, doch bald breiteten sich diese Bestrebungen über alle Stände und Klassen aus. Die deutschen Bankverhältnisse waren zu jener Zeit wenig entwickelt und so begrüßten denn auch Kaufleute und Industrielle die Kreditgenossenschaften als eine hochbedeutsame Schöpfung zur Lösung der Kreditfrage. Ende der 60er Jahre beschäftigte sich bereits die berufene Vertretung der Landwirthschaft mit der genossenschaftlichen Organisation. Auf Arbeiterkongressen wurde die Konsumvereinsfrage behandelt und erkannte man in der genossenschaftlichen Organisation ein Mittel zur Linderung des Wohnungselends. Fast 20 Jahre später als Schulze-Delitzsch trat Raiffeisen in die Genossenschaftsbewegung ein. Er hatte wohl schon in den 40er und 50er Jahren einige Wohlthätigkeitsvereine gegründet, aber erst im Jahre 1864 bildete er den Heddesdorfer Wohlthätigkeitsverein zu einer Darlehnskasse um und dann vergingen noch lange Jahre, bis die sogenannte Raiffeisen-Bewegung für die Landwirthschaft zu einer wirklichen Bedeutung gelangen konnte. Heute giebt es kaum ein wirthschaftliches Gebiet, auf dem sich die genossenschaftliche Organisation nicht bereits bethätigt hat; die Aufgabe der Genossenschaft läßt sich schwer mit einem Satz skizziren, — es ist die Anpassung wirthschaftlicher Betriebe an moderne Betriebsformen, die Zuführung der Vortheile des Großbetriebes dort, wo der einzelne nicht im Stande ist, Nutzen aus der heutigen wirthschaftlichen Gestaltung zu ziehen — mit einem Wort, ausgleichend zu wirken. Die genossenschaftliche Organisation hat den kreditwürdigen Handwerker, Landwirth, Kaufmann kreditfähig gemacht, es ist nicht mit Unrecht behauptet, daß in der Kreditgenossenschaft die Demokratisirung des Kredits liegt, die Kreditgenossenschaften sind die Kanäle, durch die das Geld von den Großbanken bis in die kleinsten Betriebe und Arbeitsstellen hineingeführt wird — die genossenschaftliche Organisation bietet den Landwirthen die Möglichkeit beim Einkauf der landwirthschaftlichen Bedarfsartikel nicht nur die Vortheile des Großeinkaufs zu genießen, sondern auch die Errungenschaften der Technik bei der Untersuchung der Waaren sich nutzbar zu machen — die genossenschaftliche Organisation bietet dem Landwirth die Möglichkeit, bei Verarbeitung landwirthschaftlicher Produkte weniger Zeit aufzuwenden und gleichwohl den Nutzen zu steigern, wir brauchen z. B. nur an Molkereigenossenschaften, Weinbau- und Obstverwerthungs-Genossenschaften zu denken — die genossenschaftliche Organisation hat in den meisten Fällen erst den Maschinen-Betrieb in die Kreise der kleinen Landwirthe eingeführt; wo es für den Einzelnen unmöglich war, die theuren Maschinen anzuschaffen, wird nun durch die Genossenschaft der Landwirthe die gemeinsame Beschaffung der Maschinen ermöglicht, — in der genossenschaftlichen Organisation haben die Handwerker die Möglichkeit, beim Einkauf der Rohstoffe und Roh-Materialien alle die Vortheile auszunutzen, die der Einkauf im Großen mit sich bringt — die genossenschaftliche Organisation ist der Weg, auf dem der Handwerker magazinfähig werden kann, auf dem er mit Erfolg zur Theilnahme an Submissionen gelangen kann — es ist die genossenschaftliche Organisation, mit deren Hülfe in genossenschaftlichen Werkstätten kostspielige Maschinen in den Dienst der Kleinbetriebe gestellt werden können — es ist die genossenschaftliche Organisation, die den arbeitenden Klassen, den Handwerkern, den kleinen Beamten u. s. w. u. s. w. es ermöglicht, bei Einkäufen der Lebens- und Wirthschaftsbedürfnisse, sich der Vortheile des Einkaufs im Großen zu erfreuen — wieder ist es die genossenschaftliche Organisation, die in erster Reihe geeignet ist, unter Theilnahme der Wohnungsbedürftigen viel Wohnungs-Elend aus der Welt zu schaffen — und es ist auch die genossenschaftliche Organisation, die die leistungs- und konkurrenzfähigen, um ihre Existenz ringenden Kleinhändler hebt und stärkt. Ganz gewiß giebt es keine Betriebsform, die in solchem Umfange in das wirthschaftliche Leben eingegriffen hat, wie die genossenschaftliche Organisation in den letzten 5 Jahrzehnten. Zu den großen Aufgaben der Sozialpolitik gehört nicht bloß die Erhaltung der Leistungsfähigkeit des Handwerks neben dem Großbetrieb, die Hebung der Lage des Arbeiterstandes, sondern auch die Bildung eines Bauernstandes und auch hier scheint die genossenschaftliche Organisation den Weg zum Ziel zu zeigen; es liegen Versuche vor, durch genossenschaftlichen Besitz eines großen Guts-Areals Bauernstätten zu schaffen und die Versuche sind zum Theil selbst unter widerwärtigen Umständen geglückt, mag die Siedlungsgenossenschaft, wie Oppenheimer sie sich vorstellt, in das Reich der Utopie gehören, vielfach entspricht sie durchaus den realen Verhältnissen und wir haben ähnliche Bildungen und Vorbilder. Hier bietet sich noch ein weites Feld genossenschaftlicher Bethätigung. Ein erheblicher Theil der wirthschaftlichen und organisatorischen Momente, die das Gedeihen der industriellen Produktiv-Genossenschaften in Frage stellen und die prosperirende Produktiv-Genossenschaft zur Kapitalgesellschaft umgestalten, fallen bei der landwirthschaftlichen Voll-Produktiv-Genossenschaft fort. Wir sagen hier: Voll-Produktiv-Genossenschaft, denn auch die Molkerei- und ähnliche Genossenschaften werden Produktiv-Genossenschaften genannt, während sie doch nur einen Zweig des landwirthschaftlichen Betriebes umfassen, jene Siedlungsgenossenschaften dagegen eine Voll-Genossenschaft darstellen.

Diese gewaltige Ausbreitung des deutschen Genossenschaftswesens hat freilich auch eine Kehrseite, es ist dies die Anti-Genossenschafts-Bewegung. Sie ist ein Produkt der Neuzeit und erklärt sich, wenn man im Auge behält, daß die Genossenschaft im Allgemeinen nach zwei Richtungen hin wirkt; sie fördert den Erwerb oder die Wirthschaft der Mitglieder und schaltet auf der andern Seite Arbeitskräfte aus, denn Erwerb oder Wirthschaft der Mitglieder werden gerade dadurch gefördert, daß die Genossenschaft Arbeiten für die Mitglieder verrichtet, die bisher durch Dritte ausgeführt wurden. So lange die Genossenschaft sich im engen Rahmen hält, macht sich ihre Wirkung nach der zweiten Seite hin nicht sehr bemerkbar, die Wirkung wächst mit der Ausbreitung des Genossenschaftswesens. So ging denn z. B. in allen Staaten Hand in Hand mit der Ausbreitung der Konsumvereine eine immer lebhafter werdende Agitation der von der Entwicklung der Konsumvereine betroffenen Konkurrenz der Kleinhändler. Diese Agitation ist die lauteste bisher gewesen und sie hat wenigstens in Deutschland auch die meisten Erfolge erzielt, indem es den Kleinhändlern gelang Gesetze durchzusetzen, die den Geschäftsbetrieb der Konsumvereine beschränken. Der Agitation der Kleinhändler gegen die Konsumvereine hat sich seit einigen Jahren in Deutschland hinzugesellt die Agitation der Hausbesitzer gegen die Baugenossenschaften. Wie die Kleinhändler verlangen, daß ein Konsumverein nur errichtet werden soll, wenn die Behörde ein Bedürfniß dazu anerkennt, so fordern die Hausbesitzer, daß die Gründung einer Baugenossenschaft abhängig sein soll, von der durch die Behörde erfolgten Feststellung des Bedürfnisses. Immer zahlreicher werden auch die Klagen bei den Händlern über die Konkurrenz, die die Raiffeisen'schen Darlehnskassen ihnen dadurch machen, daß sie Waaren aller Art führen, immer stärker wird die Agitation gegen die Kornhausgenossenschaften, zumal diese vom Staat subventionirt werden. So sehen wir auf allen Gebieten, auf denen das Genossenschaftswesen starke Ausbreitung gewinnt, sich eine Anti-Genossenschafts-Bewegung bemerkbar machen. Bei dieser Bewegung muß vor Allem freilich die Inkonsequenz der Betheiligten auffallen, denn der Hausbesitzer und Kleinhändler, der gegen die Genossenschaft agitirt, deren Existenz ihm unbequem ist, fühlt sich dadurch keineswegs behindert, Genossenschaften zu gründen, die seinem Erwerbe förderlich sind, mögen sie auch wieder andere Erwerbskreise nachtheilig berühren.

Das Genossenschaftswesen macht sich, wie bereits bemerkt, auf allen Gebieten bemerkbar; dies zeigt sich auch darin, daß eine große Anzahl der neueren Gesetze, die sich mit dem Erwerbs- und Wirthschaftsleben befassen, auf den Geschäftsbetrieb in der Form der eingetragenen Genossenschaft Rücksicht nehmen. Das ist der Fall bei dem Hypothekenbankgesetz, bei der Gewerbeordnung, bei dem Gesetz betreffend das Flaggenrecht der Kauffahrtheischiffe, bei dem Gesetz betreffend Regelung des Auswandererwesens, bei der Rhedereigesetzgebung, bei der Gesetzgebung betreffend das Versicherungswesen. Hier tritt uns so recht klar der Unterschied zwischen einst und jetzt entgegen: vor 50 Jahren fehlte noch die Form für die Bildung der Genossenschaft und heute rechnet die gesammte Gesetzgebung mit der Genossenschaft.

Ein Gebiet der Gesetzgebung verdient aber ganz besondere Beachtung, es ist das Gebiet der Steuergesetzgebung. Wohl allgemein Rechtens ist es, daß eine distributive Genossenschaft, die nur mit ihren Mitgliedern Geschäfte macht, kein Gewerbe betreibt, denn die Ueberschüsse, die sie erzielt, stellen nichts anders dar, als Ersparnisse der Mitglieder. Die Kreise nun aber, die sich durch die Konkurrenz der Genossenschaft beeinträchtigt fühlten, sind seit Jahren eifrig bemüht, die Genossenschaften als Gewerbetreibende den Steuern unterstellt zu sehen und es ist denn ihnen auch gelungen, daß heute fast in allen deutschen Staaten die Genossenschaften der Gewerbesteuer unterliegen, auch eine Reihe anderer Steuern sind ihnen aufgebürdet und jetzt denkt man sogar ganz ernstlich daran, die „Umsatzsteuer" auch auf Konsumvereine auszudehnen. Den Anfang damit hat man in Sachsen gemacht, wo die Regierung es den Gemeinden überließ, die Konsumvereine mit Sondersteuern zu belasten, in Preußen steht die landesgesetzliche Regelung der Frage bevor und Niemand kann wissen, wie lange es dauert, daß auch die andern Staaten auf diesem Wege folgen werden.

Während wir hierbei sehen, wie der Staat Stellung gegen eine bestimmte Genossenschaftsart, den Konsumverein, nimmt, finden wir sonst den Staat überall eifrig bemüht, das Genossenschaftswesen zu fördern, vor Allem ist es das Gebiet des landwirthschaftlichen Genossenschaftswesens, dem überall erhebliche Mittel zur Verfügung gestellt werden. Die Raiffeisen-Bewegung stand von Anbeginn mehr oder weniger unter der Protektion des Staates, der Neuwieder Verband erfreute sich wiederholt der persönlichen Unterstützung preußischer Herrscher. In die staatliche Förderung des Genossenschaftswesens ist aber erst System hineingekommen durch die Gründung der Preußischen Central-Genossenschafts-Kasse im Jahre 1895, seitdem werden in Preußen, Bayern, Württemberg, Sachsen, Baden, Hessen, Mecklenburg jährlich Millionen für die Förderung des Genossenschaftswesens, insbesondere des landwirthschaftlichen, verausgabt. Es mag ein Zufall sein, aber immerhin ist er für die heutige Lage kennzeichnend, es sind die konservativ-klerikalen Parteien, die den Staat auf diese

Bahnen drängen. Nebenbei mag hier bemerkt werden, daß der Neuwieder Verband sich nicht dem Internationalen Verband angeschlossen hat, sondern sich mit den Raiffeisenvereinen Frankreichs und Italiens zu einem Sonderverbande verbunden hat.*)

Und jene konservativ-klerikalen Elemente, die die staatliche Förderung des Genossenschaftswesens fordern, sie sind auch gleichzeitig die Väter der Gesetze, die bestimmt sind, den Geschäftsbetrieb der Konsumvereine einzuschränken. Wir haben es hier mit einem der Widersprüche zu thun, an denen die heutige Zeit nicht Mangel leidet.

Auch die Handwerkergenossenschaftsbewegung wird von Staatswegen heute gefördert, freilich ohne die gleichen Erfolge, wie wir sie auf dem Gebiete des landwirthschaftlichen Genossenschaftswesens sehen. Die Gründe liegen nahe, während es keine Aufbietung erheblicher geistiger oder finanzieller Kräfte bedarf, um in den kleinsten Orten eine Darlehnskasse zu gründen oder einen Einkaufsverein ins Leben zu rufen, insbesondere wenn staatlicherseits zur ersten Einrichtung der Genossenschaft die Mittel zur Verfügung gestellt werden, stellen sich ganz andere Schwierigkeiten in den Weg, wenn Handwerker zu einer Kreditgenossenschaft, zu einer Rohstoff- und Magazingenossenschaft sollen vereinigt werden. Vielleicht ist es aber gerade für die Zukunft des Genossenschaftswesens auf diesem Gebiete gut, daß es nicht möglich ist, hier überall genossenschaftliche Kunstpflanzen anzusetzen. Ein staatlicher Eingriff wird gleichfalls für die Baugenossenschaftsbewegung gefordert: der Staat soll die Mittel zur Verfügung stellen, um die Errichtung von Baugenossenschaften überall zu ermöglichen, die sofort in der Lage sind, Terrain zu erwerben und zu bebauen. Vorläufig halten die Finanzminister noch die Taschen zu, denn sie erkennen, daß hier es nur der erste Schritt ist, der Mühe kostet, daß, wenn erst einmal die Bahn beschritten ist, es kein Halten mehr giebt.

Im Jahre 1865, als die Genossenschaften die schwersten Kämpfe um ihre Existenz durchzufechten hatten, wurde jede staatliche Förderung mit Stolz abgelehnt und heute? da haben wir Staatsbanken, Staatskornhäuser, Staatsmagazingenossenschaften, Staatswerkgenossenschaften — selbst Genossenschaften unter fürstlichem Protektorat fehlen nicht.

Kein Zweifel, es erregt die allgemeine Aufmerksamkeit, daß in Deutschland viele Tausend Genossenschaften bestehen und es kann nicht überraschen, wenn die Ausländer nach Deutschland kommen, um zu erfahren, worin das Geheimniß liegt, daß Deutschland ein so gewaltiges Heer von Genossenschaften besitzt. Freilich, die Genossenschaften gelten nach der Qualität und nicht nach der Quantität und erstere entspricht nicht immer der letzteren. Eins aber wird vor Allem übersehen, die staatliche Förderung des Genossenschaftswesens führt zu einer völligen Verwischung der Grenzen zwischen Genossenschaften und Sozialismus — die Grenze liegt auf dem Gebiete der Selbstverantwortlichkeit und der Garantie für das eigene Vorwärtskommen, die staatliche Förderung verwischt diese Grenze.

Bei dieser Hochfluth der Genossenschaftsförderung ist natürlich auch die Zahl der „Systeme“ auf diesem Gebiete nicht klein. 1889 wurde das sozialreformatorische Genossenschaftswesen begründet, das zum ersten Mal den Grundsatz aufstellte, Selbsthülfe ergänzt durch Staatshülfe. Jenes sozialreformatorische Genossenschaftswesen hat freilich bankerott gemacht, doch sein Wahlspruch ist geblieben und ist noch weiter ausgedehnt, heute heißt es schon vielfach: „Selbsthülfe zur Erlangung der Staatshülfe“. Wieder aufgelebt ist auch der Gedanke der Waarenbanken in der Form der Genossenschaft. Zahlreich sind die Versuche einer Verquickung der genossenschaftlichen Organisation mit dem Versicherungswesen.

Unter solchen Verhältnissen und Bedingungen war es natürlich, daß auch die Parteien, die die schärfsten Gegner gegen die Schulze-Delitzsch'schen Genossenschaften gestellt hatten, den Kampf gegen die genossenschaftliche Organisation aufgeben mußten.

---

*) Hierüber Näheres weiter unten.

Selbst die Sozialdemokratie hat sich schließlich darauf beschränken müssen, zu erklären, daß die Lösung der sozialen Frage mit Hülfe der Genossenschaften nicht möglich sei — was freilich am wenigsten auch gerade von dem Schöpfer des deutschen Genossenschaftswesens behauptet ist.

Die Genossenschaftsgesetzgebung hat in den letzten Jahren vielfache Wandlungen durchmachen müssen, diese hingen aber mehr oder minder zusammen mit der neuen bürgerlichen Gesetzgebung. Das deutsche Genossenschaftsgesetz hat wie jedes Gesetz auch seine Mängel, sie liegen aber nicht im System, sie sind von außen her von den Gegnern des Genossenschaftswesens hineingetragen, denn das deutsche Genossenschaftsgesetz gehört wohl zu den besten Gesetzen, die die genossenschaftliche Organisation regeln. Dieses Gesetz ist auch nicht verantwortlich für die treibhausartige Entwicklung, die sich hier und da gezeigt hat, dies ist vielmehr die Folge des Eingriffs des Staates in die Entwicklung. Die Reaktion darauf wird nicht ausbleiben; aber auch eine solche Krisis wird überstanden werden, denn das deutsche Genossenschaftswesen ist auf festem Fundament errichtet.

Die Zukunft des deutschen Genossenschaftswesens? Prophezeihen ist eine undankbare Aufgabe. So viel steht fest, noch auf unabsehbare Zeit hinaus wird die genossenschaftliche Organisation das wirksamste Gegengewicht bieten, gegen die kapitalistische Macht.

Die **Arbeiter** werden in den Konsumvereinen und Baugenossenschaften eine wesentliche Förderung ihrer wirthschaftlichen Lage erfahren; ob die Produktivgenossenschaft die Erwartungen rechtfertigen wird, die man an sie knüpfte, steht dahin, der Kreis derer wird immer kleiner, die große Hoffnungen auf diese Genossenschaften setzen. Beachtung verdient die erhebliche Betheiligung der arbeitenden Klasse bei den Kreditgenossenschaften, die vielfach als die besten Sparkassen der Arbeiter betrachtet werden können.

Für die **Landwirthschaft** wird die Bedeutung des Genossenschaftswesens von keiner Seite bestritten, die genossenschaftliche Organisation ermöglicht die Verbindung der Vortheile des intensiven und extensiven Betriebes. Ich spreche es an dieser Stelle direkt aus, daß m. E. auf diesem Gebiete von den Genossenschaften noch große Aufgaben zu erfüllen sind, denn mit Hülfe der Genossenschaften ist die Bildung eines selbstständigen Bauernstandes unter den heutigen Verhältnissen zu erereichen.

Handwerk und **Kleinhandel** haben von der genossenschaftlichen Organisation bereits viel Nutzen gezogen, wenn auch nicht in dem gleichen Umfange wie die Landwirthschaft, doch wie bereits bemerkt, es liegt dies an der Verschiedenheit der wirthschaftlichen Gestaltung im Handwerk und in der Landwirthschaft. Konkurrenzneid ist heute vielleicht der hauptsächlichste Hinderungsgrund für eine weitere Ausdehnung des Genossenschaftswesens im Handwerk und Kleinhandel; mit staatlicher Förderung kann hier nichts gemacht werden. Handwerk und Kleinhandel müssen selbst erkennen, daß es gegen die Macht des Kapitals und der Fabriken nur ein Mittel giebt, Hebung der Konkurrenz- und Leistungsfähigkeit, und daß die genossenschaftliche Organisation die Möglichkeit bietet, dahin zu gelangen.

Alles in Allem, Deutschlands Genossenschaftswesen steht in hoher Blüthe, Hunderttausende genießen die Früchte desselben, aber daneben geht auch ein Gährungsprozeß und Niemand kann wissen, ob nicht bald der Rückschlag eintritt. Die solide Entwicklung des deutschen Genossenschaftswesens bis vor 10 Jahren beruht nicht zum wenigsten auf den einheitlichen Grundsätzen, nach denen die Genossenschaften gegründet und geleitet wurden — heute fehlt jede Einheitlichkeit, es bestehen Dutzende von Verbänden und die neuen Verbände glauben mit neuen Systemen, neuen Regeln die Aufmerksamkeit auf sich lenken zu müssen, sie gefährden die solide Entwicklung. Doch wie dem auch sei, der Zukunft kann mit einer gewissen Ruhe entgegengesehen werden. Ein wirthschaftliches Unwetter mag viele Treibhauspflanzen ertödten, der Stamm ist gesund.

Auf S. 34/35 wird dann noch an der Hand der Statistik ein Bild über den Stand des deutschen Genossenschaftswesens geboten, wobei wir als Quelle benutzen

Das Jahrbuch des Allgemeinen Verbandes der auf Selbsthülfe beruhenden deutschen Erwerbs- und Wirthschaftsgenossenschaften für 1898,

Das Jahrbuch des Allgemeinen Verbandes der deutschen landwirthschaftlichen Genossenschaften für 1898,

Die Statistik der Spar- und Darlehnskassenvereine Raiffeisen'scher Organisation für 1897.

Die Baugenossenschaften haben sich gegen das Vorjahr von 192 auf 244 vermehrt. Zu der Statistik des Jahrbuchs haben 56 Baugenossenschaften Angaben gemacht, darunter 41 Bau- und Sparvereine, welche die Erbauung größerer Häuser bezwecken, die im Besitz der Genossenschaft verbleiben, in welchen den Mitgliedern gute, billige Miethswohnungen zur Verfügung stehen; 6 Baugenossenschaften, deren Zweck die Erbauung von Häusern zum Erwerb durch die Genossen ist; 8 Genossenschaften gemischten Systems, welche sowohl Häuser zur Vermiethung der Wohnungen an die Genossen als zum Erwerb durch die Mitglieder erbauen; 1 Genossenschaft, deren Zweck die Erbauung und Bewirthschaftung eines Vereinshauses ist.

Von 5 Baugenossenschaften, welche die Erbauung eigener Häuser für ihre Genossen bezwecken — eine der Baugenossenschaften dieser Gattung entwickelte keine Bauthätigkeit im Jahre 1898 — wurden im Jahre 1898 42 Häuser erbaut; die zu dieser Gattung gehörende Berliner Baugenossenschaft erbaute 11 Häuser in Vororten von Berlin.

Von den berichtenden Baugenossenschaften, welche größere Häuser mit Miethswohnungen erbauten, haben 28 Genossenschaften in 1898 93 solcher Häuser aufgeführt; 22 Genossenschaften machten Angaben über die Zahl der Wohnungen in den von ihnen erbauten Häusern; danach waren in 68 von ihnen im Jahre 1898 erbauten Häusern 627 Wohnungen vorhanden.

Sechs Baugenossenschaften des gemischten Systems erbauten im Jahre 1898 30 Häuser zum Vermiethen der Wohnungen (in 11 dieser Häuser waren 97 Wohnungen vorhanden, über 19 Häuser fehlt diese Angabe); 3 davon erbauten auch 17 Häuser zum Erwerb durch die Genossen.

Die berichtenden 56 Baugenossenschaften hatten nach Schluß des Geschäftsjahres 1898 16425 Mitglieder.

Das „Jahrbuch des Allgemeinen Verbandes der deutschen landwirthschaftlichen Genossenschaften für 1898" bringt ferner Mittheilungen über die Geschäftsberichte von 682 Molkereigenossenschaften. Diese hatten 50638 Mitglieder; die eingelieferte Milchmenge betrug 796134581 Kilo oder Liter; die Verwaltungskosten beliefen sich auf 6658981 Mk.; der Gesammtbesitz stand mit 23488971 Mk. zu Buch; die Geschäftsguthaben der Genossen betrugen Ende 1897 3620436 Mk.; die Reservefonds 3220529 Mk.

In den „Blättern für Genossenschaftswesen" (1896 S. 501) hat Dr. Hirschberg Berechnungen angestellt, wieviel Erwerbsthätige Deutschlands an Genossenschaften betheiligt sind und dabei die Berufszählung, sowie die auf Grund der Genossenschafts-Statistik gewonnene Schätzung der Anzahl der Genossenschafter zu Grunde gelegt; zur Vergleichung ist eine ähnliche Berechnung auf Grund der Berufszählung von 1882 und des damaligen Bestandes der Genossenschafter herangezogen. Es ist angenommen, daß die ca. 8000 Kreditvereine 1430000 Mitglieder haben — gegen 700000 Mitglieder bei ca. 2500 Kreditvereinen im Jahre 1883. Danach gehören bei Vergleichung mit der deutschen Berufszählung von 1000 Erwerbsthätigen im Jahre 1895 62 Personen Kreditvereinen an, im Jahre 1883 nur 37. Die 1430000 Genossenschafter stellen mit ihren Angehörigen eine Bevölkerung von etwa 3150000 Einwohnern dar.

Von den 1430000 Genossenschaftern entfallen etwa 951000 auf die Schulze-Delitzsch'schen Kreditgenossenschaften und von diesen 951000 Personen sind rund 304000 Landwirthe.

Die Zahl der allen Kreditvereinen angehörenden Landwirthe wird auf 780000 berechnet, so daß unter Vergleichung mit der deutschen Berufszählung von

Art der Genossenschaften	am 30. April 1898	am 31. März 1899	mit unbeschränkter Haftpflicht am 30. April 1898	mit unbeschränkter Haftpflicht am 31. März 1899	mit beschränkter Haftpflicht am 30 April 1898	mit beschränkter Haftpflicht am 31. März 1899	mit unbeschränkter Nachschußpflicht am 30. April 1898	mit unbeschränkter Nachschußpflicht am 31. März 1899	nicht eingetragene am 30. April 1898	nicht eingetragene am 31. März 1899
Kreditgenossenschaften	10259	10850	9262	9771	845	929	46	45	106	105
Rohstoffgenossenschaften: gewerbliche	73	82	29	28	30	40	2	2	12	12
landwirthschaftliche	1167	1193	852	855	189	212	3	3	123	123
Werkgenossenschaften: gewerbliche	30	34	15	16	13	16	2	2	—	—
landwirthschaftliche	455	482	74	82	184	203	—	—	197	197
Magazingenossenschaften: gewerbliche	70	67	30	23	32	36	1	1	7	7
landwirthschaftliche	83	106	11	14	65	85	—	—	7	7
Produktivgenossenschaften: gewerbliche	179	193	56	54	116	131	3	4	4	4
landwirthschaftliche	1932	2017	1316	1337	477	540	64	65	75	75
Verschiedene Arten von Genossenschaften	233	271	63	64	163	199	4	5	3	3
Konsumvereine	1396	1373	317	280	964	992	6	6	109	95
Baugenossenschaften	192	244	13	11	179	233	—	—	—	—
Zusammen	16069	16912	12038	12535	3257	3616	131	133	643	628

Kreditgewährung.

Verbände	Zahl d. Verbands-Kredit-genossenschaften	Zahl der berichtenden Kredit-genossenschaften	Zahl der Mitglieder	Umsatz (Einnahmen und Ausgaben) zusammen	Betrag der gewährten Kredite	Aktiva	Passiva	Geschäftsguthaben der Mitglieder	Reservefonds	Angeliehene fremde Gelder	Angaben für das Jahr
				Mk.	Mk.	Mk.	Mk.	Mk.	Mk.	Mk.	
Allg. Verband der deutschen Erwerbs- und Wirthschaftsgenossenschaften	927	862	497111	?	1907265271	701543187	702070583	121656936	39599141	528754695	1898
Allgem. Verband der deutschen landwirthschaftlichen Genossenschaften	3982	3149	219595	419068269	69358316	190452594	189272710	5699268	4047057	?	1897
Generalverband ländlicher Genossensch. f. Deutschland in Neuwied	3200	2014	168675	215626354	30206028	106043988	105506344	1309005	2759233[1]	101448104	1897
Rheinischer Revisionsverband zu Kempen	210	210	12260	25297177	?	9296685	91159629	?	139253	?	1897
Verband ländl. Genossenschaften d. Prov. Westfalen zu Münster	394	348	42991	86544317	?	51326937	51328612	?	1035815	?	1897
Verband landwirthschaftl. Kreditgenossenschaften in Württemberg	804	716	65691	70025291	?	29615909	29449274	929867	800392	1452558	1897
Verband der Erwerbs- u. Wirthschaftsgenossensch. d. Prov. Oberhessen in Gießen	21	21	3349	?	5013092	?	?	188680	85286	5859135	1897

[1]) 2193141 Mk. Stiftungsfonds, 566092 Mk. Reservefonds.

Beschaffung von Lebensmitteln, von gewerblichen und landwirthschaftlichen Rohstoffen, von Wohnungen.

Verbände	Zahl der Verbands-Konsumvereine, Rohstoff- u. Baugenossenschaften	Zahl der berichtenden Verbands-Genossenschaften	Zahl der Mitglieder	Verkaufserlös für Lebensmittel	Verkaufserlös für gewerbliche und landwirthschaftliche Rohstoffe	Miethserträge der erbauten Häuser und Preise der verkauften Häuser	Aktiva	Passiva	Geschäftsguthaben der Mitglieder	Reservefonds	Angeliehene fremde Gelder	Angaben für das Jahr
				Mk.	Mk.	Mk.	Mk.	Mk.	Mk.	Mk.	Mk.	
Allgem. Verband der deutschen Erwerbs- und Wirthschaftsgenossenschaften:												
Konsum-Vereine	540	512	431439	108878635	—	—	34500881	34500881	8984688	4093015	9421182	1898
Rohstoffgenossenschaften	15	15	894	—	1945386	—	1466408	1466408	442743	125901	538986	1898
Baugenossenschaften	41	31	8659	—	—	730885	10709445	10715862	1257234	251352	8982169	1898
Allgem. Verband der deutschen landwirthschaftlichen Genossenschaften	1321	901	57354	—	14492986	—	4771225	4556078	555839	689660	?	1897
Generalverband ländlicher Genossensch. f. Deutschland in Neuwied	100	?	?	?	6312009[1])	—	?	?	?	?	?	1896
Rheinischer Revisionsverband zu Kempen	1	1	33	—	5264	—	11631	11631	?	1202	8366	1897
Verband landwirthschaftl. Kreditgenossenschaften in Württemberg	cf. ob d. Kreditgewähr.	389	—	—	989726[2])	—	cf. oben bei den Mittheilungen üb. Kreditgewährung					1897
Verband der Erwerbs- und Wirthschaftsgenossensch. d. Prov. Oberhessen in Gießen	22	22	2492	584401	—	—	?	?	23833	72952	33484	1897

Demnächst lassen wir eine Zusammenstellung der geschäftlichen Resultate der Genossenschaften (Schulze-Delitzsch) folgen, die sich an der Statistik des Jahrbuchs des Allgemeinen Verbandes deutscher Erwerbs- und Wirthschaftsgenossenschaften für 1898 betheiligt haben:

Genossenschaftsarten	Anzahl der berichtenden Vereine	Mitgliederzahl am 31. 12. 98	Betrag der Geschäfts-Guthaben	Betrag der Reserven	Aufgenommene fremde Gelder	Gewährte Kredite während des Jahres	Ausstände an gewährten Krediten am Jahresschluß	Verkaufserlös aus Waaren	Werth der Immobilien	Gezahlte Löhne	Reingewinn	Verluste	Ueberweisungen zu gemeinnützigen Zwecken
			Mk.	Mk.	Mk.	Mk.	Mk.	Mk.	Mk.	Mk.	Mk.	Mk.	Mk.
Kreditgenossenschaften	962	539440	136235671	43288554	563498968	2027290281	624641774	—	17939893	—	11066310	998316	69703
Konsumvereine	513	436873	9831268	4177654	10943371[3])	—	—	111505860	10648064	—	11196890	23487	23827
Rohstoffgenossenschaften:													
gewerbliche	14	519	267767	88778	305354	—	—	641444	76569	—	49546	970	—
landwirthschaftliche	1	375	174976	59950	484469[3])	—	—	1303942	155387	—	29344	—	—
Magazingenossenschaften	4	174	79835	70627	347413[3])	—	—	212527	348600	—	27180	1103	—
Produktivgenossenschaften:													
gewerbliche	14	1992	300840	177183	827592	—	—	1699981	471467	305689	129657	9795	790
landwirthschaftliche	2	175	36787	7502	191370[3])	—	—	26458	173767	970	7899	187	—

[1]) Die ländlichen Darlehnskassen dieses Verbandes haben auch die Beschaffung der Rohstoffe im landwirthschaftlichen Betriebe ihrer Mitglieder zur Aufgabe; die angeführten Zahlen enthalten auch den Werth der Bezüge solcher Rohstoffe durch die Darlehnskassen im Jahre 1896, sowie 68900 Mk. für beschaffte landwirthschaftliche Maschinen und Geräthe. — Die zur Tabelle über „Kreditgewährung" berichtenden 2014 Darlehnskassen hatten im Jahre 1897: 7618521 Mk. solcher Waaren an ihre Mitglieder abgesetzt.

[2]) 389 der ländlichen Darlehnskassen dieses Verbandes besorgten auch den Einkauf ländlicher Rohstoffe u. s. w., wie die des Neuwieder Verbandes.

[3]) Einschließlich Waarenschulden.

1000 selbständigen Landwirthen 300 Mitglieder eines Kreditvereins sind, im Jahre 1883 wurde die Betheiligung der Landwirthe an Kreditvereinen auf 350000 geschätzt, es waren also von 1000 Landwirthen nur 154 Mitglieder bei Kreditvereinen.

Den Kreditgenossenschaften gehören etwa 271000 Handwerker und Fabrikanten an, das giebt 131 Genossenschafter auf 1000 Erwerbsthätige dieser Gruppe (gegen 74 auf 1000 im Jahre 1883); die selbständigen Kaufleute stellten 83000 Mitglieder oder 141 (1883: 90) vom Tausend; erwerbsthätige Kaufleute, Aerzte, Lehrer, Juristen, Schriftsteller und höhere Beamte 59000 oder 41 gegen 31 im Jahre 1883 von 1000 Personen dieser Berufsklassen.

Beachtung verdienen die über die Konsumvereine aufgestellten Berechnungen besonders wegen der Betheiligung der Handwerker und Fabrikanten an diesen Genossenschaften, da die Gegner der Konsumvereine diese in einen wirthschaftlichen Gegensatz zu den Handwerkern zu bringen suchen. Es zeigt sich nämlich, daß von 1000 Handwerkern und Fabrikanten 30 gegen 21 im Jahre 1883 Mitglieder der Konsumvereine waren, also trotz aller Agitationen gegen die Konsumvereine ist auch die Betheiligung dieser Berufsart erheblich gewachsen. Die Mitgliederzahl der bestehenden 1400 Konsumvereine ist auf 500000 geschätzt, so daß von 1000 Erwerbsthätigen überhaupt 22 Mitglieder der Konsumvereine sind.

Seit dem Jahre 1896 ist die Zahl der Erwerbsthätigen, die sich an die Genossenschaften angeschlossen haben, erheblich gestiegen.

Bericht Hollands

erstattet von G. J. D. C. Goedhart.

3 Jahre sind verflossen, seitdem der Kongreß zu Delft um die holländischen Genossenschafter die Freunde aus andern Ländern versammelt hat, und trotzdem die weit fortgeschrittenen Ideen, welche letztere entwickelten, nicht sofort die Effekte erzielen konnten, deren sie fähig sind, besonders weil die Verhandlungen in fremden Sprachen geführt wurden, hat der Kongreß von Delft der Genossenschafts-Bewegung unseres Landes großen Nutzen gebracht. Alle diejenigen, welche von dem Bericht Kenntniß genommen haben und welche den Verhandlungen gefolgt sind, haben die Großartigkeit der entwickelten Ideen einsehen müssen und haben sich gestärkt gefühlt für den Kampf um's Dasein. Ferner hat der Kongreß von Delft unsern Prinzipien eine Anzahl Personen zugeführt, welche, durchdrungen zwar von der Bedeutung der genossenschaftlichen Ideen, sich doch bis dahin bei Seite gehalten hatten, wohl in Folge der Methode, nach welcher diese Ideen in Belgien in Praxis umgesetzt worden sind, die aber hofften, daß die Verhandlungen in Delft die holländischen Genossenschafter auf einen höheren Standpunkt heben würden und daß die Propaganda der Genossenschafter die Arbeiter mehr dazu veranlassen würde, das Evangelium von Rochdale in Praxis umzusetzen. Bald nach dem Delfter Kongreß sah man verschiedene Komitees entstehen, welche Versammlungen veranstalteten, auf welchen mehrere Mitglieder des Komitees ihr genossenschaftliches Glaubensbekenntniß darlegten.

Wenn ich unter diesen Herrn Professor Treub hervorhebe, so geschieht dies nicht, um andern Freunden und Verfechtern unserer Sache unrecht zu thun, sondern deshalb, weil er wohl unter allen der erste ist und weil er für sich allein mehr für die Propaganda gethan hat, als alle anderen, welche, zwar ebenso begeistert für die Sache wie er, nicht seine Begabung und seine rednerischen Talente besaßen. Der Niederländische Genossenschafts-Verband hat alle Zeit sein Bestes gethan. Er vereinigt fortgesetzt alle diejenigen, welche in der genossenschaftlichen Praxis stehen, er faßt Statuten ab, organisirt Genossenschaften und vertheidigt so gut er es kann, die genossenschaftlichen Lehren. Weiterhin übernimmt er die Organisation von nationalen Genossenschaftskongressen, welche, obwohl sehr summarisch organisirt, doch einen großen Erfolg hatten, da sie überall die Arbeiter anzogen und unter ihnen richtige Ideen über das Genossenschaftswesen verbreiteten.

Natürlich wird alles dies nicht alle falschen Meinungen beseitigen, die eine lange Praxis in Holland ausgebreitet hat. Die Anziehungskraft höherer Dividenden spukt immer noch unter den Mitgliedern der Genossenschaften; die Verwaltungsräthe wenigstens sind zum großen Theil für verständigere Ideen gewesen. Ein anderer großer Vortheil, den die holländischen Genossenschafter aus dem Delfter Kongreß gezogen haben, ist die werthvolle Freundschaft, die sie vereinigt mit vielen bedeutenden Genossenschaftern anderer Länder, eine Freundschaft, welche ihnen manches Mal gute Rathschläge und eine brüderliche Aufnahme eingetragen hat, wenn Interessen hervorragende Genossenschafter zwangen, ihre Grenzen zu verlassen, um in den genossenschaftlichen Centren Englands und Deutschlands irgend welche wichtigen genossenschaftlichen Fragen zu studiren.

Um den Fortschritt der Genossenschaftsbewegung in den letzten Jahren deutlich zu machen, konnte ich nichts Besseres thun, als die Zahlen von 1897 und von der Jetztzeit neben einander zu stellen. Der Bericht des Doktor Boudewynse auf dem Delfter Kongreß zeigte folgende Tabellen für 1897:

Zahl der Konsumvereine

	im Jahre 1897.	Jetztbestand.
Konsumgenossenschaften	55	72
Schlächtereien	3	3
Bäckereien	22	34
Brennmaterialgenossenschaften	12	14
Verschiedene	4	10
	96	133

Zahl der Produktivgenossenschaften

	im Jahre 1897.	Jetztbestand.
Ländliche Genossenschaften für Einkauf von Dünger usw.	122	166
Ländliche Genossenschaften für den Verkauf von Ackerbaufrüchten	10	16
Milchgenossenschaften	266	416
Konfektionsgeschäfte	2	2
Druckereien	2	4
Verschiedene	10	19
Baugenossenschaften*)	59	81
Kreditgenossenschaften, Sparkassen*)	28	87
	595	924

Das Resultat besagt genug; aber über alles klärt die Statistik nicht auf. Wie schon der Bericht des Doktor Boudewynse ersehen läßt, giebt es eine Zahl von Vereinen, welche ohne juristische Genossenschaften zu sein, doch die genossenschaftlichen Ideen anwenden oder die Resultate der genossenschaftlichen Propaganda sind. Besonders auf dem Lande findet man manche Institution, welche wie eine Kreditgenossenschaft arbeitet oder wie eine Dünger-Einkaufsgenossenschaft, deren Mitglieder aber nicht in gesetzlicher Form durch Reglements oder Statuten gezwungen sind, ihren Verpflichtungen nachzukommen, sondern lediglich durch ihren guten Glauben, durch die Moral und die Gewohnheit; diese Institutionen haben eine gewisse Aehnlichkeit mit den ländlichen Syndikaten in Frankreich.

Auf der andern Seite sind Banken für den ländlichen Kredit gegründet worden durch den „Boerenbond", eine katholische Einrichtung nach Raiffeisen'schem Prinzip; diese finden sich hauptsächlich in den katholischen Gegenden des Landes.

*) Diese Genossenschaften zählen in Deutschland nicht zu den Produktivgenossenschaften.

In meinem Bericht auf dem Londoner Kongreß habe ich festgestellt, daß im Jahre 1895 etwa 100 Milchgenossenschaften in Holland bestanden und ich habe aus der Thatsache, daß die Genossenschaftsbewegung sich unter den Landbewohnern ausdehnt, den Schluß gezogen, daß ihr der endliche Sieg zukommen werde. Mir scheint, daß die erzielten Resultate meine damalige Behauptung nicht entkräften.

Die holländischen Genossenschafter sind im Allgemeinen nicht zufrieden. Sie behaupten, daß das Gesetz über die Genossenschaften nicht geeignet sei, die genossenschaftlichen Ideen zu fördern. Richtig ist allerdings, daß dieses Gesetz von 1876 (vergleiche den Bericht von Doktor Boudewynse und der Doktoren Elias und Stotemaker auf dem Delfter Kongreß), welches nicht revidirt worden ist, nicht in der Weise die Begründung von Genossenschaften begünstigt, wie es wohl möglich gewesen wäre, indem es nämlich einen notariellen Akt verlangt, der für eine im Werden begriffene bescheidene Genossenschaft sehr theuer ist; es ist auch richtig, daß manche seiner Bestimmungen nicht ganz ohne Tadel sind, aber die holländischen Genossenschafter dürfen niemals vergessen, daß dieses Gesetz sie nicht sehr hindert und daß es zum Wenigsten ihnen keine große Last auferlegt, mit denen die Gesetze anderer Länder die Genossenschaften bedacht haben. Ein Antrag auf Verbesserung des Gesetzes würde für die Feinde der Genossenschaftsbewegung das Signal sein, den Streit wieder aufzunehmen gegen unsere Ideen, welche, obwohl sie segensreich und heilsam für die Gesammtheit sind, natürlich hie und da den Weg zum Glück für irgend einen Händler versperren, welcher dann glaubt, daß die Genossenschaftsbewegung ebenso schlimme Konsequenzen für das allgemeine Wohl in sich birgt als für sein eigenes, und welcher dann Trommeln und Trompeten in dem Lager der Händler erschallen läßt, um sie gegen den gemeinsamen Feind zusammen zu rufen.

Weiterhin dürfen diejenigen, welche Glauben an ihre Prinzipien haben, sich nicht übereilen. Eine große Idee, wie die der Genossenschaftsbewegung muß sich langsam entwickeln, sie muß die Welt erobern; aber im Kampf muß die Zahl der Opfer so gering als möglich sein.

Bericht Belgiens

erstattet von Alfred Micha, Sekretär des Verbandes der belgischen Volksbanken.

Auf dem 3. Kongreß des internationalen Genossenschafts-Verbandes in Delft im Jahre 1897 sagte ich über die genossenschaftliche Bewegung:

Wir besitzen keine offizielle Statistik der genossenschaftlichen Bewegung in Belgien, aber man kann ohne Uebertreibung die Zahl der bestehenden Genossenschaften auf 600 oder 700 angeben.

Seitdem hat die genossenschaftliche Bewegung sich fortgesetzt ausgebreitet: in 1898 sind 268, in 1899 190 neue Genossenschaften gegründet und ihre Statuten im Staatsanzeiger, wie das Gesetz es vorschreibt, veröffentlicht worden; wir können hiernach, auch wenn wir diejenigen, die untergegangen sind, abrechnen, eine Zahl von mehr als 1000 Genossenschaften aller Arten für unser Land annehmen.

Es fehlt uns an einer Organisation, um die Geschäftsberichte zu sammeln, und eine vollständige und detaillirte Schilderung unserer genossenschaftlichen Bewegung zu geben; immerhin sind speziell was die ländlichen Genossenschaften angeht, Statistiken durch unser Landwirthschafts-Ministerium herausgegeben worden. Da nun die genossenschaftliche Bewegung sich auf dem Lande bei uns in den letzten Jahren ganz besonders ausgebreitet hat, so ergiebt sich von selbst, daß wir zuerst die sehr erheblichen Fortschritte erwähnen, welche von unsern ländlichen Genossenschaften gemacht worden sind.

Die Milchgenossenschaften, welche den Milchverkauf, die Fabrikation und Verkauf von Butter und Käse betreiben, zeichnen sich ganz besonders aus; ihre Ausbreitung, man kann es wohl sagen, ist wirklich außerordentlich.

Während wir 1897 167 Milchgenossenschaften mit 17022 Genossenschaftern zählen konnten, sehen wir in 1898 die Zahl dieser Genossenschaften auf 237 und die der Genossenschafter auf 24519 steigen; der mittlere Stand der Mitglieder für die Genossenschaft bleibt etwa derselbe, 102 in 1897 und 103 in 1898.

Auf der andern Seite betrug die Mitgliederzahl der im Besitz der Genossenschaften befindlichen Kühe nicht ganz 3 (genau 2,91), woraus hervorgeht, daß es ganz allgemein kleine Bauern sind, die sich der genossenschaftlichen Bewegung angeschlossen haben.

Der Werth der Produkte, welche die Milchgenossenschaften verkauft haben, ist in 1898 auf 12803785 Frcs. gestiegen; dies ergiebt ein Mittel von 54020 Frcs. auf die Genossenschaft und 522 Frcs. auf jedes Mitglied.

Der Werth des Verkaufs setzt sich zusammen wie folgt: Reine Milch 125372 Frcs., abgerahmte Milch 52943 Frcs., Käse 116852 Frcs., Butter 12507614 Frcs.

Ein Gesetz vom 15. April 1898, welches speziell sich auf ländliche genossenschaftliche Brennereien bezieht und ihnen in steuerlicher Beziehung wesentlichen Vortheil gewährt, hat zur Folge gehabt, daß sich eine Anzahl Genossenschaften dieser Art aufgethan haben. Ende 1898 existirten 43, von denen 24 bereits in voller Thätigkeit waren.

Ich kann nicht sagen, daß dies eine reelle und ernsthafte Ausbreitung der genossenschaftlichen Bewegung bedeutet.

Die Lockspeise eines mehr oder weniger ehrenhaften Gewinnes in einer Beschäftigungsart, wo der Betrug recht häufig ist, bewirkt, daß unter diesen Brennereien sich eine reichlich große Zahl befindet, welche vom Genossenschaftswesen nichts als den Namen haben.

Zum Zweck der Hebung des Kredits der Landwirthschaft hatte das Gesetz vom 15. April 1884 Geschäftsstellen auf dem Lande eingerichtet, die als Filiale unserer allgemeinen Spar- und Pensionskasse unter Garantie des Staates gelten; aber dieses Gesetz hat nur eine sehr beschränkte Anwendung gefunden und es waren nur Großgrundbesitzer, welche bei der Generalkasse Anleihen durch Vermittlung dieser Geschäftsstellen machten. Man kann somit wohl sagen, daß das Gesetz in keiner Weise den kleinen und auch nicht den mittleren Betrieben zu Gute gekommen war.

Bedeutend besser gefaßt, wenn auch eine Anwendung bisher ebenfalls nicht sehr bedeutend ist, ist ein anderes Gesetz vom 21. Juni 1894, dessen Ziel die Begünstigung der Raiffeisenkassen, und deren Organisation in Uebereinstimmung mit dem Gesetz vom 23. Mai 1873 gebracht ist. Das Gesetz befähigt die Sparkasse, einen Theil ihrer disponiblen Fonds den Raiffeisenkassen als Darlehen zur Verfügung zu stellen und zwar durch Vermittlung einer Central-Genossenschaft m. b. H., welche diese Darlehen garantirt, welche aber auch Bestände in Empfang nimmt, die einzelne Kassen nicht bedürfen, um sie auszuleihen an andere, die deren bedürfen.

Diese Centralkassen überwachen natürlich den Geschäftsbetrieb der ihnen angeschlossenen Lokalkassen und kontroliren deren Rechnungsführung und Bilanz.

Aus den statistischen Veröffentlichungen ergiebt sich, daß der Werth der diesen Lokalkassen anvertrauten Bestände immer größer gewesen ist als der Werth der von ihnen entliehenen Summen; es ergiebt sich hieraus, daß unsere Raiffeisenkassen nicht viel von dem Vortheil profitiren, welchen das oben erwähnte Gesetz zum Ziel hat.

Am 31. Dezember 1898 gab es in Belgien 199 Raiffeisenkassen; sie bewilligten im Ganzen 740424 Frcs. 6 Monate später hatte die Zahl dieser Kassen 271 erreicht; aber eine große Zahl derselben ist kaum oder überhaupt nicht in Thätigkeit. Immerhin muß festgestellt werden, daß im Gegensatz zu dem, was für die oben erwähnten ländlichen Geschäftsstellen gesagt werden mußte, die Raiffeisenkassen nicht an Großgrundbesitzer leihen. Ihre Darlehen sind nicht zahlreich, aber sie gereichen den mittleren und kleinen Besitzern zum Vortheil.

Was ferner noch konstatirt werden muß, ist der konfessionelle Charakter, den der Gründer der Raiffeisenkassen in Belgien, der Abbé Mellaerts ihnen geben zu müssen geglaubt hat.

Es steht ausdrücklich in dem Statut aller dieser Kreditkassen, daß nur Mitglied werden können Personen katholischer Religion!

Ich habe oft auf die Gefahr hingewiesen, die darin liegt, ein wirthschaftliches Unternehmen mit konfessionellen Zielen zu verschmelzen. Hier will ich mich damit begnügen, die Thatsachen zu konstatiren.

Die Volksbanken nach dem Schulze-Delitzsch'schen System, die wir den Sitten und Bedürfnissen der Kreise angepaßt haben, denen sie zu dienen bestimmt sind, sind seit 36 Jahren in Belgien eingeführt, fortdauernd leisten sie reelle Dienste und verfolgen das Ziel, das sie sich gesteckt haben, aber sie vermehren sich nicht so, wie man gehofft hatte.

Aus der Uebersicht ihrer Geschäfte vom 30. Juni 1899, die durch den Verband der belgischen Volksbanken herausgegeben und auch in der Weltausstellung ausgestellt ist, ergiebt sich, daß die 22 angezogenen Banken damals 14 379 Mitglieder zählten und daß sie während ihres letzten Geschäftsjahres 80 862 406 Frcs. Vorschüsse bezahlt, einen Gesammtumsatz aber von 422 979 911,30 Frcs. gehabt haben.

Mehrere dieser Banken haben seit einigen Jahren ihre Dividende auf 4 oder 5 % beschränkt und vertheilen den Ueberschuß ihres Gewinnes in der Form einer Rückgewähr an diskontirende Mitglieder im Verhältniß zu ihrem Diskont während des Geschäftsjahres.

Der letzte Verbandstag der allgemeinen belgischen Volksbanken hat speziell diese Methode der Gewinnvertheilung den ihm angeschlossenen Banken empfohlen. Es giebt auch noch solche, die Gewinnbetheiligung aller ihrer Angestellten eingeführt haben.

Die Konsumvereine bleiben bei uns weitaus die zahlreichsten. Sie breiten sich über alle Theile des Landes aus und die bereits bestehenden sehen die Zahl ihrer Mitglieder sich fortgesetzt vermehren.

Die bedeutendsten unter ihnen sind immer die sozialistischen Genossenschaften, wie der Vooruit, de Gand, la Maison du peuple de Bruxelles, der Progress in Jolimont, die Populaire von Liège.

Die Maison du peuple, welche man an Bedeutung in erste Reihe stellen muß — dem Vooruit gebührt dieser Platz, was die Organisation anbetrifft — zählt 17 000 Mitglieder und hat sich im letzten Jahre in einem Hause mitten in der Stadt eingerichtet, welches sie für 1 100 000 Frcs. gekauft hat. Der Vooruit, dessen große Lager vor 2 Jahren durch eine Feuersbrunst zerstört worden waren, hat seine neuen Gebäulichkeiten im letzten Oktober eingeweiht; sie sind ebenso ansehnlich und prachtvoll.

Die Konsumvereine der Arbeiter suchen seit einiger Zeit sich bezüglich des Waareneinkaufs zu möglichst niedrigen Preisen untereinander zu vereinigen. Dieselbe Absicht bestand bereits vor 2 Jahren; indeß ein großer Theil der sozialistischen Genossenschaften, die allein zu der Vereinigung zugelassen wurden, haben bis jetzt wenig Interesse dafür gezeigt, ihren Vorrath aus dem Vereinslager zu decken.

Hindernisse, die auf verschiedene Einflüsse zurückzuführen sind, sind bisher zwar immer besiegt worden, aber sie sind weit davon entfernt, ganz verschwunden zu sein.

Es beweist, daß ein großer Theil der Genossenschaften nicht genügend den Nutzen und Vortheil einer solchen Organisation einsieht, wenn man bedenkt, daß von 123 Konsumvereinen, die dem Verband angehören, nur 43 Kunden des Vereinslagers waren und Waaren für nur 34 118,98 Frcs. während der ersten 6 Monate der Verkaufszeit (1. August 1899 bis 31. Januar 1900) gekauft haben.

Früher hatte der Verband nur als berathendes Organ gewirkt.

Einsehend, daß die Konsumgenossenschaft in ihrem Endziel der Produktiv-Genossenschaft dienen muß, hat der Verband es sich angelegen sein lassen, verschiedene Produktiv-Genossenschaften, sei es direkt, sei es indirekt, zu unterstützen, indem er ihnen in den erwähnten 6 Monaten für ungefähr 3000 Frcs. Aufträge zuwies.

Wir haben in Belgien eine Statistik über die Produktiv-Genossenschaften nicht, doch muß man sagen, daß eine dahingehende Bewegung allmählich anfängt, bei uns einigen Aufschwung zu nehmen.

Auf der andern Seite haben wir gesehen, daß neben wirklichen und echten Produktiv-Genossenschaften sich andere z. B. am Rhein etabliert haben, welche thatsächlich außer dem äußeren Schein nichts Genossenschaftliches an sich haben!

Endlich hat der größte Theil der Neugründungen noch nicht die schwierigste Zeit des Anfangs überwunden und es würde schwer sein, schon jetzt eine bestimmte Ansicht über den Verlauf der Bewegung abzugeben, die vor unsern Augen stattfindet.

Immerhin will ich konstatiren, daß in 1898 und 1899 zum wenigsten ein Dutzend neuer Produktiv-Genossenschaften pro Jahr gegründet sind. Es werden auch fortgesetzt neue gegründet, aber auf der andern Seite sehen wir solche auch ohne Geräusch nach einigen Monaten der Thätigkeit verschwinden. Was sind die Ursachen ihrer Mißerfolge? Der Mangel an Kapital ist ohne Zweifel in erster Linie zu nennen, aber sehr oft ist es auch der Mangel einer Organisation, ferner eine Leitung, die zu wünschen übrig läßt oder der es an Autorität fehlt. Festgestellt muß auch hier noch werden, daß unsere Produktiv-Genossenschaften im Allgemeinen durch das große Publikum und speziell durch die Genossenschafter selbst, nur in sehr geringem Maaße unterstützt worden sind!

Diejenigen, welche in Thätigkeit sind, bestehen ganz gut, wenn auch ihre Erfolge nicht gerade glänzende sind. Es giebt deren solche, welche sich mit Buchdruckerei, andere welche sich mit Schuhfabrikation beschäftigen. Es giebt auch Genossenschaften der Tischler, der Zimmerer, Bau-Anstreicher, ferner genossenschaftliche Zuckerbäckereien, Möbelfabriken, Brauereien, Mühlen u. s. w.

Vergessen will ich nicht, hier noch die Genossenschaften der Blumen- und Federarbeiter in Brüssel und die Genossenschaften der Holz-Schuhmacher in Cerfontaine zu erwähnen.

Es giebt ohne Zweifel unter den Genossenschaften solche, welche seit langen Jahren Beweise ihrer Lebenskraft und ihrer guten Verwaltung abgelegt haben, aber man muß eingestehen, daß dies die wenigst zahlreichen sind. Wir sind eben darauf angewiesen, auf die Zukunft zu hoffen, wir haben für unsere Hoffnung einen Anhalt an der Ausbreitung der Konsumvereins-Bewegung ebensowohl auf dem Lande als in den großen Bevölkerungscentren und wir dürfen uns sagen, daß wenn die Genossenschaften klug sind, wenn sie die Nützlichkeit der einheitlichen Leitung einsehen lernen und endlich, wenn sie den nöthigen Muth haben, schließlich triumphiren werden, und daß sie auch bei uns die Produktion allgemein genossenschaftlich organisiren werden.

Bericht Frankreichs

erstattet von Professor Charles Gide.

Die genossenschaftliche Bewegung zeigt sich in Frankreich unter 6 typischen Formen; lassen wir sie schnell vor unserm geistigen Auge vorüber ziehen.

§ 1. Produktiv-Genossenschaften.

Diese Genossenschaftsart ist diejenige, welche man wohl die für Frankreich charakteristische nennen kann und in der That ist es nicht allein, was die Entstehungszeit betrifft, die erste in unserm Lande gewesen und diejenige, welche während eines halben Jahrhunderts die größten Hoffnungen erregt hat, sondern sie ist auch heute vielleicht diejenige, welche in ihrer kleinen Sphäre es ganz besonders vermocht hat, einen großen Theil hervorragender Männer heranzuziehen.

Nach der Statistik der Office du Travail vom 1. Juli 1899, zählte man 246 gewerbliche Produktiv-Genossenschaften (nicht einbegriffen die ländlichen Charakters).

Diese Zahl ist größer als die aller andern Länder und, was bemerkenswerth ist, sie ist in fortgesetztem Wachsthum begriffen. Am 1. Januar 1897 gab es nur 184, die Zahl hat sich also um mehr als $^{1}/_{3}$ in zwei Jahren vermehrt. Schließlich sind die meisten erst weniger als 12 Jahre alt.

Die Unterstützung, die ihnen gewährt worden ist, einmal seitens des Staates, sodann seitens der Stadt Paris, und die sich in verschiedenen Formen, meist jedoch in der Form der Arbeitsüberweisung bethätigt hat, ist sicherlich eine der Ursachen dieses Erfolges. Trotzdem muß man einen Theil des Erfolges auch in den außerordentlichen Fähigkeiten verschiedener Männer suchen, welche es verstanden haben, ihre Genossenschaften zu großen Geschäften zu entwickeln und ferner in einem allgemeinen Geiste der Disziplin, welcher den größten Theil dieser Genossenschaften um die sogenannte Chambre Consultative versammelt hat.

Dieses Gefühl der Nothwendigkeit einer Organisation ist in unserm Lande selten: bei fast allen anderen Arten der genossenschaftlichen Bewegung fehlt es, wie wir weiter unten sehen werden.

Dies will übrigens nicht sagen, daß die Produktiv-Genossenschaften in Frankreich alle über einen Leisten geschlagen seien, im Gegentheil, es giebt außerordentlich verschiedene Formen, doch kann man sie unter 4 verschiedenen Typen zusammenfassen.

a) Die autonome Vereinigung, deren sämmtliche Mitglieder, soweit es möglich ist, in sich den dreifachen Charakter vereinigen müssen: Aktionäre zu sein, Arbeiter zu sein und nur für Rechnung der Genossenschaft zu arbeiten; eine Genossenschaft, die nicht nöthig hat, irgend etwas von außerhalb zu leihen, weder Kapital noch Arbeitskräfte. Dieser Typus ist sehr selten, man kann sagen, fast nie in seiner reinen Form verwirklicht worden und wenn er glücklich einmal entstanden war, so neigte er auch bereits wieder dem Untergange zu. Es ist übrigens derjenige Typus, der am meisten dem Ideal des Sozialismus entspricht.

b) Die korporative Vereinigung, die im Allgemeinen geschaffen ist durch und für eine gewerbliche Körperschaft und die allen Mitgliedern dieser Körperschaft offen steht. Dieser Typus entspricht sehr wohl dem Ideal von Louis Blanc und der Sozialisten von 1848.

c) Die semi-patronale Vereinigung, die ihren Ursprung der Initiative einiger menschenfreundlichen Chefs verdankt und welche auf die allgemeine Theilnahme am Gewinn und auf die völlige Elimination der Chefs hinzielt. Trotzdem, selbst wenn der Chef beseitigt ist, bewahrt sie in ihren äußeren Grundzügen gewissermaßen den Charakter eines Patronats. Zu diesem Typus gehören die bedeutendsten und bekanntesten Produktivgenossenschaften; es genügt wohl das Familistère von Guise zu nennen.

d) Die halb-kapitalistische Vereinigung. Das ist diejenige, welche Unterstützung seitens fremden Kapitals nicht nur durch Anleihen hat, sondern welche fremdes Kapital auch an ihren Vortheilen in Form von Aktien theilnehmen läßt. Diese Form ist ganz neu: sie ist verwirklicht worden von Herrn Buisson, Leiter einer Genossenschaft der Bauanstreicher, genannt „le Travail", und ist dann von anderen nachgeahmt worden. Die Erfinder dieser Form glauben, daß durch dieses Mittel allein die Genossenschaft sich der Groß-Produktion bemächtigen kann, und daß sie, indem sie auf diese Weise Arbeit, Kapital und Talent associren, sie ganz genau die Ideen Fourier's von der Association intégral verwirklichen.

Zum Unterschied von England haben unsere Produktiv-Genossenschaften gar keinen Zusammenhang mit den Konsumgenossenschaften und sie haben ihn auch nicht gesucht. Es sind eben zwei verschiedene Welten, die ganz getrennt leben und sich kaum kennen.

§ 2. Theilnahme am Gewinn.

Dies ist nur eine Variation, eine Verkleinerung der vorhergehenden Form. Und wie diese, ist sie eine Spezialität Frankreichs, ebensowohl in ihren Anfängen als was ihre spätere Ausbreitung betrifft.

Der Almanach der französischen genossenschaftlichen Bewegung für 1900 zählt ihrer 120 (nicht eingeschlossen die Konsumvereine, welche für ihre Angestellten das

System der Gewinnbetheiligung haben). Gleichwohl scheint die Ausbreitung dieser Genossenschaftsart seit einigen Jahren im Stillstand begriffen. Die Zahl der Häuser, welche Gewinnbetheiligung haben, vermehrt sich nicht und die großartigen Beispiele, welche durch die Herren Godin, Boucicaut und Leclaire gegeben sind, scheinen keine Nachahmung gefunden zu haben. Es ist nicht leicht, dafür den Grund zu finden.

Vielleicht ist er zu suchen in den gespannteren Beziehungen zwischen Chef und Arbeitern, die verschärft sind durch die Thätigkeit der Syndikate und durch die Streiks. Vielleicht auch ist der Grund zu finden in dem Wiederaufschwung der Industrie in den letzten Jahren; hieraus würde wiederum der psychologisch interessante Schluß gezogen werden, daß die Gewinnbetheiligung sich allgemein in den schlechten Perioden ausbreitet, wo der Gewinn sich verringert oder ganz verschwindet, daß aber im Gegentheil die Gewinnbetheiligung nicht viel Anhänger findet in guten Zeiten, wo die Chefs auf eine Reihe von guten Abschlüssen rechnen können.

§ 3. Konsumvereine.

Diese Genossenschaftsform hat sich nur schwer in Frankreich eingebürgert. Erst 1885 hat eine kleine Gruppe Genossenschafter aus Nimes die Initiative ergriffen, einen Kongreß zu berufen und hat damit die Grundlagen einer Organisation gelegt. Die Vertheuerung der Lebensmittel, die Vermehrung der Kleinhändler, welche in Frankreich mehr als sonst stattgefunden hat, und welche wieder zur Konsequenz eine Steigerung der Preise hat, haben zusammen dazu beigetragen, die Konsumenten aufzustacheln.

Die genossenschaftlichen Bäckereien haben sich überall stark vermehrt. Man zählt ihrer mindestens 600 unter im Ganzen 1460 Konsumvereinen. Die Schlächtereien sind im Gegensatz dazu sehr selten; sie sind dies übrigens in allen Ländern.

Heute hat überall die Konsumvereinsbewegung günstigen Wind in ihren Segeln. Die Sozialisten, welche seit langer Zeit diese Bewegung als eine bürgerliche erachtet hatten, haben sich, angeregt durch das Beispiel der Belgier und erregt gegen den Kleinhandel, mit der genossenschaftlichen Bewegung ausgesöhnt, mit Ausnahme der Guesdisten und Marxisten, welche unversöhnlich geblieben sind. Auf der andern Seite sieht die neue national=ökonomische Schule in der Genossenschaft eine ihrem Ideal sich nähernde Bewegung.

Trotzdem leidet die Konsumvereins=Bewegung in Frankreich an einem schweren und vielleicht unheilbaren Leiden: dem Mangel einer Organisation. Jede dieser Genossenschaften verfolgt ein besonderes Ziel ohne jeden gemeinschaftlichen Gesichtspunkt. Die eine verkauft gegen baar, die andere auf Kredit, die eine verkauft nur an ihre Mitglieder, die andere an Jeden, die eine verkauft zum Einkaufspreis, die andere zum Detail=Preis.

Die eine will überhaupt keinen Gewinn erzielen, die andere will ihn ganz ihren Mitgliedern zukommen lassen, eine dritte Art versucht eine Pensionskasse zu gründen, eine vierte eine Volkshochschule u. s. w.

Vergeblich hatten die Veranstalter des ersten Kongresses 1885 ein Central=Komitee und ein Verkaufshaus geschaffen. Das Verkaufshaus hat vor einigen Jahren schließen müssen und das Central=Komitee umfaßt nach zwölfjähriger Thätigkeit nicht mehr als den 5. Theil der existirenden Genossenschaften. Die Pariser Konsumvereine haben sich stets abseits von dieser Vereinigung gehalten und haben ihrerseits versucht, eine besondere zu gründen unter dem Namen „Börse der Konsumvereine." Aber auch diese hat nicht mehr Genossenschaften vereinigt, als die vorher erwähnten.

Dieser geradezu anarchistische Zustand gestattet nicht die Einholung genauer Auskünfte und erst recht nicht die Aufstellung einer genaueren Statistik der Konsum=Vereins=Bewegung in Frankreich. Wir haben bisher nur Monographien, welche allerdings sehr zahlreich zu werden anfangen. Viele Genossenschaften gedeihen sehr gut, 4 oder 5 zählen mehr als 10000 Mitglieder, aber das sind nicht die interessantesten. Zum Unterschied von den englischen Konsumvereinen lassen viele von ihnen ihre Angestellten am Gewinn theilnehmen, allerdings sind diese Gewinne größtentheils sehr gering.

§ 4. Baugenossenschaften.

Diese Art der Genossenschaften ist nur eine Variation der vorhergehenden, denn mag man sich vereinigen, um sich mit Brot zu versorgen oder mit Wohnungen, jedenfalls liegt eine Vereinigung vor zur Befriedigung wirthschaftlicher Bedürfnisse. Die Statistik für 1899 zählt 66 Vereine zum Bau billiger Häuser auf, aber unter dieser Zahl giebt es nur 14 auf genossenschaftlicher Grundlage, alle anderen sind mehr oder weniger Wohlthätigkeitsanstalten. Außerdem sind diese Genossenschaften an Wichtigkeit die zurückstehenden, denn wenn auch ihre Zahl mehr als $^1/_5$ darstellt, nach dem Werth der erbauten Häuser repräsentiren sie nicht mehr als $^1/_{14}$. Der Gesammtwerth ihrer Grundstücke übersteigt nicht 1100000 Frcs.

Die Gründe dafür, daß die Arbeiter dieser Genossenschaftsart passiv gegenüber stehen — ein charakteristischer Unterschied gegenüber dem Eifer der englischen und amerikanischen Arbeiter — rührt ohne Zweifel daher, daß das Heimathsgefühl bei ihnen weniger verbreitet ist, hat aber außerdem auch in der französischen Gesetzgebung insbesondere in dem Gesetz von 1888 der Lex Siegfried seinen Grund.

§ 5. Ackerbaugenossenschaften.

Diese Art ist sehr unbestimmten Charakters, vom juristischen Standpunkt aus kann sie nur ein Verein auf Gegenseitigkeit sein, aber in der That verwandelt sie sich meistens in eine Einkaufs-, Verkaufs- oder Produktiv-Genossenschaft, und von diesen 3 Seiten der Thätigkeit ist es eigentlich nur die erste, die in der Praxis hervortritt.

Man macht meist einen großen Lärm um die ländlichen Syndikate, indem man sie ein Moment von außerordentlicher wirthschaftlicher Tragweite nennt.

Hiervon muß viel abgezogen werden. Richtig ist, daß die Zahl dieser Syndikate groß ist und sich rasend schnell vermehrt — sie ist heute auf 3000 angewachsen; — es ist ferner wahr, daß sie in ihren 24 Unterverbänden einen Organisationsgeist zeigen, den ihnen die Konsumvereine neiden könnten; aber vom Gesichtspunkt der Volkswirthschaft aus: für den Einkauf, den Verkauf und endlich für die Produktion sind sie bedeutend geringfügiger als die ähnlichen Vereinigungen anderer Länder. Die Milchverwerthungs-Genossenschaften der Schweiz und Dänemark sind den französischen weit über und in Frankreich, dem Geburtsland des Weines, haben wir den deutschen Weinbau-Genossenschaften nichts Ebenbürtiges an die Seite zu setzen.

§ 6. Kreditgenossenschaften.

Diese sind von allen Genossenschaftsarten die in Frankreich am wenigsten verbreiteten. Man hat häufig nach einem Grund hierfür gesucht, aber ohne eine befriedigende Antwort zu finden: man sagt auf der einen Seite, daß die Einwohner Frankreichs weniger unter dem Wucher leiden wie diejenigen Deutschlands oder Italiens; man sagt auf der andern Seite, daß der Mechanismus des Kredits, der sich allein um die Bank von Frankreich dreht, sich schwer hergiebt zu Experimenten, die von kleinen freien Vereinigungen ausgehen.

Trotzdem sind seit einigen Jahren die ernsthaften Resultate erzielt worden und zwar unter 3 verschiedenen Gesichtspunkten:

a) Die Vereine, welche von dem Centre Fédératif abhängen und welche Herr Raynerie aus Italien eingeführt hat. Sie haben ihren Sitz in den See-Alpen und begreifen Volksbanken in sich oder städtische Kreditgenossenschaften oder endlich sie bilden die Vereinigung von städtischen und ländlichen Kreditgenossenschaften, die Zahl dieser Genossenschaften übersteigt 40 nicht.

b) Die von Herrn Durand aus Lyon nach Art der Raiffeisen-Kassen gegründeten alten Vereine mit dem Grundsatz der unbeschränkten Haftpflicht. Sie sind ausschließlich ländliche Kassen und man kann sagen, auch ausschließlich katholisch, ihre Zahl übersteigt augenblicklich 600.

c) Die Vereine, welche verbunden sind mit den ländlichen Syndikaten (in Ausführung des Gesetzes von 1894); sie haben im Allgemeinen lediglich den Charakter von Mittelgliedern zwischen den Landwirthen und der Bank von Frankreich; sie diskontiren ihre Wechsel, welche ohne den Stempel des Vereins nicht bei der Bank acceptirt werden würden.

d) Die Einrichtung der regionalen Kreditkassen; in Ausführung des Gesetzes von 1899 ist eine vierte besondere Art gegründet, welche, bestimmt zur Vereinigung der drei andern, ohne Zweifel die Confusion auf die Spitze treibt. Diese letzteren sind bestimmt, nicht nur jedem Kreditverein, sondern auch direkt dem Einzelnen (unter der Bedingung, daß er Mitglied eines ländlichen Syndikats ist), die Millionen zu Nutzen zu machen, welche die Bank von Frankreich als Preis für die Erneuerung ihres Privilegs hat zahlen müssen.

Bericht Englands

erstattet von J. C. Gray, Generalsekretär des englischen Genossenschaftsverbandes.

Der letzte Bericht über die genossenschaftliche Bewegung in England, der einem internationalen Kongreß unterbreitet wurde, liegt 3 Jahre zurück. Während dieser Periode waren sämmtliche Zweige der genossenschaftlichen Bewegung in fortgesetztem Fortschritt begriffen.

In England — das ist allgemein bekannt — hat die genossenschaftliche Bewegung die größten Erfolge aufzuweisen bei den Konsumvereinen, aber obwohl die Anwendung des genossenschaftlichen Systems auf die Produktion nicht eine gleich große Ausdehnung gewonnen hat, befriedigt dennoch festzustellen, daß ein thatsächlicher Fortschritt auch auf diesem Gebiete erzielt ist.

I. Konsumvereine.

Ende 1898 bestanden 1473 Vereine. Die folgenden Zahlen zeigen ihre Geschäftslage von dreifachem Gesichtspunkte aus: die Zahl der Mitglieder, die Geschäftsbewegung und den erzielten Gewinn.

Zahl der Genossenschaften	Zahl der Mitglieder	Betriebskapital	Verkaufserlös	Reingewinn
1473	1613460	18934022	45047446	7025748

II. Großeinkaufsgesellschaften.
(Wholesale Societies.)

Die Konsumvereine haben sich vereinigt zum Zwecke der Gründung von Großeinkaufsgesellschaften, deren augenblicklich 2 bestehen, eine für England und Wales, die andere für Schottland. Diese beiden Gesellschaften haben Agenten in allen Welttheilen, um die Bedürfnisse der Konsumvereine festzustellen. Die Großeinkaufsgesellschaften besitzen große Fabriken, welche 13—14000 Arbeiter beschäftigen, zur Fabrikation von Waaren und Produkten, welche in den Konsumvereinsmagazinen verkauft werden sollen. Endlich sind 6 Schiffe für den Transport der Waaren zwischen Großbritannien und den verschiedenen ausländischen Häfen bestimmt.

Die folgenden Zahlen zeigen die Handelsbewegung der Großeinkaufsgesellschaften während des Jahres 1899 an.

	Betriebskapital und Anleihen £	Verkaufserlös £	Reingewinn £
Für die englische Großeinkaufsgesellschaft	2185569	14212375	325633
Für die schottische Großeinkaufsgesellschaft	1277485	5014189	225606

III. Produktivgenossenschaften.

Es existiren zur Zeit in England und Schottland 153 Produktivgenossenschaften in verschiedenen Branchen, die sich mit folgenden Industrien beschäftigen: Baumwollen-, Leinen-, Seiden- und Wollenfabrikation; landwirthschaftliche Betriebe und Milchkeller; Metallgießereien, Waldkultur, Bauten und Steinbrüche, Druckerei und Buchbinderei, Mehlfabriken, Bäckereien u. s. w.

Man zählt außerdem in Irland mehr als 300 Genossenschaften dieser Art, die sich ausschließlich mit Landwirthschaft und Molkerei beschäftigen.

Mit den Lagern und Fabriken der Großeinkaufsgesellschaften, von denen weiter oben gesprochen ist, repräsentiren diese 453 Gesellschaften die Gesammtsumme der genossenschaftlichen Produktion in England.

Nachfolgend eine Gesammtübersicht, welche allerdings nur England und Schottland umfaßt; für Irland sind die Zahlen zur Zeit unerheblich.

	Zahl der Genossenschaften	Zahl der Arbeiter	Betriebskapital £	Umsatz £	Reingewinn £	Verluste £
England und Wales	135	6427	1018055	2215880	124142	1199
Schottland	18	1500	320851	510053	54729	—
Englische Großeinkaufsgesellschaft	14	8653	768905	1906262	69071	3342
Schottische Großeinkaufsgesellschaft	9	4579	431202	1097154	59783	301
Zusammen	176	21159	2533013	5729349	307725	4842

IV. Ländliche Genossenschaften.

Im Vergleich mit den Resultaten vieler anderen Länder hat England mit Bezug auf die ländliche Genossenschaftsbewegung nur schwache Resultate zu verzeichnen. Eine gewisse Anzahl Konsumvereine haben Land gekauft oder gemiethet, um es zu bebauen, aber diese Versuche sind nicht sehr glücklich gewesen. Die Rechenschaftsberichte für 1899 zeigen, daß 75 Konsumvereine die Landwirthschaft noch außer ihren gewöhnlichen Geschäften betrieben haben. Endlich existiren augenblicklich 3 Gesellschaften, welche ausschließlich zum Zwecke der Bodenbewirthschaftung gegründet sind. Sie besitzen zusammen 493 Morgen.

V. Kreditgenossenschaften.

Die Kreditgenossenschaften, welche auf dem Kontinent so glückliche Resultate zu verzeichnen haben, haben ihren Weg in England nicht gemacht. Wir können nur 59 dieser Anstalten in ganz Großbritannien aufzählen, von denen 48 allein auf Irland entfallen. Ihr Umsatz ist überdies fast unbedeutend und es würde schwer sein, eine Uebersicht darüber zu erstatten.

Immerhin soll hier ein Bankgeschäft erwähnt werden, welches durch die englische Großeinkaufsgesellschaft gegründet wurde und dessen Geschäftsstand im Jahre 1899 der folgende war.

Einzahlungen £	Auszahlungen £	Reingewinn £
28311202	28490987	12146

VI. Genossenschaftliche Versicherung.

Die „Gesellschaft für genossenschaftliche Versicherung", die speziell für die Versicherung der englischen Genossenschaften gegründet ist, macht große Fortschritte. Diese Gesellschaft versichert Brandschaden, Leben und Diebstahl. Folgende Zahlen zeigen ihre Geschäftslage für 1899 an.

Versicherung.

	Leben	Diebstahl	Brandschaden
Zahl der versicherten Fälle	939	2285	59352
Versicherte Kapitalien . . . . £	89626	233862	13588009
Betrag der Prämien . . . . £	4180	1696	18033
An die Versicherten gezahlte Beträge . . £	1383	451	7490

VII. Baugenossenschaften.

Eine der bedeutsamsten Thätigkeiten, mit denen sich die genossenschaftliche Bewegung in England beschäftigt hat, ist die Erbauung von Wohnhäusern. Es ist unmöglich, genau darüber Bericht zu erstatten, bis zu welchem Punkte diese Bemühungen gediehen sind, denn der größte Theil der betreffenden Genossenschaften giebt keine speziellen Geschäftsberichte heraus.

Im verflossenen Jahr hat sich der Genossenschafts-Verband bemüht, eine Statistik über den Häuserbau zusammen zu stellen. Obwohl nun die Antworten der einzelnen Genossenschaften durchaus nicht vollständig waren, kann die Zusammenstellung immerhin zeigen, daß ernstliche Erfolge in dieser Richtung erzielt worden sind.

224 Genossenschaften haben Berichte geliefert, deren Zahlen in folgender Statistik gruppirt sind.

Zahl der Bauten.

a)	Häuser, welche die Genossenschaften gebaut haben und die in ihr Eigenthum übergegangen sind	4247
b)	Häuser, welche die Genossenschaften gebaut und alsdann an ihre Mitglieder verkauft haben	3709
c)	Häuser, welche die Mitglieder mit von der Genossenschaft gewährten Geldern gebaut haben	16082
	Zusammen	24038

Kapitalien.

1.	Verwendet zum Bau der Häuser oben unter a) . . . . £	917 937
2.	Verwendet zum Bau der Häuser oben unter b) . . . . £	827 283
3.	Geliehen seitens der Genossenschaft an ihre Mitglieder (siehe oben unter c) . . . . £	3 402 306
	Zusammen £	5 147 526

VIII. Genossenschaftliche Erziehung.

Zum Schluß wird es nicht ohne Interesse sein, hier aufmerksam zu machen auf die Rolle, welche die englischen Genossenschaften im Punkte der Erziehung gespielt haben.

Während des Jahres 1899 haben diese Genossenschaften von ihrem Reingewinn eine Summe von £ 57595 zu Gunsten der genossenschaftlichen Erziehung vorweggenommen. Fast alle gut situirten Genossenschaften sind in engen Beziehungen mit einer Erziehungsbehörde, die im Allgemeinen von einer besonderen Kommission geleitet wird. Diese Kommissionen verwenden die ihnen zur Disposition gestellten Gelder zur Anwendung der besten Erziehungssysteme zu Gunsten ihrer

Mitglieder. Versammlungen, Konzerte, Studienkurse über soziale und industrielle Fragen bilden den charakteristischen Zug dieses genossenschaftlichen Werkes.

Endlich ist zu bemerken, daß der Frauen-Genossenschafts-Verband, der ganz speziell gegründet ist, um die Frau für die genossenschaftliche Bewegung zu gewinnen, sehr gute Fortschritte macht, und daß gegenwärtig die weiblichen Mitglieder unserer Genossenschaften den thätigsten Antheil am Fortschreiten der genossenschaftlichen Idee nehmen.

Bericht Oesterreichs

über den Stand und die Ergebnisse des Oesterreichischen Genossenschaftswesens in den Jahren 1898 und 1899, erstattet von Carl Wrabetz, Verbandsanwalt.

Die Erwerbs- und Wirthschaftsgenossenschaften in Oesterreich haben sich in den Jahren 1898 und 1899 der Zahl nach ungemein rasch vermehrt. Für 1899 stehen die Ziffern der neu entstandenen Genossenschaften noch nicht fest. Zu Ende des Jahres 1898 bestanden in Oesterreich 5902 Genossenschaften, von denen 5795 auf Grund des Genossenschaftsgesetzes vom 9. April 1873 registrirt waren, 107 dagegen noch auf Grund des Vereinsgesetzes bestanden. Der Zuwachs gegen 1897 beträgt 813 und ist hauptsächlich auf die Vermehrung der Darlehenskassen und landwirthschaftlichen Genossenschaften nach dem System Raiffeisen zurückzuführen.

Von diesen 5902 Genossenschaften waren 4032 Vorschußvereine, und zwar 1327 mit beschränkter, 2632 mit unbeschränkter Haftung und 73 nicht registrirt. Die Vermehrung gegen das Vorjahr betrug 435. Von den Vorschußvereinen mit unbeschränkter Haftung sind 2048 nach dem System Raiffeisen, die übrigen, sowie diejenigen mit beschränkter Haftung nach dem System Schulze-Delitzsch.

Die Zahl der Konsumvereine betrug Ende 1898 712 und zwar 603 mit beschränkter, 81 mit unbeschränkter Haftung und 28 nicht registrirte Vereine. Gegen das Vorjahr zeigt sich eine Vermehrung um 108.

Die Zahl der sonstigen Genossenschaften (gewerbliche und landwirthschaftliche Rohstoff-, Magazin-, Werk-, Produktiv-, Bau-, Ankaufs-, Molkerei- und Winzer-Genossenschaften 2c.) belief sich Ende 1898 auf 1158, und zwar 1027 mit beschränkter, 125 mit unbeschränkter Haftung und 6 nicht registrirte. Gegen das Vorjahr trat eine Vermehrung von 252 ein.

Prüft man die Vermehrung der österreichischen Erwerbs- und Wirthschaftsgenossenschaften genau, so findet man, daß in der Vermehrung der Kreditgenossenschaften nach dem System Schulze-Delitzsch ein auffälliger Stillstand eingetreten ist. Ihre Anzahl hat sich nur ganz unwesentlich vermehrt und überdies stellen sich die Neugründungen in der Regel nicht als aus dem Bedürfnisse der Bevölkerung hervorgegangen, sondern als Spekulationsgeschäfte einzelner Personen dar. Eine wesentliche Vermehrung haben dagegen die Raiffeisenkassen und unter den „sonstigen" Genossenschaften die landwirthschaftlichen Ankaufs-, Magazin-, Molkerei- und Winzer-Genossenschaften erfahren. Die intensive Vermehrung dieser Genossenschaftsarten entspringt jedoch nicht der Initiative der Bevölkerung, sondern ist nur dem direkten Einflusse und Eingreifen der autonomen Korporationen und Behörden (Landtage, Landesausschüsse, Gemeinde-Verwaltungen 2c.) zu danken. Fast in allen österreichischen Ländern wird seit einigen Jahren der Entwicklung des landwirthschaftlichen Genossenschaftswesens große Aufmerksamkeit und Sorgfalt zugewendet und neue Genossenschaften durch Wanderlehrer und Landesbeamte ins Leben gerufen und durch Subvention unterstützt.

So löblich diese Thätigkeit bei der Schwerfälligkeit der ländlichen Bevölkerung, welche aus eigener Initiative wohl nur den geringsten Theil dieser neuen Genossenschaften gegründet haben würde, auch ist, so kann doch in diesen Fällen von Selbsthilfe im Sinne des Schöpfers des deutschen Genossenschaftswesens Schulze-Delitzsch nicht gesprochen werden. Diese Entwicklung des Genossenschaftswesens geht mit wenigen Ausnahmen mehr in die Breite, als in die Tiefe. Mit einzelnen Ausnahmen sind die meisten der neuen landwirthschaftlichen Genossenschaften und Raiffeisenkassen nicht Volksschöpfungen, sondern Schöpfungen der autonomen Landesbehörden, und so sehr auch die autonomen Organe bestrebt sein mögen, tüchtige Genossenschaften ins Leben zu rufen, sind sie doch nicht im Stande, den von ihnen ins Leben gerufenen Genossenschaften jenen echten genossenschaftlichen Geist einzuflößen, dessen dieselben bedürfen, wenn sie kräftige, lebensfähige, wirthschaftliche Gebilde werden und bleiben wollen. So ziemlich dasselbe läßt sich auch von jenen gewerblichen Erwerbs- und Wirthschaftsgenossenschaften, Rohstoff-, Werk- und Magazingenossenschaften sagen, welche in den letzten beiden Jahren durch die Initiative des Gewerbebeförderungs-Beirathes des k. k. Handelsministeriums ins Leben gerufen wurden. Auch hier fehlt die genossenschaftliche Vorschulung, die richtigen Begriffe des Genossenschaftswesens, die Kraft der Ueberzeugung von der Macht der Selbsthülfe, weshalb auch das erste Bestreben dieser Genossenschaften in der Regel auf Erlangung von Subventionen und Staatskrediten gerichtet ist.

Einen unbestreitbaren Vortheil haben jedoch alle diese neuen durch die autonomen Organe oder Körperschaften ins Leben gerufenen Genossenschaften. Sie werden auf Grund richtiger, den genossenschaftlichen Grundsätzen entsprechender Statuten organisirt, ihre Buchhaltung von Anfang an praktisch und korrekt eingerichtet, so daß bei einigermaßen gewissenhafter und verständiger Leitung eine Reihe von Fehlern vermieden wird, denen früher alle aus der Selbstthätigkeit der Bevölkerung hervorgegangenen Genossenschaften mehr oder weniger unterworfen waren, und zu deren Gutmachung oft Jahrzehnte erforderlich waren. Allerdings trägt der Umstand, daß den neuen Genossenschaften alle Schwierigkeiten möglichst aus dem Wege geräumt werden, daß sie verhältnißmäßig leicht Kredit erlangen u. s. w. auch dazu bei, sowohl die Leitung, als die Mitglieder sorgenloser zu machen, wodurch sie für den wirthschaftlichen Kampf, dem sie entgegengehen, nicht gestählt und gefestigt werden, sondern die Gefahr vorhanden ist, daß bei dem ersten geringsten Hinderniß in der Geschäftsführung oder Entwicklung der Genossenschaft die Mitglieder oder die Verwaltung, oder auch beide den Muth verlieren und den Kampf um die Existenz der Genossenschaft aufgeben.

Dagegen ist nicht zu leugnen, daß dort, wo vom Beginn an auch die richtigen mit dem nöthigen Verständniß, gutem Willen und Energie begabten Personen zur Leitung solcher Genossenschaft gefunden wurden, das Genossenschaftswesen im Allgemeinen eine Förderung erfährt, und daß die Hoffnung berechtigt ist, daß jede gelungene Gründung den Anlaß zu weiteren Schöpfungen giebt, welche vielleicht ohne behördliche Initiative aus der Thätigkeit der Bevölkerung selbst entstehen werden.

Im Widerspruche mit der Begünstigung des Genossenschaftswesens im Allgemeinen steht jedoch die Mißgunst nicht nur gewisser interessirter Kreise, sondern auch der behördlichen Organe bis zu den höchsten Regierungsämtern hinauf, unter denen in den letzten zwei Jahren das Konsumvereinswesen in Oesterreich zu leiden hat. Während das Genossenschaftsgesetz vom 9. April 1873 anerkennt, daß Genossenschaften, welche nur mit ihren Mitgliedern Geschäfte machen und nur zu rein wirthschaftlichen Zwecken, zur Erzielung von Ersparnissen für die Mitglieder gebildet werden, weder als Gewerbetreibende, noch als Kaufleute zu betrachten seien, während durch mehr als 2 Jahrzehnte alle österreichischen Regierungen diesen Grundsatz festgehalten und in einer Reihe von behördlichen Entscheidungen wiederholt bestätigt haben, ist in den letzten Jahren in Folge des ungestümen Drängens und Lärmens der durch die Thätigkeit der Konsumvereine unmittelbar in ihrem Erwerbe beeinträchtigten Lebensmittelhändler (Krämer, Fleischhauer, Wirthe 2c.) eine der bisherigen Judikatur der Ministerien geradezu entgegengesetzte Haltung eingetreten. Plötzlich wird es nunmehr als ganz unerheblich für die Beurtheilung der Frage, ob ein Gewerbebetrieb vorliegt hingestellt, ob ein Konsumverein nur Mitglieder oder auch Nichtmitglieder an denjenigen Zwecken Theil nehmen läßt, zu deren Erreichung er gebildet wurde. — Während das neue Steuergesetz, welches am 1. Januar 1898 ins Leben trat, diesen Unterschied mindestens im Ausmaße der Steuer strenge festhält und die Vereine erster Kategorie ganz bedeutend begünstigt, versuchen es die politischen Behörden, alle Konsumvereine unter die Bestimmungen der Gewerbe-Ordnung zu bringen, und zwar lediglich mit der Begründung, weil dieselben nunmehr gleichfalls Erwerbssteuer bezahlen.

Die Abgabe von Getränken (Bier und Wein) wird nunmehr als ein konzessionspflichtiges Gewerbe erklärt und den Vereinen bei der Erwerbung der Konzession große Schwierigkeiten gemacht. Die durch den Großeinkauf der Waare erzielten Ersparnisse werden nach wie vor einem „gewerbsmäßigen Gewinne" gleichgestellt. — Das neue Steuergesetz, welches unbestritten besser ist, als das bisherige, wird in der alten fiskalischen Weise ausgelegt und versucht auf diese Weise die den Genossenschaften gewordenen Begünstigungen illusorisch zu machen.

Die Annahme von Spareinlagen durch Konsumvereine begegnet in einzelnen Ländern dem Einspruche der Behörden, obwohl solche Einlagen nur von Vereinsmitgliedern angenommen werden und doch mit Recht gefordert werden kann, daß dem Arbeiter nicht verweigert werde, sein Geld dort anzulegen, wo es ihm beliebt. Alles in Allem zeigt das Verhalten der Behörden und zwar hauptsächlich der Ministerien, daß das Verständniß für eine richtige Sozialpolitik in diesen Kreisen noch nicht zu weit vorgeschritten ist; sonst würde man nicht den Arbeiter und die sonstigen minderbemittelten Kreise der Bevölkerung in ihrem Streben, an dem Lebensunterhalt Ersparnisse zu machen, beeinträchtigen und ihnen den Bezug ihrer Bedürfnisse aus dem Vereine erschweren und vertheuern.

Bisher war jedoch die diesbezügliche nicht nachahmenswerthe Thätigkeit der Regierung nicht im Stande die Entwicklung der Konsumvereine zu verhindern; ihre Vermehrung betrug, wie schon erwähnt, im Jahre 1898 allein 108 Vereine. Auch ihre innere Organisation wird von Jahr zu Jahr besser; Buchführung, Rechnungslegung, Verwaltung und Kontrole bessern sich zusehends und mehr als alle übrigen Genossenschaften sind die Konsumvereine für die Winke und Belehrungen in dieser Hinsicht zugänglich.

In den Kreditgenossenschaften haben sich dagegen in den letzten beiden Jahren mehrfache größere Veruntreuungen ereignet, welche zeigen, daß es in manchen derselben mit der pflichtgemäßen Verwaltung und der genauen Kontrole noch sehr schlecht bestellt ist. Ungenügende Statuten und unpraktische Buchführung tragen ebenfalls das ihrige dazu bei, solche unliebsame Vorfälle zu ermöglichen.

Die in Oesterreich bestehenden Genossenschafts-Verbände thun ihr Möglichstes, um dieser Vorfälle zu steuern und dieselben zu verringern. Sie haben seit Jahren die Revision der ihnen angeschlossenen Genossenschaften durchgeführt; da diese jedoch nicht obligatorisch ist, fehlt es auch dem Revisor an der nöthigen Autorität und an den Mitteln zur Abstellung vorgefundener Uebelstände. Ein Gesetz, betreffend die obligatorische Revision der Erwerbs- und Wirthschaftsgenossenschaften, welches vor 4 Jahren vom Abgeordnetenhause angenommen wurde, gelangte leider nicht zur Sanktionirung und trotz allen Drängens der betheiligten Kreise hat die Regierung in dieser Frage bisher nichts gethan, woran allerdings in den letzten 2 Jahren auch die trostlosen parlamentarischen Verhältnisse Schuld tragen.

Das Verdienst, fortwährend auf die Verbesserungen der genossenschaftlichen Einrichtungen hinzuwirken gebührt unstreitig den bestehenden nationalen Verbänden der Erwerbs- und Wirthschaftsgenossenschaften, deren Zahl sich gegenwärtig auf 8 beläuft.

Der älteste Verband ist der „Allgemeine Verband der auf Selbsthülfe beruhenden deutschen Erwerbs- und Wirthschaftsgenossenschaften in Oesterreich", mit dem Sitze in Wien, welcher seit dem Jahre 1872 besteht und ein eigenes Verbandsorgan „Die Genossenschaft", als Wochenschrift herausgiebt. — Im Jahre 1874 wurde der „Verband der polnischen Erwerbs- und Wirthschaftsgenossenschaften in Galizien und im Herzogthume Krakau" mit dem Sitze in Lemberg gegründet; auch dieser Verband besitzt ein eigenes 2mal im Monate erscheinendes Organ, welches in polnischer Sprache geschrieben ist. — Seit 1884 besteht ein „Verband der böhmischen (tschechischen)

Vorschußkassen in Böhmen, Mähren und Schlesien", dessen Sitz Prag ist. Ferner besteht seit 9 Jahren ein „Verband der slovenischen Vorschußkassen" mit dem Sitze in Cilli (Süd-Steiermark). — In den letzten 5 Jahren entstanden Verbände der Raiffeisenschen Darlehenskassen und sonstigen landwirthschaftlichen Genossenschaften und zwar: der Allgemeine Verband landwirthschaftlicher Genossenschaften in Oesterreich, mit dem Sitze in Wien, der deutsche landwirthschaftliche Central-Genossenschafts-Verband in Prag, der Verband der deutsch-tirolerischen Raiffeisenschen Kassenvereine in Innsbruck und der Centralverein deutscher landwirthschaftlicher Kreditgenossenschaften Mährens und Schlesiens in Brünn.

Die Gesammtresultate der Thätigkeit der österreichischen Genossenschaften im Jahre 1898 stellen sich, soweit die Rechnungsabschlüsse derselben erhältlich waren, in nachstehenden Ziffern dar:

Von 1984 Vorschußvereinen nach dem System Schulze-Delitzsch, liegen die Berichte von 1668 registrirten Vereinen, ferner von 117 landwirthschaftlichen Bezirksvorschußkassen in Böhmen und von 31 noch auf dem Vereinsgesetze vom Jahre 1852 beruhenden nicht registrirten Vereinen, zusammen von 1816 Vorschußvereinen vor. — Dieselben zählten zusammen 1088716 Mitglieder und weisen nach Zusammenfassung der Passiven und Aktiven ihrer Jahresbilanzen folgenden Stand auf:

Summa der Bilanzen am 31. Dezember 1898.

Aktiva		Passiva	
in Tausenden von Gulden			
Baarkasse	10680,—	Geschäftsantheile (Mitglieder-Guthaben)	51265,—
Vorschüsse gegen Wechsel, Pfand und Kontokorrent	293931,—	Reservefonds	29202,—
Vorschüsse auf Hypotheken	208975,—	Spareinlagen	475296,—
Kontokorrent-Guthaben bei Banken	28237,—	Anlehen, Kontokorrent und Reescompte	34953,—
Werthpapiere	29892,—	Sonstige (voraus erhobene Zinsen 2c. inklusive Reingewinne)	11894,—
Realbesitz	17921,—		
Sonstige (Zinsenausstände 2c.)	12974,—		
	602610,—		602610,—

Die aus der Selbsthülfe der Bevölkerung hervorgegangenen Vorschußvereine und Kreditgenossenschaften verfügten somit zu Ende des Jahres 1898 über ein eigenes Kapital von rund 80 Millionen Gulden und über fremdes Kapital in der Höhe von 510 Millionen Gulden, somit über ein Betriebskapital von 590 Millionen Gulden, ohne welches die in diesen Genossenschaften vereinigten Berufskreise kaum in der Lage gewesen wären, ihren Betrieb in der bisherigen Weise aufrecht zu erhalten.

Die im Jahre 1898 von diesen Vereinigungen gewährten Kredite beliefen sich auf 482 Millionen Gulden, wobei jedoch nicht alle Prolongationen in Anrechnung kommen. Zu Ende dieses Jahres waren an Krediten ausständig rund 503 Millionen Gulden.

B. Konsumvereine.

Von den zu Ende des Jahres 1898 bestehenden 712 Konsumvereinen ist ein Theil erst im Berichtsjahre gegründet worden und sonach noch nicht in der Lage gewesen, einen Rechnungs-Abschluß vorzulegen.

Die vorliegenden Berichte umfassen die Ergebnisse von 644 Konsumvereinen, welche zusammen 212268 Mitglieder zählten und eine Baarlosung von 33808000 Gulden erzielten.

Summa der Bilanzen am 31. Dezember 1898.

Aktiva		Passiva	
in Tausenden von Gulden			
Baarkasse	549,—	Geschäftsantheile	2073,—
Waarenlager	6864,—	Reservefonds	1045,—
Außenstände für Waaren . .	1418,—	Spareinlagen und Anlehen .	2265,—
Realitäten	1773,—	Waarenschulden	2539,—
Inventar	804,—	Werthmarken im Umlauf . .	15,—
Sonstige	147,—	Sonstige inkl. Reingewinn .	3618,—
	11555,—		11555,—

Die berichtenden 644 Konsumgenossenschaften verfügten sonach über ein eigenes Kapital von 3118000 fl. und über fremdes Kapital in der Gesammtsumme von 4818000 fl. somit über ein Betriebskapital von 7936000 fl.

Von dem erzielten Bruttoertrage per rund 6750000 fl. kamen, soweit dies in den Rechnungsabschlüssen detaillirt erscheint, ab: für Steuern und Gebühren fl. 450000, für Zinsen an die Vereinsgläubiger fl. 180000, für Bestreitung der Regie- und Verwaltungskosten, sowie für Abschreibungen an Inventar, Realitäten, Forderungen 2c. fl. 3660000, und verblieb ein Reingewinn von rund 2500000 fl., welcher das durch den gemeinschaftlichen Einkauf der Mitglieder erzielte Ersparniß an den nothwendigen Ausgaben für Lebensmittel ergiebt.

Wenn auch von dieser Summe im Gesammtdurchschnitte auf das einzelne Mitglied ein relativ geringer Betrag entfällt, so darf doch nicht außer Acht gelassen werden, daß hiermit die Vortheile der Konsumvereine nicht erschöpft sind. Durch das volle Maaß und Gewicht, sowie die unverfälschte Qualität der Waaren, welche die Konsumvereine ihren Mitgliedern bieten, wird das effektive Ersparniß indirekt beträchtlich erhöht. Dazu kommt noch der moralische Effekt, die Anhaltung der Mitglieder zur Barzahlung, welche zur Ordnung im Haushalte unerläßlich ist, sowie die Erziehung derselben zum Sparen, der ersten Bedingung eines wirthschaftlichen Wohlstandes.

C. Sonstige Genossenschaften.

Von den Ende 1898 bestehenden 1164 sonstigen Genossenschaften liegen nur die Berichte von 190 Genossenschaften nach dem System Schulze-Delitzsch vor und zwar von 51 Produktiv-, 18 Bau-, 12 Magazin-, 11 Rohstoff- und 98 verschiedenen Genossenschaften. Dieselben besaßen 15278 Mitglieder; ihr eigenes Kapital betrug fl. 6357000, das fremde fl. 7118000, der Umsatz, soweit derselbe angegeben erscheint, betrug $9^1/_2$ Millionen Gulden, ist jedoch thatsächlich bedeutend höher.

Die verhältnißmäßig kurze Zeit des Bestandes der Mehrzahl dieser Genossenschaften, sowie die Rücksicht auf die Konkurrenz und die Steuerbehörde bringen es mit sich, daß die Rechnungsabschlüsse derselben im Allgemeinen kein so klares Bild geben, wie jene der Kredit- und Konsumgenossenschaften.

Bericht Ungarns,

erstattet von M. György Endre.

Seit meinem letzten Bericht auf dem Internationalen Genossenschafts-Kongreß in London im Jahre 1895 hat die Genossenschafts-Bewegung in Ungarn ständig Fortschritte gemacht.

Da eine offizielle Statistik in dieser Hinsicht nicht besteht, finden sich die Angaben dieses Berichtes hauptsächlich in den Geschäftsberichten, die durch die verschiedenen Bureaux und Central-Organisationen im Genossenschaftswesen herausgegeben sind.

An erster Stelle existirt in unserm Lande ein „Central-Komitee der Genossenschafts-Bewegung", welches jährliche Kongresse abhält und das Publikum über alles aufklärt, was in genossenschaftlicher Beziehung von Interesse ist. Aber dieses Central-Komitee — zu meinem Bedauern muß ich es sagen — führt seine Geschäfte nicht in durchaus nützlicher Weise, seine letzten Jahresversammlungen wurden ausschließlich von Delegirten der ländlichen Banken besucht und die Umgestaltung des Komitees auf breiterer Grundlage ist erst im Werk. Dennoch darf man, da diese Frage auf den Schultern eines so geistvollen und tüchtigen Mannes liegt, wie die des Grafen Karolyi, des Vorkämpfers der Genossenschafts-Sache in Ungarn, die Hoffnung auf ein zukünftiges Wohlgelingen hegen. Wir besitzen drei periodisch erscheinende Publikationsblätter: Das erste, der Tzoveckerè, eine wöchentlich erscheinende Zeitschrift, herausgegeben von Herrn Bernat, einem unserer begeistertsten Genossenschafter. Dieses Organ veröffentlicht gut geschriebene Artikel über alles, was auf dem so weiten Gebiet der genossenschaftlichen Bewegung interessirt: Produktiv-Genossenschaften, Konsum-Vereine, ländliche Banken, Bau-Genossenschaften, Versicherungs-Genossenschaften, und es verbreitet ganz allgemein die moralischen Vorzüge der Genossenschafts-Bewegung.

Die zweite Zeitschrift ist das offizielle Organ der Central-Bank der Genossenschafts-Banken; es befaßt sich ausschließlich mit den Interessen der ländlichen Banken und der kleinen Genossenschafts- und Handelsbanken.

Das dritte ist das halbmonatlich erscheinende Journal des Herrn Weltner, das besonders den Interessen derjenigen Genossenschaften gewidmet ist, welche nicht mit dem Central-Komitee zusammenhängen und die offensichtlich die vorherrschende Tendenz haben, zu dem System der beschränkten Haftpflicht überzugehen.

An der Seite des Central-Komitees, welches augenblicklich im Zeichen der Umwandlung steht, haben sich an verschiedenen Punkten des Königreichs Lokal-Komitees gebildet, die sich hauptsächlich mit der Propaganda, ferner mit der Bildung von Lokal-Genossenschaften, mit der Kontrole und Ueberwachung ihrer Mitglieder beschäftigen. Diese Lokal-Komitees sind gegründet durch Delegirte der bereits bestehenden Genossenschaften und durch 2 oder 3 Repräsentanten des Grafschaftsrathes und der ländlichen Genossenschaften der Grafschaft. Augenblicklich bestehen drei: eine für die Grafschaften von Somogy, Heves, Nyitra, Pest, Borsod, Györ; eine für das obere Tuzathal und eine für die Grafschaften des Nordostens. Außerdem sind noch 3 oder 4 augenblicklich in Entstehung begriffen.

Gehen wir zu der Propaganda der genossenschaftlichen Erziehung über. Soviel ich weiß, ist man damit beschäftigt, genossenschaftliche Schulen in verschiedenen Grafschaften zu gründen, um die kleinen Besitzer und Handelsleute, die Geistlichen und Schullehrer mit den Geschäften der Kredit-, der Einkaufs- und Verkaufsgenossenschaften, ferner mit der Buchführung und der genossenschaftlichen Praxis im Allgemeinen bekannt zu machen. Aber wenigstens bis heute ist in dieser Hinsicht noch nichts geschehen.

Das bemerkenswertheste Ereigniß in der genossenschaftlichen Bewegung ist das Gesetz von 1898, welches die Kreditgenossenschaften für die ländliche und industrielle Bevölkerung regelt.

In erster Linie behandelt das Gesetz die Kreditgenossenschaften nach dem Prinzip Raiffeisen. Eine Ausnahme muß übrigens bemerkt werden: das Gesetz schreibt die Einzahlung eines Beitrages im Allgemeinen von 50 Frcs. zahlbar mit je 10 Centimes pro Woche vor, aber es begrenzt die Haftung der Gesellschaft auf das Fünffache des festgesetzten Betrages. Das Central-Komitee hatte zu Gunsten der unbeschränkten Haftpflicht petitionirt und es gab hierüber eine interessante Debatte im Abgeordnetenhause, aber der Sieg blieb schließlich der beschränkten Haftpflicht. Hier ist nicht der Ort, die Mängel der unbeschränkten Haftbarkeit einer Erörterung zu unterziehen, ich sehe daher davon ab.

Alle übrigen Bestimmungen des Gesetzes, insbesondere was die Organisation und den Betrieb der kleinen Volksbanken betrifft, beruhen auf den bekannten Raiffeisen'schen Grundsätzen.

An zweiter Stelle schreibt das Gesetz die Schaffung einer Central-Genossenschafts-Bank vor mit einem Kapital von 3000000 Kronen, von denen 1000000 die Staatskasse übernommen hat, die Central-Bank kontrollirt die Lokal-Banken und besorgt ihnen das nöthige Kapital, sei es durch Wechsel, sei es im Wege der Anleihe. Der augenblickliche Zinsfuß ist $5^{1}/_{2}$ %.

Um die Lokal-Banken zum Anschluß an die Central-Bank zu bewegen, wurde ihnen eine Anzahl von wesentlichen fiskalischen Vergünstigungen gewährt, zum Beispiel: die Befreiung von der Gewinnsteuer und ferner die Begünstigung, daß die genossenschaftlichen Lokalbanken, die an die Central-Bank angeschlossen sind, das Vorrecht vor allen übrigen Gläubigern haben, für den Fall der Nichtzahlung seitens ihrer Mitglieder.

Die Central-Bank ihrerseits beschafft sich die nöthigen Fonds durch Diskontirung, durch Annahme von Depots und durch Ausgabe von Obligationen. Die finanzielle Grundlage dieser Obligationen beruht auf dem Werth des Kapitals, welches die Central-Bank an die Lokal-Banken ausgeliehen hat. unter der Kontrole eines Regierungsdelegirten und ferner auf dem spezialen Garantie-Fonds, der von der Staatskasse in Gestalt des erwähnten Kapitals von 3000000 Kronen gezahlt ist.

Es existirt noch eine andere Central-Bank für Genossenschaften. Diese Bank mit Namen: „Hangya" ist eine wesentlich private Unternehmung und steht unter dem Vorsitz des Grafen Karolyi. Ihre ausschließliche Aufgabe ist die Förderung, Begünstigung und Hebung der Genossenschaften, insbesondere der Konsum-Genossenschaften; ihre Organisation ist im Allgemeinen wie diejenige der Central-Bank.

Ein anderes Central-Komitee ist dasjenige der ländlichen Banken von Transylvanien ein Theil dieser Banken, und zwar der größere gehört zur Central-Bank; ein anderer Theil gehört zu dem Central-Verband, der durch die Bank von Magy Szeben geschaffen ist.

Der Central-Verband der ländlichen Banken von Transylvanien ist auf Raiffeisen'schen Prinzipien gegründet; er differirt hiervon nur in 1 Punkt: er leiht Geld auch an Nichtmitglieder aus und der Grund dieser Ausnahmestellung ist weniger wirthschaftlicher als politischer Natur. Die Glieder dieses Verbandes sind alle Deutsche von Geburt: und das Gefühl der Nationalität hat naturgemäß einen großen Einfluß auf ihre Handlungen. Nichtsdestoweniger ist der Verband sehr gut geleitet; alle seine Geschäfte sind untadelhaft und seine Angestellten sind jeglichen Vertrauens würdig. Seine beiden Leiter, die Herren Wolff und Teutsch, sind Männer, die eine ebenso hervorragende Intelligenz als einen tüchtigen Charakter besitzen.

Gehen wir nunmehr zur Statistik über.

Die ersten Genossenschaften in Ungarn sind sehr alt. Die Central-Grund-Kreditgenossenschaft ist 1864 gegründet; augenblicklich sind 300000000 Kronen an Obligationen im Umlauf: ein großer Erfolg für die rein genossenschaftliche Doktrin. Wir bemerken ferner die Existenz von etwa 60 Milch-Genossenschaften, von denen eine auch Kapitalien leiht. Ferner von 3 Versicherungsgesellschaften auf genossenschaftlicher Grundlage, von denen 1 bereits 1843 gegründet ist; von einigen Verkaufs-Genossenschaften ländlicher Produkte, welche sich gerade eben damit beschäftigen, Hülfsquellen in allen Centren der Getreide-Produktion zu etabliren, um die Eisenbahn-Stationen mit Depots für den Kornverkauf auszustatten; endlich von mehreren Bau-Genossenschaften.

Immerhin ist es heutzutage der Bankbetrieb, welcher ganz besonders die genossenschaftliche Bewegung interessirt: der Grund dafür ist der, daß zu aller Zeit der Kredit ein für die Menschen allgemein fühlbares Bedürfniß war und er ist es auf der andern Seite, der den Anstoß zu einer Vereinigung aller Genossenschafter gegeben hat.

In der letzten Lieferung des „Kompaß" (Finanz-Kalender) sind nicht weniger als 1900 Genossenschafts-Banken erwähnt: in Wirklichkeit sind es Aktien-Gesellschaften. Was die andern Arbeiten von Genossenschaften betrifft, so erwähnen wir in größerer oder geringer Zahl Einkaufs- und Verkaufs-Genossenschaften, Weinbau-Genossenschaften, genossenschaftliche Lagerhäuser, Genossenschaften des Eisenbahnpersonals, ferner der Arbeiter und Ackerbauer, der Schuh- und Piano-Fabrikanten, der Fellhändler, der Zimmerleute und verschiedener Händler; endlich Bau-Genossenschaften.

Die Gesammtzahl dieser Vereine beläuft sich auf 390, denen man 59 Milch-Genossenschaften hinzufügen muß. Alle diese Angaben sind allerdings unvollständig, da der „Kompaß" ein privates Organ ist, aber sie sind wenigstens insofern sicher, als die Genossenschaften, die darin erwähnt sind, auch wirklich existiren.

Ende 1899 bestanden 56 genossenschaftliche Lagerhäuser, die mit der Central-Bank Hangya zusammenhängen und die Zahl der Genossenschafts-Banken für Landwirthe und Kleinhändler, die unter der Aufsicht der Central-Genossenschafts-Bank stehen, war 701.

Diese Thatsachen lassen einen sehr schnellen und erheblichen Fortschritt erkennen; aber sie sind noch weit davon entfernt, zufriedenstellend zu sein. Der größte Theil des ungarischen Landes besitzt überhaupt keine Genossenschaft, und man muß konstatiren, daß das Gefühl des gegenseitigen Vertrauens und der persönlichen Verantwortlichkeit, aus der andere Erfolge erwachsen, noch nicht genügend ausgebreitet erscheint. Es ist eine bemerkenswerthe Thatsache, daß die begünstigsten Gegenden Ungarns — diejenigen, wo die Kultur, der Reichthum und die Unabhängigkeit des Geistes in hervorragender Weise herrschen — gerade die im Genossenschaftswesen am wenigsten unterrichteten sind. Die Bevölkerung und besonders die Kleinbesitzer zeigen dort gegenüber der Genossenschaftsbewegung ein außerordentliches Mißtrauen.

Zum Schluß will ich noch folgende merkwürdige Eigenheit erwähnen: es sind Versuche gemacht worden, die Genossenschafts-Bewegung in eine bisher unbekannte Bahn zu leiten, indem man „christliche Genossenschaften" gegründet hat. Dieser Versuch hat sich niemals bei uns eingebürgert und wir hoffen, daß es für alle Zukunft so bleiben möge. Ist die genossenschaftliche Bewegung nicht der wahre innere Gehalt des Christenthums? — Sein fundamentales Prinzip: „seinen Nächsten zu lieben und ihm zu helfen" läßt sich nicht, ebensowenig wie unser Glaube und unsere christliche Moral selbst mit einer übertriebenen Tendenz verknüpfen.

Bericht der Schweiz,

erstattet von Dr. Hans Müller, Generalsekretär.

In den 3 Jahren, die seit meinem letzten, dem Internationalen Kongreß in Delft erstatteten Bericht verflossen sind, hat sich die Physiognomie der schweizerischen Genossenschaftsbewegung in einer Weise verändert, daß es außerordentlich schwer hält, auch nur die bedeutendsten Thatsachen in den engen Rahmen eines Berichts an den Pariser Kongreß zusammen zu drängen. Konnte 1897 bereits festgestellt werden, daß die Zahl der Genossenschaften in starker Zunahme begriffen sei, so muß heute abermals ein gewaltiges Wachsthum des schweizerischen Genossenschaftswesens konstatirt werden.

Die letzte Zählung über das Gesammtgebiet des schweizerischen Genossenschaftswesens wurde vor 1½ Jahren wiederum von Herrn Dr. Eggenberger vorgenommen. Derselbe ermittelte im Ganzen 3100 Genossenschaften, gegenüber 2400 Genossenschaften im Jahre 1895. Seither hat sich die Zahl derselben noch ganz erheblich vermehrt; sodaß wir kaum zu hoch greifen, wenn wir dieselben gegenwärtig auf 3400 veranschlagen. Von diesen Genossenschaften sind rund 900 Einkaufs- und Bezugsgenossenschaften. Obenan stehen die landwirthschaftlichen Rohstoffgenossenschaften, deren Zahl sich auf 450 bis 500 belaufen mag. Etwa 100 dieser Genossenschaften sind nebenbei auch Konsumvereine. Arbeiter- und Allgemeine Konsumvereine bestehen gegenwärtig in der Schweiz 250. Außerdem giebt es noch eine Anzahl von Genossenschaften, die in die gleiche Kategorie gehören, wie die Bäckerei-, Metzgerei- und Milchkonsumgenossenschaften; doch ist deren Zahl verhältnißmäßig unbedeutend (ca. 50). Zu den Einkaufs- und Bezugsgenossenschaften müssen auch noch die Wasserversorgungsgenossenschaften gezählt werden, deren etwa 180 vorhanden sind.

Die 2. Hauptkategorie unter den schweizerischen Genossenschaften bilden die, welche mittelbar der Förderung der Wirthschaft ihrer Mitglieder dienen. Hierzu gehören die Kredit- und Spargenossenschaften, die Dreschmaschinen-Brückenwaag- und Backöfengenossenschaften. Die Gesammtzahl aller dieser Genossenschaften beträgt gegenwärtig rund 400. Davon entfallen die Hälfte auf die Kreditgenossenschaften. Immerhin ist bemerkenswerth, daß die Zahl der Kreditgenossenschaften im Verhältniß zu den übrigen Genossenschaftskategorien ziemlich unbedeutend ist.

Die Mehrzahl der schweizerischen Genossenschaften besteht aus landwirthschaftlichen Verkaufs- und Produktivgenossenschaften. Es wurden allein an Käserei- und Sennereigenossenschaften 1400 gezählt. Ferner waren 360 Viehzuchtgenossenschaften vorhanden; gewerbliche Produktiv- und Magazingenossenschaften sind dagegen nur in ganz geringer Zahl vorhanden. Neu entstanden sind in Bern und Luzern zwei Genossenschaftsbuchdruckereien, die sich bisher eines gedeihlichen Wachsthums erfreuten. Ferner wurde vor einiger Zeit in Basel eine Steinhauer-Produktivgenossenschaft gegründet. In den Arbeiterkreisen greift die Erkenntniß um sich, daß die Produktivgenossenschaften nur dann Aussicht auf Erfolg haben, wenn sie in bestehenden Konsumgenossenschaften sichere Abnehmer finden.

Daß das Magazin- und übrige gewerbliche Genossenschaftswesen nicht stärker entwickelt ist, ist auf die Abneigung des Handwerkerstandes gegenüber genossenschaftlichen Veranstaltungen zurückzuführen. Man schimpft auch in der Schweiz in diesen Kreisen lieber über die Konsumvereine, als daß man sich selbst durch solidarisches Zusammenwirken zu helfen sucht.

Eine neue Spezialität auf dem Gebiete des schweizerischen Genossenschaftswesens bilden die Elektrizitätsgenossenschaften, die im Grunde elektrische Lichtkonsumvereine sind. Sie werden vielfach unter offizieller Theilnahme der Gemeinden ins Leben gerufen und umfassen einen größeren Bezirk, in welchem sie elektrische Kraft zu Beleuchtungszwecken in die Häuser leiten. Im Kanton Basel-Land sind in den letzten Jahren 3 solcher Genossenschaften gebildet worden, die das ganze Kantonsgebiet umfassen und denen sogar von der Regierung das Expropriationsrecht zugestanden worden ist.

Hand in Hand mit dieser großen extensiven Entwicklung des schweizerischen Genossenschaftswesens ist dessen intensive Ausbildung gegangen. Namentlich sind es die Wirthschaftsgenossenschaften, welche sich unter einander zur gemeinsamen Förderung ihrer Interessen mehr und mehr verbinden und organisiren. Bei den Erwerbsgenossenschaften ist dieser Trieb naturgemäß in geringerer Stärke vorhanden, und es sind daher auch allein die Verbände der Wirthschaftsgenossenschaften, in denen sich eine kräftige Entwicklung bemerkbar macht.

Von allen Verbänden hat zweifellos der Verband der schweizerischen Konsumvereine (Union suisse des sociétés de consommation) die größten Fortschritte gemacht. Die Zahl der Verbandsvereine von 71 im Jahre 1897 ist auf 110 im Jahre 1900 gestiegen. Nach einer statistischen Erhebung, die der Berichterstatter zu Anfang dieses Jahres durchgeführt hat, betrug die Mitgliederzahl der im Verband schweizerischer Konsumvereine organisirten Genossenschaften 81200. Diejenige der übrigen Konsumvereine rund 30000. Die größten und mitgliederreichsten Vereine sind also bereits verbunden, und es kann keinem Zweifel unterliegen, daß sich die noch dem Verbande fernstehenden Genossenschaften demselben im Laufe der nächsten Jahre in ihrer überwiegenden Mehrzahl anschließen werden, denn die Anziehungskraft des Verbandes wächst von Jahr zu Jahr.

Sehr gefördert wurde die Entwicklung des Verbandes schweizerischer Konsumvereine durch die im Jahre 1898 von der Delegirtenversammlung angenommenen neuen Statuten, durch welche der Grund zu einer Organisation des Verbandes auf breiterer Basis gelegt wurde. Die Umgestaltung der Verbandsorganisation hat eine bedeutende Steigerung des Umsatzes der Centralstelle (Großeinkaufsstelle) zur Folge. Derselbe stieg von 1,8 Millionen Frcs. im Jahre 1896 auf 3,3 Millionen Frcs. im Jahre 1899.

Um einen engen Kontakt zwischen den Verbandsgenossenschaften und den leitenden Organen des Verbands zu sichern, werden periodisch von den benachbarten Verbandsgenossenschaften sogen. „Kreiskonferenzen" abgehalten, auf denen namentlich gemeinsame Bezüge vereinbart werden. Eine Ausgestaltung hat auch das Institut des Verbandssekretariats gefunden. Die Aufgaben desselben sind erweitert worden, namentlich durch die Einführung der Revision der Geschäftsführung der Verbandsvereine. Zu diesem Zwecke wurde dem Verbandssekretariat ein Revisor zugetheilt. Das Organ des Verbands, das „Korrespondenzblatt“, hat sich ebenfalls bedeutend vergrößert. Statt wie noch 1897 in 4 Seiten, erscheint es jetzt fast regelmäßig in 12 bis 16 Seiten. Von den Arbeiten des Verbands ist noch die Aufstellung eines neuen Normalstatuts zu erwähnen, das in einer in den nächsten Tagen stattfindenden Delegirtenversammlung berathen und sanktionirt werden soll.*)

Bedeutende Fortschritte hat ebenfalls der Verband ostschweizerischer landwirthschaftlicher Genossenschaften gemacht. (Union des syndicats agricoles de la Suisse orientale). Demselben gehören die meisten landwirthschaftlichen Konsum- und Rohstoffvereine in der Ostschweiz an, 125 an der Zahl. Dieser Verband hat sich im Jahre 1898/99 ein eigenes großes und sehr zweckmäßig eingerichtetes Magazin nebst Verwaltungsgebäude in Winterthur erstellt. Die Einweihung dieses Genossenschaftsbaues fand im Sommer letzten Jahres statt. Leider wurden die Einweihungsfeierlichkeiten durch einen Zwist erheblich getrübt, der im Verbande ausgebrochen war und der seinen Grund in einem Organisationsfehler hatte. Glücklicher Weise hat der Verband die Krisis schnell überwunden. Die Einsicht, daß treues genossenschaftliches Zusammenhalten unbedingt nothwendig sei, wenn die gesammte Organisation, das Werk 12jähriger uneigennütziger genossenschaftlicher Arbeit nicht gefährdet werden sollte, siegte über die kurzsichtigen Separirungsgelüste.

Von den übrigen genossenschaftlichen Verbänden kann gesagt werden, daß sie sich in ruhiger Fortentwicklung befinden, jedoch ist die genossenschaftliche Organisationsthätigkeit innerhalb dieser Verbände noch nicht zum rechten Leben erwacht.

Der größte Fortschritt, den die schweizerische Genossenschaftsbewegung seit 1897 zu verzeichnen gehabt hat, ist jedoch noch zu erwähnen. Er besteht in der Gründung eines Allgemeinen Verbands der schweizerischen Wirthschaftsgenossenschaften, dem Genossenschaftsbund (Union coopérative suisse). Mit diesem Bunde hat die schweizerische Genossenschaftsbewegung eine centrale Organisation erhalten, deren Zweck darin besteht, das Genossenschaftsrecht fortzubilden, die rechtlichen Interessen der Genossenschaften namentlich gegenüber dem Fiskus um seine Uebergriffe wahrzunehmen und das genossenschaftliche Bildungswesen zu fördern. Nachdem am 20. März 1898 in Zürich eine grundsätzliche Verständigung erzielt worden war, erfolgte am 29. Februar 1899 in Olten die definitive Konstituirung. Derselbe bildet nach § 5 seiner Statuten die nationale schweizerische Sektion des Internationalen Genossenschaftsbundes.

Bericht Dänemarks,

erstattet von Harald Faber.

Der dänische Genossenschafts-Verband giebt in einer neuen Publikation folgende Angaben über die Ausbreitung des Genossenschafts-Wesens in diesem Lande:

„Der erste Konsumverein wurde 1866 gegründet. Jetzt giebt es im ganzen Lande annähernd 700 Konsumvereine mit fast 70000 Mitgliedern und der Verband dänischer Genossenschaften zählt mehr als 520 dieser Genossenschaften, während der Gesammtumsatz sich auf jährlich 450000 £ beläuft.

Die offiziellen Statistiken weisen für 1898 eine Gesammtzahl von 837 Konsumvereinen mit 130331 Mitgliedern nach. Von diesen Vereinen existiren nur 8 in den Städten. Das sind die Konsumvereine im strengsten Sinne des Wortes, die nur Verkehr mit ihren Mitgliedern pflegen. Außerdem giebt es noch 133 Vereine,

*) Ende März.

welche auch mit Nichtmitgliedern Geschäfte machen und welche in Folge dessen dem dänischen Gesetz gemäß als Handelsgesellschaften eingetragen sind.

Die erste Milch-Genossenschaft ist 1882 begründet worden; heute haben wir deren 1052 mit etwa 162000 Mitgliedern; sie liefern $^4/_5$ sämmtlicher im Lande produzirten Milch und der Werth der von ihnen fabrizirten Butter beläuft sich auf etwa 7000000 £

Die erste Speck-Verwerthungsgenossenschaft, hervorgerufen durch die Etablissements, in denen man Schweine für die Speckproduktion züchtet, ist 1887 gegründet worden. Heute giebt es deren 6 mit 54000 Mitgliedern. $^6/_{10}$ sämmtlicher Schweine sind von ihnen gezüchtet und der Gesammtbetrag der jährlichen Produktion an Speck ist etwa 1000000 £

Die erste dänische Genossenschaft für Eier-Export hat sich 1895 konstituirt. Sie hat augenblicklich 22000 Mitglieder und liefert $^1/_8$ sämmtlicher überhaupt exportirten Eier. Der Gesammtabsatz beläuft sich auf 110000 £

1898 hat man die Nahrungsmittel-Genossenschaft für Jütland gegründet, deren Umsatz sich während der drei ersten Vierteljahre ihrer Existenz auf 80000 £ belaufen hat.

Die Vertreter dieser verschiedenen Genossenschaften haben im Mai 1898 ein Central-Komitee gegründet, welches vom April 1900 ab eine wöchentliche Zeitschrift herausgeben wird und den Centralpunkt für alle genossenschaftlichen Versammlungen in Dänemark bilden will."

In der dänischen Genossenschafts-Bewegung giebt es 2 charakteristische Züge. In den ländlichen Distrikten findet man eine große Zahl von Konsumvereinen und auch eine große Zahl ländlicher Produktiv- und Konsumvereine, mit einer sehr hohen Umsatz-Ziffer. Im Gegensatz hierzu sind in den Städten die Konsumvereine sehr wenig zahlreich und wenig bedeutungsvoll; ich glaube, daß es in Kopenhagen nur einen einzigen giebt, außer einigen Genossenschafts-Bäckereien, einigen Bau-Genossenschaften und einigen Arbeiter-Vereinen auf Aktien. Dieses Ueberwiegen der ländlichen Distrikte und der Landwirthschaft im Genossenschafts-Wesen hat natürlich seine Gründe, welche von 2 Umständen herzuleiten sind.

Die dänische Gesetzgebung giebt den Kaufleuten und Gewerbetreibenden der Städte gewisse Privilegien und zwar in der Art, daß Niemand irgend ein Gewerbe ausüben darf innerhalb eines Umkreises von 7 Meilen um den Markt der nächsten Stadt oder doch für gewisse Arten von Waaren für einen Umkreis von $4^1/_2$ Meilen. Der Zweck dieser Maßregel ist, um jede Stadt eine neutrale Zone zu bilden, innerhalb welcher die Landbevölkerung von den Händlern in der Stadt abhängig ist. Ein natürliches Hülfsmittel hiergegen war die Gründung von Genossenschaften, denn da diese nicht als Kaufleute anzusehen sind, weil sie nicht verkaufen sondern nur an ihre Mitglieder vertheilen, konnten sie in dieser neutralen Zone existiren. Unter 829 Genossenschaften in den ländlichen Distrikten die 1898 bestanden, finden sich 470 in diesen sogenannten neutralen Zonen. Die 133 Genossenschaften, welche auch mit Nichtmitgliedern Geschäfte machen, haben nothwendigerweise ihren Sitz außerhalb dieser Zonen.

Ein anderer Grund, der bewirkt, daß die dänische Landbevölkerung auch gern die Vortheile der Genossenschafts-Bewegung in allen ihren Formen sich zu Nutze macht, liegt in der hohen Stufe von Ausbildung, welche die Landbevölkerung aus den höheren Volksschulen schöpfen kann. Es ist außer Zweifel, daß die Konsumvereine gut existiren könnten, zum Wenigsten in Kopenhagen; aber man muß bedenken, ob die Bevölkerung, die ihren Vortheil davon ziehen soll, genügend vorbereitet ist, um die Vortheile des genossenschaftlichen Zusammenschlusses zu begreifen. Es ist klar, daß die Produktiv-Genossenschaften sich verschiedene Gewerbezweige dienstbar machen können, besonders den Häuserbau; aber bis heute hat man über diesen Punkt noch keine Studien gemacht.

a) Konsumvereine. 837 (133), welche fast alle in den ländlichen Distrikten existiren.

b) Produktiv-Genossenschaften. 1025 Milch-Genossenschaften, fast alle in ländlichen Distrikten.

25 Speckbereitungs-Genossenschaften, fast alle in Städten, aber gegründet durch Landpächter.

Mehrere Genossenschafts-Bäckereien in den Städten und auf dem Lande.

c) Einkaufs-Genossenschaften zur Lieferung von Nahrungsmitteln, künstlichem Dünger und Sämereien.

Es giebt hiervon eine ganze Anzahl unbedeutender Genossenschaften, aber auch einige von erheblicher Bedeutung. Augenblicklich zeigt sich eine Bewegung dahin, eine kleine Zahl von großen Genossenschaften zu gründen und die kleinen zu unterdrücken.

d) Groß-Einkaufsgenossenschaften. Verband der dänischen Konsum-Vereine.

Dieser hat eine große Aehnlichkeit mit der englischen Groß-Einkaufsgesellschaft; der Geschäftsbetrieb ist wie der einer Einkaufsgenossenschaft für Nahrungsmittel, Sämereien und Dünger.

Die Genossenschaft der Grafschaft Ringkbing hat 32 Zweiggeschäfte und zählt 6000 Mitglieder. Sie liefert ebenfalls Nahrungsmittel, Sämereien und künstlichen Dünger.

Die dänische Eier-Export-Genossenschaft hat 400 Zweiggeschäfte, besitzt mehrere Groß-Etablissements für das Auslesen und Verpacken der Eier und zählt 22000 Mitglieder.

Es giebt außerdem einen großen und mehrere kleine Verbände von Milch-Genossenschaften.

e) Verschiedene Genossenschaften. Es existirt eine große Zahl anderer Vereine, die mehr oder weniger genossenschaftlicher Natur sind und ein Ziel haben, das dem der französischen ländlichen Syndikate ähnlich ist: es ist nichts Seltenes, daß ein dänischer Landmann Mitglied von 10 Genossenschaften, außerdem noch Mitglied eines Pächterklubs oder eines Ackerbau-Vereins ist.

Er stellt seine Milch vor das Gebäude seiner Pächterei auf, wo sie ein Angestellter der Genossenschaft zweimal am Tage abholt. Er schickt seine Eier nach dem Zweiggeschäft der dänischen Eier-Export-Genossenschaften; er schickt seine Schweine nach dem genossenschaftlichen Etablissement für Speckbereitung. Er kauft seine Spezerei-Waaren und Drogen in genossenschaftlichen Magazinen, seine Stuten werden gedeckt von Hengsten, die der Genossenschaft zur Verbesserung der Rassen gehören, er engagirt in Gemeinschaft mit andern Pächtern einen Sachverständigen zur Analyse der Milch, die jede seiner Kühe liefert, er kauft seinen Dünger und sein Viehfutter durch Vermittlung einer Genossenschaft; er kann außerdem noch Mitglied einer Schweinezüchter-Genossenschaft und einer Genossenschafts-Bäckerei sein. Jede dieser genossenschaftlichen Unternehmungen ist völlig unabhängig von der andern, denn mehrere Pächter können Mitglieder mehrerer Genossenschaften oder selbst aller der genannten zu gleicher Zeit sein. Die Thätigkeit des Vorstandes und der Verwaltung ist selten besoldet, denn eine Anzahl großer und kleiner Pächter opfern ihre Zeit und widmen sie dem Fortschritt einer genossenschaftlichen Institution, die sowohl ihnen wie ihrem Lande zu großem Nutzen gereicht.

Bericht Finlands,

erstattet von Dr. Hannes Gebhard, Dozent der Landwirthschaft an der Universität in Helsingfors.

In Finland, wie fast überall, hat der Zusammenschluß der Landwirthe zunächst die Form von Ackerbau-Vereinen angenommen, die gegründet wurden, um der Landwirthschaft aufzuhelfen und vor allem ihr die Fortschritte in der Technik zukommen zu lassen. Der erste dieser Vereine, der Königliche landwirthschaftliche Verein, wurde gegründet gegen Ende des 18. Jahrhunderts, das heißt zu einer Zeit, wo überall in Europa die Regierung sowohl wie das unterrichtete Publikum Interesse am Ackerbau und an der ländlichen Bevölkerung nahmen. Der Verein hat einen erheblichen Einfluß auf die Ausbreitung der Landwirthschaft gehabt, er hat z. B.

in unserm Lande die Kartoffelzucht die Flachszucht, und die Kleezucht eingeführt. Nach dem Beispiel dieses Vereins haben sich in der Folge noch andere gegründet, die aber ihre Thätigkeit auf eine Provinz beschränken. Sie haben häufig den Anstoß zu nützlichen Unternehmungen gegeben, haben auch eine Menge zweckmäßiger Maßregeln zur Hebung der Landwirthschaft getroffen und haben allgemein über die Interessen derselben gewacht. Man veranstaltet jedes Jahr Ausstellungen und Zusammenkünfte, man vertheilt Bücher, man entschädigt in guten Jahren die Mißerfolge der schlechten, man sorgt für Verbesserung des Gesundheitszustandes in sumpfigen Gegenden und man sorgt für einen Viehstand erster Klasse; man richtet Stationen ein für die Kontrole der Sämereien und der Milch, man stellt Lehrer der Landwirthschaft an, ferner Wanderlehrer in der Gärtnerei, der Forstwirthschaft, Lehrer in der Zucht von Runkelrüben und in der Milchverwerthung u. s. w. Diese Ackerbauvereine werden unterhalten von jährlichen Beiträgen von Personen, welche sich für den Ackerbau interessiren und ferner durch Subventionen seitens des Staates, welcher zu diesem Zweck 200 000 Frcs. gewährt hat.

In der letzten Zeit haben sich theils als Sektionen der Provinzial-Vereine, theils als unabhängige Vereine kleinere Verbände gebildet, welche eine oder zwei Gemeinden umfassen und sich Vereine der Landleute nennen und welche sich zusammensetzen aus den kleinen Landwirthen.

Man kann feststellen, daß, wo es darauf ankommt, die technischen Fortschritte der Landwirthschaft nutzbar zu machen, es die großen Gutsbesitzer und die gebildeten Klassen sind, die diesem Ziel ihre Thätigkeit widmen, und daß das Werk im Ganzen nur langsam fortschreitet. Um die ganz kleinen Besitzer hierfür zu gewinnen, brauchte man Maßregeln, welche sich direkt auf die unmittelbaren Interessen des kleinen Landwirths beziehen. Es ist erforderlich, daß diese kleinen Landwirthe die Möglichkeit einsehen, ihren eigenen Wohlstand durch den Zusammenschluß zu heben und daß ihre Wirthschaft einen Vortheil von der Association hat. Keine andere Form der Vereinigung kann ihnen dies vor Augen führen, als die moderne und so unerschöpfliche Form der Genossenschaft.

Die Genossenschafts-Bewegung unter den Landbewohnern Finlands ist wohl der Aufmerksamkeit werth. Im Anfang sehr schwach, ist sie heut das Objekt des Interesses sowohl der Einzelnen als des Staates.

Die im Jahre 1899 getroffenen Maßregeln zur Russifizierung unseres Landes sind es gewesen, welche alle die eingeschläferten Kräfte erweckt haben, und sie aufgerufen, alle Kräfte einzusetzen zum Wohl unserer Nation sowohl vom wirthschaftlichen als vom intellektuellen Gesichtspunkte aus. Es war das Jahr, welches die Genossenschafts-Bewegung in Finland zur Entstehung brachte.

Dennoch haben die Finländer, denen die Skeptiker und die Gegner der Genossenschaft jegliche Begeisterungsfähigkeit für die genossenschaftlichen Ideen absprechen, schon seit unvordenklichen Zeiten genossenschaftliche Unternehmungen gegründet und fortgeführt, welche ihnen eigenthümlich sind und welche Aehnlichkeit haben mit dem Gesetz zur Käsebereitung in den französischen und schweizerischen Bergen. Das „Kirchenschiff" ist zum Beispiel eine Bethätigung der genossenschaftlichen Idee. Mehrere Höfe thun sich zum Bau und zur Unterhaltung eines gemeinsamen Schiffes zusammen, welches 40—50 Personen faßt und mit welchem sie gemeinschaftlich zur Kirche fahren. Der Theil, den jede Familie bezahlt, steht im Verhältniß zu der Zahl der beförderten Personen — in diesem „Land der tausend Seen" ist das Wasser das gewöhnlichste Beförderungsmittel. Eine andere Bethätigung derselben Idee ist der Zusammenschluß mehrerer Nachbarn zum gemeinschaftlichen Halten eines Fischnetzes, oder zur gemeinschaftlichen Aberntung des Getreides und Heues. Alle diese natürlichen Genossenschafts-Verbindungen sind nach und nach verschwunden.

Seit langer Zeit ist der größte Theil der Molkereien auf genossenschaftlichen Grundlagen organisirt. Der Butterexport ist ein sehr beträchtlicher, wenn man die Größe des Landes und die geringe Zahl seiner Einwohner bedenkt (im Jahre 1897 14,5 Millionen kg). Der Mangel eines Genossenschafts-Gesetzes hat bewirkt, daß die genossenschaftliche Bewegung sich nach außen der Form von Aktien-Vereinen bedienen mußte. Aber es handelt sich hierbei nicht allein um die Form, denn diese sogenannten genossenschaftlichen Unternehmungen haben allmählich ihren wesentlich genossenschaftlichen Charakter verloren. Hier und dort sind auch von den Ackerbau-Vereinen oder von Groß-Grundbesitzern gemeinschaftliche Einkäufe organisirt worden. Aber diese vereinzelten Unternehmungen, diese pseudo-genossenschaftlichen Vereinigungen dürfen von keinem andern Gesichtspunkte betrachtet werden, als daß sie den Ackerbauern eine dunkle Idee von dem Charakter und den Zielen der wahren genossenschaftlichen Bewegung gegeben haben: man hatte bis dahin keinen Begriff von den Vortheilen, welche die Landwirthe aus einer weiteren Anwendung der genossenschaftlichen Ideen ziehen können und von dem Gefühl der Solidarität, welches aus einem genossenschaftlichen Zusammenschluß für die einzelnen Mitglieder folgt. Noch weniger natürlich war man im Stande, die ethischen Seiten des Genossenschafts-Wesens zu begreifen.

Diese primitiven Versuche, die aber immerhin Zeugniß ablegen von der Möglichkeit einer Ausbreitung der genossenschaftlichen Ideen, charakterisiren die Zeit, wo zum ersten Mal — es war 1895 — die Idee des modernen Genossenschafts-Wesens mit ihren Resultaten, soweit sie sich auf den Ackerbau beziehen, dem Publikum mit einer Serie von Vorträgen vorgeführt wurden, welche Dr. Hannes Gebhard, Dozent der Landwirthschaft an der Universität, hielt. — Diesem Kursus wohnten 800 Personen aus allen Theilen des Landes bei und unter diesen Zuhörern hat die genossenschaftliche Idee ihre ersten Freunde gefunden.

Das Genossenschaftswesen that einen weiteren Schritt zu seiner Realisirung, als zwei Jahre später einige Groß-Grundbesitzer, die die Genossenschaft im Auslande kennen gelernt hatten, in Helsingfors die landwirthschaftliche Genossenschaft „Labor" gründeten, welche den gemeinsamen Einkauf von Rohstoffen und auch sonst das Gedeihen der Wirthschaften im Auge hatten. Diese Vereinigung hat nicht viel Anziehungskraft gehabt, aber sie ist bestimmt, in eine landwirthschaftliche Central-Genossenschaft umgewandelt zu werden, sobald die Genossenschafts-Bewegung an Ausdehnung gewonnen haben wird.

Das große Publikum hat das Genossenschaftswesen erst 1899 kennen gelernt, als die beiden ersten Werke darüber erschienen. Diese beiden Werke wurden fast zu derselben Zeit veröffentlicht und sind geschrieben von zwei Männern, die ihre Studien auf dem Kontinent betrieben haben und einsahen, daß die Genossenschafts-Bewegung eine der interessantesten Erscheinungen unseres sozialen und wirthschaftlichen Lebens ist. Das eine dieser Werke, geschrieben von dem Advokaten Axel Granstroem behandelt speziell den genossenschaftlichen Zusammenschluß der industriellen Arbeiter, ebenso auch die genossenschaftliche Gesetzgebung, beides vom historischen Standpunkt aus. Das andere Werk, 500 Seiten stark, dessen Autor Dr. Gebhard ist, enthält eine systematische Beschreibung des ländlichen Genossenschaftswesens und behandelt die Erfahrungen, welche bisher in verschiedenen Ländern, in Frankreich, in Deutschland, in der Schweiz und in Dänemark gemacht worden sind; das Buch ist nicht allein auf Grund von bereits erschienenen Schriften geschrieben, sondern es berichtet auch über die Instruktionen, die sich in genossenschaftlichen Zeitschriften fanden, über die Verhandlungen auf Kongressen und über die Jahresberichte der großen genossenschaftlichen Vereinigung der gesammten Länder. Was insbesondere die Genossenschafts-Frage in Frankreich anbetrifft, so sind es die berühmten Werke der Graf von Rocquigny, Durand, Rayneri, Rostand, Gide und Anderer, auf die das Buch Gebhards sich stützt. Diese beiden Schriften haben auch das Verdienst gehabt, daß die Regierung auf den Mangel eines Genossenschafts-Gesetzes aufmerksam gemacht wurde. Aus dieser Veranlassung hat die Regierung die beiden Autoren veranlaßt, einen Gesetz-Entwurf auszuarbeiten, unter Zuziehung eines bekannten Juristen, des Senators Serlachius. Dieser Entwurf ist in diesem Jahre vom Landtag angenommen worden.

Da Finland ein Land ist, in dem 75 % der Bevölkerung Ackerbau treiben, war es das ländliche Genossenschaftswesen, mit dem sich die begeisterten Verfechter der Genossenschafts-Sache besonders beschäftigten. Hier ereignete sich etwas, was sich sonst wohl kaum finden wird: die ersten Apostel der neuen Idee, die sie unter den Landleuten verbreiteten, waren nicht die einzelnen Landwirthe, auch nicht die Ackerbau-Vereine, auch nicht die landwirthschaftlichen Lehrer sondern die Studirenden. Seit Jahrzehnten geben sich die Studirenden, jeder in seinem Geburtsland, mit Begeisterung der Volks-Erziehung hin. Die Angriffe auf unser Land von russischer Seite haben die Thätigkeit in dieser Beziehung verstärkt und das Unglück, das die Landwirthe verfolgt: das sich stets erhöhende Militär-Budget, eine starke Auswanderung unter den Landwirthen, die Hungersnoth in gewissen Gegenden in Folge von Ueberschwemmungen und Frösten, kurz dies alles hat den Studirenden gezeigt, daß nicht trockene Theorie genügt, sondern daß das Wohl des Volkes abhängt von der Entwickelung des Gefühles der Solidarität und der Unabhängigkeit der Landbevölkerung. Man fand in dem genossenschaftlichen Zusammenschluß innerhalb der Landwirthschaft ein fruchtbares Mittel, die Nation innerlich zu stärken und die zerstreuten Kräfte zu vereinigen. Um sich auf diese Ferienarbeit im Interesse der Landbevölkerung vorzubereiten, haben die Studirenden aller Fakultäten an einem genossenschaftlichen Lehrkurs theilgenommen und sich dann ihren Berufen als Lehrer der genossenschaftlichen Ideen in der Landwirthschaft hingegeben.

Trotzdem darf man dieser Thätigkeit der Studenten keine allzu große Wichtigkeit beimessen: es war auch nur der erste Aufruf, der in unsern weiten Wäldern schnell verhallt war. Die weiteren Apostel der genossenschaftlichen Idee waren einige junge Angestellte der Landwirthschaft, welche seit den letzten Jahren über das Genossenschaftswesen lehrten, indem sie gleichzeitig den Landwirthen Anleitungen über die Technik der Landwirthschaft gaben.

Zur selben Zeit, als sich diese Arbeit zur Erweckung der Geister in der Provinz vollzog, zu der Broschüren, Artikel in Kalendern und die periodische Lokal-Presse beitrugen, beschäftigten sich die Freunde des Genossenschaftswesens und der Landwirthschaft damit, der einmal geweckten Bewegung eine solide und dauerhafte Grundlage zu geben; es gelang ihnen, für ihre Idee eine Menge Personen zu interessiren und sie gründeten 1899 das Gesetz zur Verbreitung der genossenschaftlichen Idee in der Landwirthschaft: den Verein „Pellervo", dessen Präsident Dr. Gebhard ist und dessen Central-Komitee unter seinen Mitgliedern den Dr. Grotenfelt, Professor an der landwirthschaftlichen Hochschule und den bekannten Juristen Baron Wede, Professor an der Universität, zählt.

Dieser Verein hat sich eine hohe Mission auf einem bisher nicht kultivirten Gebiet zur Aufgabe gemacht. Er hat sich zunächst die Aufgabe gestellt: erstens die genossenschaftliche Idee zu verbreiten und die Einrichtung von Lokal-Vereinen zu betreiben; zweitens in der Erwartung eines Genossenschafts-Gesetzes, Ackerbau-Vereine in allen Gemeinden zu gründen nach dem Muster der französischen Ackerbau-Syndikate, um die Erziehung der Landwirthe in dieser Hinsicht zu fördern; 3. soweit das Gesetz es erlaubt, der Gründung von freien Genossenschaften hilfreich zur Seite zu stehen (gemeinschaftlicher Einkauf und Verkauf, Zuchtgenossenschaften, Dreschgenossenschaften u. s. w.); 4. den Plan einer Ausbreitung der Milchgenossenschaften, die so wichtig sind für den finländischen Landwirth, auf der Grundlage von Versuchen zu fördern, die in dieser Beziehung an verschiedenen Orten des Landes gemacht worden sind; 5. die Frage des ländlichen Kredits, die bisher von den Genossenschaften ignorirt wurde, vorzubereiten in der Erkenntniß, daß in Finland, einem so kapitalarmen Lande, der Mangel einer Kreditorganisation ein großes Hinderniß auch für die Einkaufs- und Verkaufs-Vereine ist.

Um diese seine Mission erfüllen zu können, hat der Verein in Helsingfors ein Bureau eröffnet, welches die verschiedenen Vereinigungen zusammenschließen und ein Vermittlungsglied zwischen ihnen und der Geschäftswelt bilden soll. Dieses Bureau dient zu gleicher Zeit der Statistik, der Vermittlung von Nachfrage und Angebot u. s. w.; es liefert Lehrkräfte für die Provinz, welche das System erklären, ferner die Organisation von Lokal-Vereinen in die Hand nehmen, ihnen die Anwendung genossenschaftlicher Methoden klarmachen sollen u. s. w. Bereits ehe diese Beamten ihre Reisen angetreten hatten, war der neue Sekretär des Vereins „Pellervo" auf Versammlungen und Volkszusammenkünften herumgereist, um die neue Idee mittelst Reden und Diskussion bekannt zu machen. Ein sehr ersprießliches Mittel zur Ausbreitung der Idee ist die monatliche Revue, die von dem Verein herausgegeben wird und welche sich hauptsächlich an die Landwirthe wendet. Diese Zeitschrift beschäftigt sich in erster Linie mit der Ausbreitung des Genossenschaftswesens, aber es finden in ihr auch Fragen der landwirthschaftlichen Technik Platz. Die Probenummer erschien in einer Auflage von 100000 Exemplaren und wurde gratis unter den Landwirthen vertheilt. Der unerhoffte Erfolg, den diese Revue gehabt hat, muß dem mäßigen Preis und dem Inhalt zugeschrieben werden. Aber zu gleicher Zeit ist er ein Beweis dafür, daß die Zeitschrift dem Nutzen der Landwirthe dient und daß diese im Stande sind, die genossenschaftlichen Ideen zu erfassen. Obgleich erst 6 Monate seit Erscheinen der ersten Nummer vergangen sind, beziffert sich die Zahl der Abonnenten bereits auf 28000, eine Zahl, welche die Gesammtsumme den Abonnenten sämmtlicher übrigen landwirthschaftlichen Zeitungen des Landes übertrifft.

Der Verein hat auch bereits publizirt oder wird wenigstens noch publiziren andere Schriften genossenschaftlichen Inhaltes, Musterstatuten, Handbücher u. s. w. Unter diesen wollen wir erwähnen Handbücher über Zuchtgenossenschaften, über Milchgenossenschaften, über kommunale Häuserbau-Vereine und ferner ein Handbuch über das neue Genossenschafts-Gesetz, welches eben vom Landtag angenommen wurde.

Diese Unternehmungen sind die permanenten Organe, durch welche der Verein auf sein Ziel hinarbeitet. Man könnte ihnen noch andere hinzufügen, die zwar vereinzelt sind aber dennoch von einer großen Wichtigkeit für die genossenschaftliche Bewegung. Zunächst die Vorträge über das Genossenschaftswesen in der Landwirthschaft, die im Januar in der Hauptstadt stattgefunden haben, um den Bürgern, die sich dafür interessiren, Begeisterung für die große Sache zuzuführen und um Leute zu gewinnen, die auf dem Lande sich zu Verfechtern der guten Sache bereit erklären. Zu diesen Vorträgen waren geladen die Angestellten der alten Ackerbau-Vereine, die Lehrer der landwirthschaftlichen Institute, ferner auch die Landwirthe im Allgemeinen. Unter den 600 Zuhörern bemerkte man nicht allein große und kleine Besitzer, Landwirthschafts-Lehrer und Angestellte der Ackerbauvereine, sondern auch Vertreter der rein geistigen Arbeit, Dozenten an der Universität, Lehrer an Elementarschulen, Pfarrer und eine große Zahl von Studenten, welche die Absicht haben, ihre Propaganda fortzusetzen. Der Inhalt der Vorträge, denen eine lebhafte Diskussion folgte, war etwa folgender:

Der kleine Landwirth und die Genossenschaft; die Einrichtung von Rohstoff-Genossenschaften; die Einrichtung von Zuchtgenossenschaften; die Ackerbau-Vereine und ihr Zweck; die zweckmäßige Einrichtung von Milchverwerthungs-Genossenschaften.

Ich will noch eine Thatsache erwähnen, die vielleicht einzig dasteht in der Genossenschafts-Bewegung und die die Kundgebungen eines patriotischen Gefühles charakterisirt, das häufiger unter dem Druck der gegenwärtigen politischen Ereignisse emporflammt als jemals zuvor: zwei der hervorragendsten Dichter unseres Landes haben zur Entflammung der Begeisterung durch zwei finische Gedichte beigetragen: das eine: „Hand in Hand", das andere „Das Lied des Genossenschafters".

Zur Erreichung der Ziele des Vereins, welche unter den Punkten 4 und 5 aufgeführt sind, hat man ebenfalls umfangreiche Maßregeln getroffen. Um die Formen zu prüfen, welche die pseudo-genossenschaftlichen Molkereien gewählt haben und um auf Grundlage der bisherigen Versuche und mit Hülfe des neuen Genossenschafts-Gesetzes einen Plan für rationelle Einrichtung von Milchgenossenschaften zu fassen, hat der Verein „Pellervo" ein Komitee eingesetzt. Eine andere Maßregel, um die genossenschaftliche Bewegung zu stärken, beruht in den Vorbereitungen zur Gründung einer Central-Kasse der ländlichen Vereine. Der Verein „Pellervo" wählte ein weiteres Komitee von Sachverständigen, welches den Plan für eine Institution ausarbeiten und eine Petition an den Landtag aufsetzen sollte, in welcher eine Staatsunterstützung für die künftige Central-Kasse erbeten wird.

Der Landtag hat den Vorschlag angenommen und es steht zu hoffen, daß der Verein bald an die Gründung dieser Institution gehen kann, die für die Ausbreitung des Genossenschaftswesens so überaus wichtig sind.

Mit Grund fragt man sich, wie es diesem Verein möglich sein wird, alle diese Unternehmungen finanziell zu regeln, da er doch nicht der natürliche Ausgang aller Lokalvereine ist, wie etwa die Central-Union der Ackerbau-Syndikate in Frankreich, sondern da er seine Thätigkeit beginnt wie ein General ohne Armee. Zwei Umstände haben wie durch Zauber die ersten erforderlichen Summen beschafft: Bei den Gründern der Glaube an die genossenschaftliche Idee und bei dem Publikum die edelmüthige Aufopferung für das Volk. Diese beiden Kräfte haben sich gegenseitig unterstützt. Viele Personen, an die sich die Unternehmer gewandt hatten, haben 100, 1000, 2000 Frcs. gezeichnet und die kleineren Zeitungen sind noch viel häufiger. Das freiwillig gezeichnete Kapital würde aber trotzdem nicht genügt haben zur Verwirklichung des weiten Programms des Vereins. Man wandte sich an die Regierung um eine Subvention, indem man auf die Wichtigkeit der genossenschaftlichen Vereinigung für die Landbevölkerung und auf die Nothwendigkeit, diese Bewegung materiell zu unterhalten, hinwies, eine Nothwendigkeit, die sich daraus ergiebt, daß die Bewegung ohne eine starke Agitation keine Fortschritte machen kann, weil bisher noch das Volk die wirthschaftlichen Vortheile des genossenschaftlichen Zusammenschlusses ebenso wie die Grundidee selbst nicht erfaßt. Die Regierung hat in Erkenntniß der Wichtigkeit der Sache die beantragte Unterstützung gewährt: 2000 Frcs. jährlich während 5 Jahren. Diese Subvention hat dem Verein gestattet, seine Propaganda-Thätigkeit mit Energie aufzunehmen. Soviel ich weiß, ist diese Summe größer als die von irgend einer anderen Regierung für ein Ziel reiner Propaganda gewährte und sie ist überdies auch im Verhältniß zu den bescheidenen Finanzen Finlands sehr erheblich. Man fragt sich, ob es möglich ist, daß eine derartige Bewegung, organisirt von den oberen Klassen, Wurzel fassen konnte. Das Resultat einer ähnlichen Vereinigung in Irland zeigt, daß dies möglich ist. Nach dem letzten Geschäftsbericht der irländischen Vereinigung hat sich dort in Folge der Propaganda eine hervorragende ländliche Genossenschafts-Bewegung entwickelt. Bei uns in Finland berechtigt die Art, wie die Landbevölkerung unsere Propaganda aufgenommen hat, zu den schönsten Hoffnungen. Schwer ist es vorläufig noch mit Ziffern aufzuwarten. Erst vor 9 Monaten wurde der Anfang gemacht und der Verein mußte einen großen Theil dieser Zeit auf seine innere Organisation verwenden, wenn er auch nach außen eine intensive Thätigkeit gleichzeitig entwickelte. Da es ein Genossenschafts-Gesetz vorläufig noch nicht giebt, glaubte man richtig zu handeln, wenn man alle Kräfte zur Gründung von Lokal-Vereinen der kleinen Landwirthe zusammenfaßte, um damit sozusagen eine Schule für die künftigen Genossenschafter zu schaffen.

Die genossenschaftliche Idee hat in Folge der Propaganda bereits Fuß gefaßt. Es giebt kaum ein ländliches Fest oder eine Zusammenkunft mehr ohne einen Vortrag über das Genossenschaftswesen, worüber dann gut oder schlecht diskutirt wird; die Presse und das große Publikum zeigen ihre Sympathien für das Genossenschaftswesen; natürlich, wie dies auch in andern Ländern ist, machen seine Gegner ihre Argumente geltend. Von allen Seiten verlangt man die Wanderlehrer des Vereins; das Bureau ist mit Arbeit überhäuft; die Landwirthe vereinigen sich mehr und mehr zum gemeinschaftlichen Ein- und Verkauf, eine Menge Gestaltungen des genossenschaftlichen Geistes treten hervor, verschieden je nach den örtlichen Verhältnissen (z. B.: genossenschaftliche Vereinigungen zur Gewinnung und Verarbeitung von Torf und zum Holzverkauf); überall werden Lokal-Vereinigungen kleiner Landwirthe gegründet — die 9 Monate der Thätigkeit des Vereins haben ungefähr 150 derselben entstehen sehen — jeder Tag führt hunderte von Abonnenten der Zeitschrift des Vereins zu und mit ihnen ebensoviel Anhänger der genossenschaftlichen Idee. Um zum Schluß zu kommen, das große Publikum begrüßt in dem vom Landtag angenommenen Genossenschafts-Gesetz eines der bedeutendsten Gesetze; ebenso wird die Petition zu Gunsten einer Staats-Subvention für die Central-Kasse der ländlichen Vereinigungen unterstützt. In wenig Jahren wird die genossenschaftliche Bewegung auch bei uns in Finland eine Quelle für die innerliche Erstarkung der Nation sein.

Spanien.

Spanien hat keinen Bericht, sondern nur eine Liste der zur Zeit bestehenden Genossenschaften geliefert. Hier soll die derselben entnommene Zusammenstellung nach Provinzen gegeben werden.

Provinzen	Konsumvereine	Kreditgen.	Produktivgen.	Baugen.	Zusammen
Alava	1	—	—	—	1
Albacete	3	2	—	—	5
Alicante	13	—	—	—	13
Almeria	2	—	—	—	2
Avila	—	—	2	—	2
Badajoz	1	1	—	—	2
Baleares (Islas)	9	—	3	—	12
Burgos	1	1	—	—	2
Cadiz	5	—	—	—	5
Castellon	—	—	1	—	1
Catalunna (Barna, Gerona Levide y Tarragone)	110	—	11	—	121
Cordoba	—	1	—	—	1
Corunna	3	—	—	—	3
Guipuzcoa	2	—	1	—	3
Huelva	17	—	—	—	17
Jaen	4	—	2	—	6
Granada	1	—	—	—	1
Leon	1	—	—	—	1
Lugo	1	—	—	—	1
Madrid	8	—	3	1	12
Malaga	2	—	2	—	4
Murcia	3	1	—	—	4
Orense	1	—	—	—	1
Oviedo	9	—	—	—	9
Pamplona	1	—	—	—	1
Pontevedra	1	—	—	—	1
Salamanca	1	2	—	—	3
Segovia	—	1	—	—	1
Sevilla	2	1	—	—	3
Toledo	1	—	—	—	1
Valencia	9	2	—	—	11
Valladolid	2	—	—	—	2
Vizcaya	9	—	—	—	9
Zamora	1	—	—	—	1
Zaragoza	1	—	—	—	1
Zusammen	225	12	25	1	263

Bericht Ost-Indiens,

erstattet von Ambika Charan Ukil.

Der Verfasser dieses Berichtes glaubt nicht, daß die genossenschaftliche Idee nach dem Rochdaler System jemals in Indien praktisch bethätigt worden ist, bevor er selbst die ersten Versuche im September 1893 gemacht hat.

Der größte Theil der für die Genossenschafts-Bewegung in Indien maßgebenden Thatsachen ist in Folge dessen innig verknüpft mit den Ereignissen seines eigenen Lebens und ein Bericht über die Ausbreitung des Genossenschaftswesens würde nicht mit Unrecht als das Bestreben, seine eigene Biographie zu schreiben, angesehen werden. Es möge genügen zu sagen, daß er Professor der Philosophie und der National-Oekonomie am Behar National-Kollege zu Bankipur war, bevor er sich mit dem Genossenschaftswesen in dem Lande beschäftigte, wo demselben so viel Schwierigkeiten entgegenstehen. Schon seit mehreren Jahren waren seine Gedanken auf die Möglichkeit einer Verbesserung der wirthschaftlichen Lage der Bevölkerung gerichtet gewesen, und es hatten die Dienste lebhaften Eindruck auf ihn gemacht, welche in dieser Beziehung der genossenschaftliche Zusammenschluß nach dem System von Rochdale leisten kann. Als er von Bankipur aus an die Rochdaler Genossenschaft im Jahre 1893 schrieb und sie bat, ihm Berichte und Statuten-Exemplare einzuschicken, antwortete dieselbe sofort auf sein Begehren. Er arbeitete sodann ein Programm aus, unterstützt in seiner Arbeit von seinem Freund und Kollegen, welcher damals angehender Geistlicher in einer geistlichen Schule war. Sie beschlossen übereinstimmend, ihrer Societät den Namen „Indian Pioneers Company, Limited“ zu geben und sie den Anforderungen der eingetragenen Vereine in Indien anzupassen.

Nach einer anhaltenden Arbeit von mehreren Monaten konnte die „Indian Pioneers Company, Limited“ in gesetzmäßiger Weise am 28. September 1893 gegründet werden. Sie begann ihre Thätigkeit im Oktober desselben Jahres mit dem Verkauf und der Lagerung von Spezerei-Waaren und Oelen. Die 12 Mitglieder, aus denen sie sich zusammensetzte, hatten bis dahin nur theoretische Kenntnisse bezüglich der Geschäfte. Von da ab hat unter beständigem Wechsel die „Pioneers Company“, die die einzige und erste Genossenschaft in Indien war, mit einem Eifer um ihre Existenz gekämpft, der ihres großen Vorbildes der Genossenschaft der Rochdaler Pioniere in England würdig ist.

Folgende Tabelle zeigt die allmähliche Entwickelung der Societät.

Jahr	Betriebskapital	Zahl der Mitglieder	Jahresumsatz	Ausgaben	Gewinn	Abschreibungen	Verluste	Reingewinn
	Rupien		Rupien	Rupien	Rupien	Rupien	Rupien	Rupien
1893–4	1200	14	13 000	1000	900	100	200	0
1894–5	3500	174	23 000	1500	1500	150	150	0
1895–6	4600	199	40 000	1650	2700	200	0	850
1896–7	4800	206	46 000	2040	3400	160	0	1260
1897–8	6000	279	51 000	3725	4800	250	0	850
Zusamm.	20100	—	173 000	9915	13300	865	350	2900

1897 bestimmte der Erfolg der „Pioneers Company“, oder richtiger gesagt die Schwierigkeiten und die Gefahren, die diesen Erfolg begleitet hatten, den Verfasser des vorliegenden Berichts, der damals Direktor des Komitees war, die Organisation eines Systems von Vereinigungen in die Hand zu nehmen, die fähig waren, die genossenschaftliche Idee zu beschützen und auszubreiten. Eine dieser Vereinigungen bekam den Namen „Indian Publication Society Ld“. Sie war gegründet im August 1897 und ihr Ziel war, die klassischen Werke historischen und wirthschaftlichen Inhaltes zu drucken und zu verbreiten und auf diese Weise durch eine fortschreitende Erziehung Jünger der genossenschaftlichen Idee heranzubilden. Die zweite war die „Indian Cooperetive Journal Society“, begründet im Juli 1898; ihr Ziel war, den journalistischen Geist in Indien zu heben und die genossenschaftlichen Prinzipien zu verbreiten besonders dadurch, daß sie Beispiele von thatsächlich erzielten Erfolgen aus dem Ausland vorführte. Diese beiden Vereinigungen haben aufgehört zu existiren nach dem Fortfall der materiellen Unterstützung des Verfassers, der das Werk solange betrieb, als es ihm seine finanziellen Mittel gestatteten. Die dritte genossenschaftliche Institution ist die „**Bengal Press**", die 1892 als Privatunternehmen gegründet war und 1895 von ihrem Besitzer unter die Direktion des Verfassers gestellt wurde, um in eine Genossenschaft umgewandelt zu werden. Die beiden vorgenannten Vereinigungen lassen dort alle ihre Werke drucken, und sie würden, wenn ihre Weiterexistenz möglich wäre, eine erfreuliche Aquisition für die Genossenschafts-Bewegung bilden. Eine vierte Institution dieser Art ist im Jahre 1897 unter dem Namen „**Swadeshi Bandhar**" (**Ld.**) von einigen geistvollen Männern Calcutta's gegründet worden, deren mehrere Grundbesitzer waren; ihr Ziel war die Einrichtung eines Waarenlagers, das den Austausch der Waaren erleichtern und der indischen Industrie durchhelfen sollte. Aber dieser Versuch war ohne die genügenden pekuniären Mittel begonnen worden. Nach einer kurzen Zeit wurden die Geschäfte dieser Vereinigung ebenfalls unter die Direktion der „**Pioneers Company**" gestellt, welche die Existenz der Vereinigung rettete, aber das von ihr erstrebte Ziel auch nicht erreichen konnte.

Folgende Tabelle zeigt die Zahl der Mitglieder der verschiedenen Vereinigungen und den Umsatz ihrer Geschäfte.

Namen der Vereinigung	Zahl der Mitglieder	Zahl der unternommenen Geschäfte	Betriebskapital	Umsatz in 1898/99	Gesammtumsatz bis heute
			Rupien	Rupien	Rupien
Indian Pioneers' Company Ld.	338	1432	8724	51 000	
Swadeshi Bhandar Ld.	21	602	6144	12 475	—
Indian publication Society Ld.	34	601	4605	—	21 332
Indian Cooperative Journal Society Ld.	9	120	560	—	438

Obwohl die Genossenschafts-Bewegung einige Schritte nach vorwärts, allerdings ohne alle Regelmäßigkeit, gethan hat, läßt doch der Mangel einer systematischen Propaganda kaum hoffen, daß eine ernsthafte Betheiligung von Seiten der Bevölkerung zu erwarten ist. Die sozialen und ökonomischen Verhältnisse im heutigen Indien, besonders in Hinsicht auf die in der ganzen Welt bekannten Krankheiten und Hungersnöthe, die so häufig sind und sich auf ganze Provinzen erstrecken, ergeben die zwingende Nothwendigkeit eines genossenschaftlichen Zusammenschlusses zum Zweck ihrer Verbesserung. Es ist noch nicht zu spät, alle Kräfte anzuspannen um das vom Verfasser erstrebte Ziel zu erreichen, der der erste Bannerträger der genossenschaftlichen Idee war und er appellirt an das Humanitätsgefühl, ihm in seinen Bemühungen beizustehen, bevor es zu spät sein wird.

Bericht von Tunis,

erstattet von Dr. Verrier.

Die „**Union phalanstérienne**", deren Delegirter ich bin, hat beschlossen, in Tunis in der Gegend von Béja eine ländliche Genossenschaft unter dem Namen „**Familistère de Béja**" zu gründen, nach den Prinzipien, welche im Familisterium von Guise herrschen.

Zu diesem Zweck ist eine Kommission nach Béja geschickt worden, um einen Vorschlag zu prüfen, den uns Herr Toulmé, Grundbesitzer und Stadtrath in Béja, gemacht hatte.

Es handelte sich um die Pacht oder den Erwerb der Domäne „Sidi-Meimeeh“, 8 Kilometer von Béja entfernt, um dort ein Familisterium zu begründen.

Diese ländliche Domäne, vollkommen bebaut und ins Lagerbuch eingetragen, hat eine Ausdehnung von 277 ha und begreift außer dem Ackerland Betriebsgebäude und Viehställe in sich.

Die „Union phalanstérienne“ glaubt, daß eine Vereinigung von 20 Familien, von denen jede ein kleines Kapital und ihre Arbeitskraft mitbringt, nach den Prinzipien Fourier's genügen würde, um in Béja ein genossenschaftliches Familisterium zu begründen.

Der Rest des erforderlichen Kapitals würde von einer Gesellschaft geliefert, an welcher sich die Union selbst, ihre einzelnen Mitglieder und Menschenfreunde, die sich für die soziale Frage interessiren, betheiligen würden.

Die Union appellirt an die kleinen Grundbesitzer Frankreichs, deren Besitz durch die Theilung nach dem Tode des Familienvaters zerstückelt und nicht mehr hinreichend ist, um seinen Besitzer frei und unabhängig leben zu lassen, und seinerseits eine neue Familie zu begründen.

Die Union läßt auch Fremde zu unter der einzigen Bedingung, daß sie den Prinzipien des Familisteriums von Guise treu anhängen, das heißt der Verbindung von Kapital und Arbeit mit dem Recht der Schwachen auf Lebensunterhalt und der Theilnahme der Arbeiter am Produktionsgewinn.

Alle Vereinsglieder, ohne Unterschied der Nationalität oder der Religion, bilden eine große Familie, in welcher Gleichheit, Gerechtigkeit und ein allgemeines Solidaritätsgefühl herrschen.

Die Kinder der Mitglieder werden im Familisterium erzogen, wie dies auch in Guise der Fall ist, und bilden 2 Klassen: die Kinderschule, welche durch einige Frauen unserer Mitglieder geleitet wird und die höhere Schule, deren Direktion einem geprüften Lehrer anvertraut ist und weiter einem unserer Mitglieder in Hinsicht auf die besonderen genossenschaftlichen Lehren.

Das Leben im Familisterium gewährt einen gemeinschaftlichen Speisesaal, einen Spielsaal, Lesesaal und Unterhaltungssaal, die alle gemeinsam sind, aber ein schönes und geräumiges Zimmer für jede Haushaltung allein.

Alle Mitglieder mit Einschluß der Frauen haben Stimmrecht bezüglich der Wahl der Geschäftsführer, eingeschlossen den Direktor, der soviel als möglich von der Buchführung verstehen muß. Dies hindert nicht, daß von Zeit zu Zeit ein Bücherrevisor zur Revision der Bücher erscheint im Interesse der Aktionäre und der Mitglieder, ohne daß dies auch den leisesten Schatten auf die Geschäftsführung des Direktors werfen könnte.

Man wird unschwer den wirthschaftlichen Nutzen einsehen, der sich aus einem solchen System erzielen läßt, da einfach an Stelle von 20 Haushaltungen eine einzige tritt, die einen gemeinschaftlichen Einkauf en gros ermöglicht.

Auf der andern Seite wird die Bezahlung in Folge der Arbeit jedes Mitgliedes unterdrückt und der Preis des Getreides und der anderen Erdfrüchte erheblich erniedrigt.

Auf diese Weise kann man unter den allergünstigsten Bedingungen die Märkte der Hauptstadt beschicken.

Diese Form der ländlichen Genossenschaften, die sich nach dem Ideal Fourier's gestaltet hat, dürfte in kurzer Zeit ihren Mitgliedern ein gutes Auskommen und später ein Glück gewähren, welches sie niemals in ihrem Lande mit vereinzelter Arbeit erreicht hätten.

Die Berichte über die Lage des Genossenschafts-Wesens in den einzelnen Staaten zeigen ein buntes Bild, sie lassen erkennen, wie verschiedenartig das Genossenschaftswesen in den einzelnen Ländern sich gestaltet hat

— aus ihnen ist aber auch zu lernen, daß das Genossenschaftswesen noch eine sehr große Zukunft hat. Es ist hier nicht der Ort, die Zukunft des Genossenschaftswesens zu untersuchen, es mag genügen, darauf hinzuweisen, daß die Frage „wie weit soll und kann überhaupt das Genossenschaftswesen ausgedehnt werden" bereits erörtert wird. Man hat sich bisher in der Regel mit sehr allgemeinen Antworten begnügt, wie z. B. der: „Berechtigt ist die Ausdehnung soweit, als nicht andere volkswirthschaftliche und sozial berechtigte Stände dadurch geschädigt werden", nun, schließlich jede Genossenschaft schaltet Arbeitskräfte aus und schädigt die Personen, die von der Konkurrenz der Genossenschaft betroffen werden. Mit solcher Antwort ist also nichts zu machen.

Auf der anderen Seite redet man das Wort einer organischen Vereinigung der Produktions- und Konsumenten-Interessen mit Hülfe der genossenschaftlichen Organisation, den Syndikaten und Ringen mit der kleinen Zahl von Theilnehmern gegenüber sollen sich Syndikate entgegenstellen, in denen die Produktions- und Konsumenten-Interessen vereinigt sind. Die Einen suchen der Ausbreitung der Genossenschaften Schranken zu ziehen — die Anderen sehen in den Genossenschaften das Mittel zu weitgehend wirthschaftlichen Umwälzungen.

Auf dem Kongreß des Internationalen Genossenschaftsverbandes fiel allgemein auf die Fernhaltung einer großen Klasse von Genossenschaften, der Darlehnskassen nach dem Neuwieder System. Sie haben einen Sonderverband gebildet. Die Kongresse dieses Verbandes haben einen ausgesprochenen konfessionellen und zwar katholischen Charakter. So wurde in den Blättern für Genossenschaftswesen Folgendes über die Gründung dieses Verbandes berichtet (Nr. 41 und 45 v. 1897):

Nach einer Mittheilung des Organs des Verbandes der Raiffeisen'schen Darlehnskassen in Frankreich, dem Bulletin Mensuel, ist bei Gelegenheit des Kongresses der französischen Raiffeisen'schen Darlehnskassen im August d. J. ein Internationaler Verband der Raiffeisen-Kassen begründet; Zweck des Verbandes ist die Lehren Raiffeisen's in allen Ländern zu verbreiten. Nach Art. 2 des Statuts sind Folgendes die Merkmale einer Raiffeisen-Kasse:

1. Die Kasse bezweckt den Mitgliedern moralischen und materiellen Nutzen durch den Kredit zu verschaffen;
2. sie beschränkt ihren Geschäftsbetrieb auf den Bezirk einer Gemeinde oder Pfarrei;
3. die Vorstandsmitglieder verwalten ihr Amt unentgeltlich, nur der Kassirer erhält eine Vergütung, sofern er nicht zum Vorstande gehört;
4. die Mitglieder erhalten keine Dividende;
5. die Haftpflicht der Mitglieder ist die unbeschränkte;
6. die Kasse gewährt nur an Mitglieder den Kredit unter Berücksichtigung ihrer Moralität und Zahlungsfähigkeit;
7. aus dem erzielten Reingewinn wird ein Fonds gebildet, der auch im Falle der Auflösung nicht unter die Mitglieder vertheilt wird.

Für jedes Land wird ein National-Komitee eingesetzt. An der Spitze des Verbandes steht ein Central-Komitee, das aus Vertretern des National-Komitees zusammengesetzt ist.

In den Blättern für Genossenschaftswesen ist wiederholt auf die großen Unterschiede aufmerksam gemacht, die zwischen den französischen und deutschen Raiffeisen'schen Kassen bestehen, so weisen z. B. jene grundsätzlich jede Staatshülfe zurück.

Der Verband der französischen Raiffeisen'schen Kassen hat einen ausgesprochen katholischen Charakter. Der Präsident des Verbandes, Durand, erklärte in seiner Eröffnungsrede bei Gelegenheit des diesjährigen (1897) Kongresses:

„Wir müssen alle unsere Handlungen der katholischen Moral unterwerfen, wir müssen allen unseren Werken den katholischen Geist geben; und wenn wir in die Versuchung kämen, dies zu vergessen, so würde die gewaltige Stimme des Papstes uns zu unserer Pflicht zurückrufen."

Und in dem Kongreß-Bericht der Zeitschrift heißt es:

er hat das Recht der Katholiken bestätigt, katholische Werke zu schaffen.

Der französische Verband der Raiffeisen'schen Darlehnskassen stellt sich in Gegensatz zu den Genossenschaften, die keinen kirchlichen Charakter haben wollen.

Auch die Politik scheint nicht fern zu liegen, nach der recht eigenthümlichen Begrüßung, die der Vertreter des Neuwieder Verbandes, Abbé Müller erfuhr; der Präsident des französischen Verbandes Durand begrüßte ihn in folgender Weise, als er ihm zu einer Rede über Raiffeisen das Wort ertheilte:

„Niemand ist besser dazu geeignet, als der Herr Abbé Müller, um in unserer Mitte dieses große Lebensbild zu entrollen, aber, meine Herren, ich halte an. Ich habe Ihnen den verdienten Präsidenten der Nieder-Elsaß'schen Gruppen nicht erst vorzustellen: er ist nicht unser Gast, der von uns eingeladen ist: in Frankreich ist ein Elsasser immer zu Hause."

Das ist wohl das erste Mal, daß das Genossenschaftswesen im internationalen Verkehr politisch mißbraucht wurde, und es kann nicht energisch genug gegen einen solchen Mißbrauch protestirt werden.

Auch die Raiffeisen'schen Darlehnskassen haben zu Paris einen Internationalen Kongreß abgehalten unter dem Präsidium von Louis Durand; als Vertreter der deutschen Raiffeisen'schen Darlehnskassen waren u. A. anwesend Reichstagsabgeordneter Dasbach und der Vorsitzende der Elsässischen Darlehnskassen Müller, derselbe, von dem wir vorstehend berichteten. Der Präsident Durand eröffnete den Kongreß mit einer Rede, in der er u. A. Folgendes ausführte:

Raiffeisen ist zu seinen Lebzeiten lebhaft wegen der religiösen Tendenz seines Werkes angegriffen worden, seine Schüler haben noch weniger eine Kritik vermeiden können. Doch es ist gut, es ist nöthig, daß wir etwas mehr das aussprechen, was wir denken, was wir fühlen, was wir sind. Wir achten jede ernste Mahnung, wir erkennen Jedem das Recht und die Pflicht zu, seinem Gewissen zu folgen, und wenn einer aus Ueberzeugungstreue glaubt, neutrale Vereine gründen zu müssen, die sich von jedem religiösen Einfluß fern halten, so wird keiner von uns ihn deshalb tadeln, daß er nach seinem Pflichtbewußtsein gehandelt hat.

Ganz besonders in unserm Verband der französischen Kassen drängen wir Niemandem etwas auf, unsere Stellen sind offen für alle wohlwollenden Menschen und wir verlangen von ihnen keine Rechenschaft über den Geist, der in ihren Werken herrscht.

Aber diese Achtung, welche wir jeder ernsten Ueberzeugung entgegenbringen, wir verlangen sie energisch auch für uns, ganz besonders für die katholische Ueberzeugung.

Wir, wir Katholiken, wollen dieselbe Freiheit für uns haben, die wir andern zuerkennen, auch wir wollen unsere Handlungen in Uebereinstimmung setzen mit unseren Prinzipien und Ueberzeugungen.

Aber es scheint für gewisse Leute sehr schwer zu sein, die Freiheit des andern anzuerkennen.

Die belgischen und italienischen Katholiken haben katholische ländliche Kassen gegründet und man tadelte sie, weil sie konfessionelle Werke geschaffen hatten.

Raiffeisen andererseits, der Protestant war, hat Kassen gegründet, in welchen Katholiken und Protestanten in die freundschaftlichsten Beziehungen traten: ist er deshalb der Kritik entgangen? Hat man ihm nicht aus seinem christlichen Geiste einen Vorwurf gemacht? Schmeicheln wir uns doch nicht mit der eitlen Hoffnung, die Kritik durch Zugeständnisse zum Schweigen zu bringen: gehen wir unsern Weg und lassen wir die Freiheit unseres Gewissens respektiren.

Denn die Freiheit des Gewissens setzt nicht allein die Möglichkeit, einen bestimmten Kultus zu treiben, voraus, sie setzt nothwendig auch voraus die Freiheit, unter allen Umständen unsere Pflicht zu thun. Unser Gewissen legt uns nicht allein bestimmte Pflichten an bestimmten Tagen auf, sondern es muß alle unsere Handlungen beherrschen, denn wir werden eines Tages über alle unsere Handlungen Rechenschaft ablegen müssen.

Wir glauben, daß das Moral-Gesetz sich auf 2 wesentliche Vorschriften zurückführen läßt: einmal Gott lieben und sodann seinen Nächsten lieben. Aber es würde schlecht seinen Nächsten lieben heißen, wenn man sich ausschließlich durch materielle Interessen einnehmen ließe and jenes Gefühl vernachlässigte, welches in den Augen der Christen alle anderen überwiegen muß.

Die wahre christliche Liebe beschäftigt sich nicht ausschließlich mit den zeitlichen Bedürfnissen, sie umfaßt den ganzen Menschen, sie sieht in ihm nicht nur ein lebendes Wesen, sondern sie sieht in ihm eine Seele, geschaffen nach dem Ebenbilde Gottes, die dürstet nach der ewigen Gerechtigkeit und Wahrheit.

Und da wir die Möglichkeit haben, diese leidenden Seelen zu den Quellen des Lebens zurückzuführen, da unser Werk uns das Mittel giebt, sie aufzuklären und sie zu stärken, wie könnten wir die Schwäche haben, dies Werk seiner moralischen und religiösen Pflichtbarkeit zu entkleiden, um es lediglich auf eine Sorge für materielle Interessen herab zu drücken.

Es handelt sich darum, ob unser Werk mehr oder weniger einen religiösen Mittelpunkt hat, es handelt sich darum, ob ein sozialer Organismus unter unsern Händen dahinstreben soll, die Seelen zu erheben, oder ob er sie dem Materialismus ausliefern soll, der sich unserer bemächtigt: es handelt sich darum, ob über einer Einrichtung der Wohlfahrt die Fahne der Indifferenz oder die Standarte des Kreuzes wehen soll. Jedem steht die Wahl frei, ich habe aber bereits gewählt.

Wir werden niemals zustimmen, daß Gott in unsern Vereinigungen eine unbekannte Größe ist, wir werden niemals zustimmen, ihn zu verbannen als eine Brandfackel des Zwiespalts, die den sozialen Frieden stört. Wir wollen im Gegentheil, daß er unsere Vereine ganz erfüllen, daß er in ihnen herrschen wird, denn in ihm allein liegt ihre Zukunft.

Hier liegt die Pflicht jedes Katholiken oder besser gesagt, die Pflicht aller, die einen ernsthaften Glauben haben. Ohne Zweifel können sie je nach den Umständen den Bedürfnissen und Gewohnheiten des Volkes die äußere Form des christlichen Charakters ihrer Werke ändern: hier werden sie direkt konfessionelle Vereine gründen, dort werden sie sich darauf beschränken, im Allgemeinen ihnen eine christliche Leitung zu sichern. Ueberall werden sie sich bestreben müssen, allen gegenüber nach Möglichkeit die entgegenkommende christliche Liebe zu beweisen.

Niemals aber werden sie damit einverstanden sein, daß ihre Werke nach dem Kraftworte Leo's XIII. degeneriren und zu dem Rang von Vereinigungen hinabsinken, in denen die Religion keinen Platz hat, niemals werden sie zustimmen, mit eigener Hand die Flagge zu streichen, die zu vertheidigen ihre Pflicht ist.

Niemals werden sie sich mit Männern vergleichen, welche sie daran hindern wollen, ihr Gewissen zu beherrschen und ihre Pflicht, ihre ganze Pflicht, zu erfüllen.

Diejenigen aber, welche, obwohl sie unsere Meinungen nicht theilen, doch unsere Pflicht achten, wie wir die ihre, diesen loyalen und ernsthaft denkenden Männern, welche andere Vorbilder und ein anderes Ideal verfolgen, ihnen reichen wir von Herzen die Hand.

Sie denken anders wie wir, aber was machen die Irrthümer aus, die uns trennen, da wir doch vereinigt sind in dem Streben nach dem Guten. Sie haben ein Anrecht auf unsere Achtung und ich würde jedes meiner eigenen Worte tadeln, welches ihren Glauben verletzen und ihr Herz traurig machen könnte. Mögen sie der Stimme folgen, die sie für die richtige halten, wir folgen der unsrigen und jedes Mal, wenn es uns vergönnt ist, mit ihnen zusammen zu treffen, werden wir das vergessen, was uns scheidet, um nur das zu sehen, was uns eint.

Und Gott sei Dank, diejenigen, welche das Werk Raiffeisen's begriffen haben und lieben, haben ein gemeinsames Ideal, welches trotz dieser Verschiedenheiten unsere Herzen in Uebereinstimmung schlagen läßt.

Glauben Sie mir, meine Herren, es ist eine große Sache, den Fortschritt auf das Land zu tragen, den Arbeitern zu helfen und ihre Leiden zu lindern.

Aber es ist auch eine große Sache, sie zu lehren, sich selbst aufzuraffen und nicht auf Almosen zu zählen, mögen sie auch vom Staate kommen, sondern auf ihre eigene Energie und Manneskraft.

Es ist eine große Sache, sie zu vereinigen, nicht durch vorgespiegelte Güter, sondern durch ein Solidaritätsgefühl, das einen herrlichen Sieg über den Egoismus und den Individualismus bedeutet.

Es ist eine große Sache, ihnen den praktischen Werth der Tüchtigkeit und der Tugend vor Augen zu führen.

Es ist eine große Sache, ihnen zu zeigen, daß sie nicht allein sind in ihren Schmerzen und daß Freundeshände sich den ihrigen entgegenstrecken.

Und wenn wir sehen, wie die Ernten besser werden in den Ländern, denen der Kredit aufgeholfen hat, die bestellt sind mit unseren gemeinschaftlichen Maschinen, die einen Viehstand besitzen, den wir ihnen besorgt haben, wenn wir sehen, wie die Wohlhabenheit an den Orten herrscht, die früher das Elend gekannt haben, wenn wir die Zufriedenheit aus den Augen strahlen sehen, die früher mit Thränen gefüllt waren, dann werden wir unsere erste und beste Genugthuung finden in dem schönen und stärkenden Gedanken:

„Diese Menschen haben wir reicher gemacht, als andere Wohlfahrtseinrichtungen es vermocht haben; aber noch mehr, wir haben sie besser gemacht, wir haben sie glücklicher gemacht."

Einer sich hieran anschließenden Rede von Müller entnehmen wir folgende Stelle:

Raiffeisen sagt: Der weltliche Geist, der Geist des Egoismus, des Luxusfieber (**auri sacra fames**), dieses Kämpfen um das gegenwärtige Leben, wo man nur danach strebt, sich von den Gütern dieser Erde so viel als möglich zu erraffen, ohne daran zu denken, ob andere dadurch ruinirt werden und in Armuth und Elend fallen — dieser Geist will nichts wissen von einer Verpflichtung, die wir gegen unsere Mitmenschen haben, ohne immer nach Gewinn zu jagen; noch besser, dieser Geist will nichts wissen von einem Solidaritätsgefühl, von einem Einstehen des Einen für die Andern. Unsere Vereinigungen haben das Ziel, diesen weltlichen Geist zu bekämpfen.

Um diesem Gesichtspunkt näher zu treten und unser Vorgehen zu begreifen, bedarf es des Gedankens an unser Lebensende, an die Ewigkeit. Wir wissen, daß unser Erdenleben nur eine Vorbereitung ist, um Rechenschaft abzulegen über das, was wir sind, über das, was wir haben, und über die Art, wie wir von unseren geistigen und materiellen Gütern Gebrauch gemacht haben.

Man muß sich stets zurückrufen, daß unsere Christenpflicht die fundamentale Grundlage unserer Vereinigungen ist und bleibt.

Unser Herr bewahrt uns noch jetzt vor den materialistischen Tendenzen unserer Zeit: „Vor Allem sucht das Himmelreich und seine Gerechtigkeit, dann werdet ihr alles haben was zu diesem Leben nöthig ist."

Unser Herr hat uns auch ein Mittel empfohlen, wie wir in das Himmelreich und zur ewigen Seligkeit gelangen können; es ist dies die Bethätigung des christlichen Glaubens in Ausübung der christlichen Nächstenliebe. Hat er uns nicht gesagt: „Was ihr dem geringsten meiner Brüder thut, das habt ihr mir gethan“?

Wenn man sich stets gedrungen fühlt, auch dem geringsten der Mitmenschen zu Hülfe zu kommen, so wird man stets suchen, auch allen anderen Menschen zu helfen, denen wir wohlzuthun Gelegenheit haben. In unsern Tagen stellt man oft die Behauptung auf, daß am Ende des gegenwärtigen Existenzkampfes es nur noch Millionäre und Bettler geben wird. Wenn es uns durch unsere Vereinigungen gelingen sollte, den Mittelstand zu erhalten, seine Zahl zu vermehren und ihn zu stärken durch die Verbesserung der Lage seiner Mitglieder, so würden wir indirekt denjenigen dienen, die ohne diese Hülfe in schlimme Lage gerathen würden. Wir werden denen zu essen geben, die Hunger haben, und die tränken, welche dürstet. „Das werdet ihr für mich gethan haben“, sagt unser Herr. Nur in dem Gedanken, daß man für ihn, für Gott arbeitet, werden wir die Kraft und die Ausdauer finden, welche nothwendig ist, um sich nicht durch untergeordnete Gedanken des Gewinnes an Ehre oder Geld leiten zu lassen; wir wollen uns nicht zurückweisen lassen durch Kränkungen und Undankbarkeit, nur in dem Gedanken, daß wir für Gott arbeiten, sind wir sicher auf dem Wege der Weisheit und der Wahrheit zu wandeln, und den wahren Geist in unseren Arbeiten zu verfolgen.

Wir haben die Ueberzeugung, daß wir in der Zirkulation des Geldes eine Form für unsere Thätigkeit gefunden haben. Um diese Thätigkeit in Wahrheit ersprießlich zu gestalten, muß sie belebt sein von dem Geiste christlichen Glaubens und christlicher Liebe. Dieser Geist muß Grundlage und Kraftquelle einer unermüdlichen Thätigkeit sein.

Lassen Sie uns niemals vergessen, verehrte Vereinsgenossen, lassen Sie uns unablässig daran denken, daß, wenn wir uns nicht unserer Christenpflicht erinnern, wenn wir uns nicht bestreben, sie ernsthaft zu erfüllen, die Endziele, die sich unsere Leih- und Sparkassen gesetzt haben, niemals erreicht werden; unsere Vereine werden alsdann zu der simplen Kategorie von Geldstellen herabsinken und zu nichts dienen. Gott wolle verhüten, daß sich dies jemals ereignet! Möge der Geist des wahren christlichen Glaubens, der Geist der herzlichen Liebe zu Gott und unserm Nächsten uns zu der festen Hoffnung führen, daß so und nur so wir zu unserm Glück auf Erden und zur ewigen Seligkeit gelangen werden. Wolle Gott, daß dieser Geist uns erfülle, unsere Vereinigungen erfülle und unsere ganze Organisation zu unserm eignen Wohl und zum Wohl unserer Nachkommen!“

Nach diesen Worten, die man in Wahrheit als das Testament Raiffeisen's bezeichnen kann, sind die leitenden Prinzipien oder die 10 Gebote des Raiffeisenmannes die folgenden:

1. Du sollst den Herrn deinen Gott und deinen Nächsten mehr als dich selbst lieben. Folglich sollst du, durch sittliche Arbeit, Gott zu gefallen und deinem Nächsten wohl zu thun, um hier dein Glück und dort die ewige Seligkeit zu erlangen, deine ganze Thätigkeit erheben und heiligen.

2. Die Gefühle der Liebe und Brüderlichkeit, die nicht auf dem Christenthum beruhen sollst du fliehen.

3. Du sollst nie die Raiffeisenbanken als einfache Geld- und Spekulationsbanken betrachten.

4. Du sollst jedes Streben nach einem rein materiellen und persönlichen Profit, jede Befriedigung deiner Eigenliebe, jedes persönliche Vergnügen aber auch jede Entmuthigung vermeiden.

5. Du sollst einem Mitglied, das dich mehr von seiner ehrlichen Gesinnung und von seiner Tüchtigkeit als von seiner Zahlungsfähigkeit überzeugt, ein Darlehen nicht verweigern.

6. Du sollst lange Verfallzeiten und große Zahlungsvergünstigungen gewähren; aber du sollst andererseits festhalten an den Fälligkeitstagen des Kapitals und der Zinsen.

7. Du sollst niemals eine Belohnung fordern (die des Kassirers und die Waarenauslagen und Zeitverluste im Interesse der Organisation sind ausgenommen).

8. Vor allem andern sollst du den Aermsten, der dir seine kleinen Ersparnisse bringt oder dich um Hülfe angeht, hören.

9. Du sollst der Vereinigung gegenüber eine unbeschränkte Haftung, deinem Nächsten gegenüber im Nothfalle eine beschränkte Bürgschaft eingehen; die Bildung von Geschäftsantheilen und den Bezug von Dividenden sollst du peinlich vermeiden.

10. Du sollst einen unantastbaren, unveränderlichen Fonds zum Vortheil der Vereinigung und für allgemeine Nützlichkeitszwecke bilden, ebenso auch einen Reservefonds zur Einrichtung und Erhaltung von Volksschulen und Wohlfahrtsanstalten.

In dem „Bulletin Mensuel de l'Union des Caisses Rurales et Ouvrières" vom Oktober 1900 findet sich eine Aeußerung eines Besuchers des kirchlichen Kongresses zu Bourges. Folgende Stelle aus derselben möge hier wiedergegeben sein.

„Unter den Dingen, mit denen sich der kirchliche Kongreß zu Bourges vom 10. bis 18. September beschäftigt hat, befanden sich in erster Stelle die ländlichen Kassen. Es konnte dies auch nicht anders sein. Die verehrungswürdige Versammlung hatte nach den aus Rom ertheilten Instruktionen als Unterlage für ihre Arbeit die Encyclica vom 8. Dezember vorigen Jahres an die Erzbischöfe und Priester Frankreichs gewählt. In diesem hervorragenden Hirtenbrief Seiner Heiligkeit Leo's XIII. sind die ländlichen Kassen mit Lob genannt als ein Mittel zur Reform der sozialen und ökonomischen Ordnung. Uebrigens ist Seine Heiligkeit der Erzbischof von Bourges dem die Initiative des Kongresses zu verdanken ist, von jeher einer der wohlwollendsten Protektoren des Verbandes ländlicher Kassen gewesen."

„Es steht zu hoffen, daß die zahlreichen Vertreter der Kirche, welche dem Kongreß beigewohnt und die Vortheile der ländlichen Kassen sowie die moralischen und sozialen Prinzipien begriffen haben, denen die Gründung Leo's XIII. und nach ihm die Gründung hervorragender Katholiken zu verdanken ist, sich ans Werk begeben und der Kongreß von Bourges wird auch in dieser Hinsicht wie in soviel anderen, glänzende Früchte getragen haben."

III.

Die Thätigkeit der übrigen Internationalen Genossenschafts-Kongresse wird am leichtesten verstanden, wenn man die Beschlüsse betrachtet, die dort gefaßt wurden. Sie mögen nachstehend folgen:

I. Internationaler Kongreß über Volkskredit.

1. Der genossenschaftliche Kredit spielt in dem wirthschaftlichen Leben eines Landes eine wohlthätige Rolle, indem er die Sparthätigkeit dadurch entwickelt, daß er selbst die kleinsten Ersparnisse an Ort und Stelle sammelt und ihnen gleichfalls wieder an Ort und Stelle eine nützliche Verwendung zum Vortheil der arbeitenden Bevölkerung zuweist; daß er weiter zur Herabsetzung des Geldpreises beiträgt; dazu hilft, vermöge seiner, den gewöhnlichen Banken an Zugänglichkeit überlegenen, Geschäftszweigen, die bescheidensten Bedürfnisse des Personalkredits zu befriedigen, und endlich durch die Vereinigung der finanziell Allerschwächsten eine neue wirthschaftliche Kraft erzeugt.

2. Die Entwicklung des genossenschaftlichen Kredits soll das Werk der Privatinitiative und der freien örtlichen Genossenschaftsthätigkeit sein. Eine Beobachtung der Länder, in welchen er sich entwickelt hat, bekräftigt diese Ansicht.

Die Bildung und die Leitung der Volkskreditgenossenschaften kommt der Privatinitiative zu; die Genossenschaft soll das zu dem Betrieb nöthige Kapital sich selbst beschaffen.

Die Theilnahme des Staates an der Beschaffung solchen Kapitals muß im Prinzip zurückgewiesen werden; doch wünscht sich der Kongreß hierbei nicht in Bezug auf besondere Umstände auszusprechen, welche in dem einen oder dem anderen Lande erheischen mögen, daß dieses Prinzip bei Seite gesetzt werde.

Die Rolle, welche dem Staate in dieser Angelegenheit zukommt, muß sich auf die Erleichterung der Ausdehnung der Volkskreditgenossenschaften, vermöge einer freisinnigen Gesetzgebung, auf Verbreitung der Grundsätze, der Methoden der Genossenschaftsthätigkeit beschränken unter Vermeidung aller Maßnahmen, die die Grundlagen der Genossenschaften, d. h. Privatinitiative, autonome Leitung, Verantwortlichkeit, erschüttern könnten.

3. Der genossenschaftliche Kredit soll nicht den Gegenstand einer besonderen Gesetzgebung bilden, sondern muß seinen Platz in einem allgemeinen Gesetz über die verschiedenen Formen der Genossenschaftsarten mit Hinzufügung einiger speziellen Bestimmungen finden.

Die Grundsätze, welche in der Gesetzgebung über Genossenschaftswesen auf die Kreditgenossenschaft Anwendung finden, sind:

a) Es ist der Genossenschaft möglichst große Freiheit zu lassen, zumal in Betreff der ersten Bildung und mit Bezug auf Veränderungen der Höhe ihres Kapitals, in Bezug ferner auf den Betrieb des Kreditgeschäfts (selbst mit Dritten), auf die Annahme von Depositen und auf die Vereinigung der Genossenschaften zu Verbänden.

b) Es sind die wesentlichen Bestimmungen festzusetzen, welche sich aus dem wirthschaftlichen Wesen der Genossenschaften ergeben, zumal in Bezug auf die Beschränkung des Zinsfußes für Geschäftsantheile und auf die Vertheilung des erwachsenden Gewinnes unter die borgende Kundschaft, sei es auf dem Wege einer Herabsetzung des Zinsfußes für gewährten Kredit oder auf dem der Zurückzahlung eines Theils des Gewinnes an die Borgenden.

c) Die Genossenschaft ist mehr ein Verein von Personen, denn eine Vereinigung von Kapitalien. Damit ist vor Allem der persönliche Charakter der Geschäftsantheile bedingt, auch die Bedingung der Unübertragbarkeit der Geschäftsantheile, die Beschränkung der für jedes Genossenschaftsmitglied zulässigen Anzahl von Geschäftsantheilen und die Beschränkung des Stimmrechts für jedes Mitglied auf eine Stimme.

d) Es ist der Genossenschaft der Charakter einer juristischen Persönlichkeit zuzuerkennen, sobald sie ihr Statut bei einer zuständigen Behörde und unter Beobachtung der festgesetzten Bedingungen für gesetzmäßige Veröffentlichung niedergelegt hat.

e) Es ist ihr möglichste Freiheit in der Wahl zwischen unbeschränkter und mehr oder weniger beschränkter Haftpflicht zu gewähren, und es sind die Wirkungen solcher Haftpflicht, sei es unter Mitgliedern, sei es dritten Personen gegenüber, festzustellen.

f) Es ist ihr die freie Wahl zwischen verschiedenen zulässigen gesetzmäßigen Formen zu lassen, ohne sie zur Annahme der Form einer Handelsgesellschaft zu zwingen.

g) Es sind die Förmlichkeiten bei Bildung der Genossenschaft möglichst zu vereinfachen und die fiskalischen Spesen auf ein Minimum zu beschränken.

Alles dieses mit Vorbehalt irgendwelcher besonderer Bestimmungen, wie sie die in diesem oder jenem Lande verschiedene juristische Auffassungen oder die Sachlage daselbst erheischen können.

4. Die verschiedenen Arten der Genossenschaft sind auf Grund der wirthschaftlichen Grundlagen, welche ihnen zur Basis dienen, und des Zweckes, welchen sie verfolgen, der in der Verbesserung der wirthschaftlichen Lage der Minderbegüterten liegt, als unter sich solidarisch zu erklären. Ihr gemeinsames Interesse ist, unter sich in ein Gegenseitigkeitsverhältniß zu treten und sich gegenseitig zu unterstützen. Die Kreditgenossenschaften sollen in solchem Maße, wie es für sie mit gesunden geschäftlichen Grundsätzen vereinbar ist, Bau-, Produktiv-, Konsumgenossenschaften

Kapitalien zur Verfügung stellen. Die Konsumvereine gehören zu den Kunden der genossenschaftlichen Banken.

5. Angesichts der Thatsache, daß die Genossenschaft von Tag zu Tag eine bedeutendere Rolle in dem wirthschaftlichen Leben spielt, gebührt es sich, zutreffende Ansichten über die beste Organisirung und die praktische Geschäftsthätigkeit der genossenschaftlichen Vereinigungen, und vor Allem der Kreditgenossenschaften, welche das natürliche Antriebs- und Unterstützungsmittel für die übrigen sind, zu verbreiten.

Damit diese Ansichten in die betheiligten Kreise eindringen, empfiehlt es sich, sie wirksam durch besonderen Unterricht zu verbreiten, und zwar besonders auf den eigentlichen Handelsschulen, den Gewerbe- und Kunstschulen, den landwirtschaftlichen Unterrichtsinstituten, den Instituten für höheren Unterricht.

6. Es ist unerläßlich, daß Beziehungen zwischen den genossenschaftlichen Vereinigungen verschiedener Länder angeknüpft und stetig unterhalten werden, nicht nur im Interesse der Genossenschaftsmitglieder selbst, sondern auch behufs Verbreitung der Genossenschaftsidee. Derartige Beziehungen lassen sich vermittelst eines Austausches von Drucksachen, durch die Einsetzung von Korrespondenten, durch einen Austausch von Mittheilungen über die gewerbliche Lage und vor Allem durch geschäftliche Beziehungen herstellen.

7. Die Genossenschaften für Volkskredit in Städten bilden ein Mittel zu wirthschaftlicher Hebung von Arbeitern, Handwerkern und kleineren Arbeitgebern. Als ihr normales Ziel soll die Begünstigung der produktiven Thätigkeit angesehen werden, und sie dürfen sich nur in Ausnahmefällen zu anderen Geschäften hergeben, und zwar auf dem Wege von „Ehrenanleihen" (prêts d'honneur), welche unter der Beobachtung von besonderen mit Umsicht festzustellenden Vorsichtsmaßregeln zu gewähren sind. Diese Genossenschaften können kleinen Arbeitgebern, Handwerkern und Arbeitern gute Dienste leisten, indem sie die Ersparnisse ihrer Mitglieder und die von auswärts anzuziehenden Kapitalien zu mäßigem Preise zur Befriedigung der Bedürfnisse persönlichen Kredits ansammeln, indem sie die Entwicklung kleiner Unternehmungen im Anfangsstadium mit Vorschüssen oder durch Diskontirung von Wechseln zur Ermöglichung der Anschaffung von Rohmaterial oder der Vervollkommnung der Werkzeuge unterstützen, indem sie den Checkverkehr in die Praxis des Kleinhandels und Kleinbetriebes einführen, indem sie Fakturen und Guthaben diskontiren, indem sie den Arbeitern die Sparthätigkeit, welche zur Kreditfähigkeit heranbildet, erleichtern, indem sie Arbeitern und Produktivgenossenschaften Vorschüsse zu mäßigem Zinsfuß und unter der Bedingung allmählicher Abtragung gewähren, — alles dieses unter Beobachtung geschäftlicher Grundsätze.

8. Das zweckmäßigste praktische Mittel, in den Städten die Bildung von Kreditgenossenschaften zu fördern, besteht in einer Propaganda durch Unterricht, Vorträge, Drucksachen zu dem Zweck, die dabei Interessirten von der Nothwendigkeit der Bildung von Kreditgenossenschaften und der bestehenden Möglichkeit, durch sie die Bedürfnisse persönlichen Kredits zu mäßigem Zins und unter Beobachtung geschäftlicher Grundsätze zu befriedigen, zu überzeugen.

9. Die Kreditgenossenschaft vermag den Personalkredit, selbst für die Arbeiter, erreichbar zu machen. Der Kongreß empfiehlt mit Bezug hierauf Folgendes: Vorschüsse in laufender Rechnung an Produktivgenossenschaften, die Diskontirung von Fakturen, welche womöglich durch acceptirte Mandate umsatzfähig zu machen sind, die Diskontirung kleiner verbürgter Arbeiterwechsel, den Verkauf von Arbeitsgeräth zum Selbstkostenpreis gegen monatliche Abzahlungen, Gewährung kleiner amortisirbarer Vorschüsse zu niedrigem Zinsfuß; schließlich aus besonderem Fond, der zu Gunsten der Armen aus dem jährlichen Gewinn zu bilden ist: Gewährung zinsloser oder zu sehr mäßigem Zinsfuß gewährter Ehrendarlehen mit mäßigen Abschlagsrückzahlungen, unter der Voraussetzung, daß diese Darlehen mit Umsicht und, so weit möglich, durch Vermittlung der Arbeiterhülfskassen oder der Gewerkvereine zu gewähren und die Fonds womöglich durch Ausschüsse zu verwalten sind, in welchen das Arbeiterelement vorherrscht.

10. Die Kreditgenossenschaften spielen als Erziehungsmittel und als Mittel

zur Dezentralisirung und zur Anlage der Volksersparnisse in dem Orte, wo sie gesammelt wurden, eine bedeutende Rolle. Durch ihre Vermittlung genügen meist die örtlichen Ersparnisse den Bedürfnissen des Personalkredits, und der örtlich gewährte Kredit führt eine fruchtbringende Thätigkeit des örtlichen Sparens herbei. Eine Grundbedingung für eine gesunde und regelmäßige Entwickelung der Kreditgenossenschaften ist die Freiheit der Sparkassen in der Anlage von Geldern bei den Genossenschaften, die weit entfernt, die Volksersparnisse von ihren naturgemäßen Bestimmungen zu entfernen, die Sparthätigkeit dezentralisirt und ihr gestattet, mit ihren Mitteln in großem Maße den Genossenschaften für städtischen oder ländlichen Volkskredit wirksam zu Hilfe zu kommen.

11. Unter der Herrschaft einer freien, dezentralisirten Anlage der Volksersparnisse vermögen die eigentlichen Sparkassen dem städtischen genossenschaftlichen Kredit einen gesetzmäßigen und wirksamen Beistand in seiner Verbreitung und seinen Ergebnissen zu leisten, sei es durch Ueberweisung von Geldmitteln an Genossenschaften genannter Art zum Zwecke ihrer Beförderung und zur Bestreitung der ersten Organisationskosten, sei es durch Vorschüsse in laufender Rechnung oder durch amortisirbare Darlehen gegen genügende Sicherheit mit Freilassung des Kündigungsrechts. Derartige Beistandsleistungen dürfen indessen einen festzustellenden Verhältnißtheil der Aktiva der Sparkassen nicht überschreiten.

12. Unter der Herrschaft des dezentralisirten freien Anlagerechts vermögen die eigentlichen Sparkassen einen gesetzmäßigen und wirksamen Beistand zur Verbreitung des genossenschaftlichen ländlichen Kredits zu leisten, sei es durch die Zuweisung fördernder Hilfszuschüsse an Genossenschaften dieser Art zur Bestreitung der ersten Organisationskosten oder zur Verbreitung praktischen landwirthschaftlichen Unterrichts, sei es durch Weiterdiskontirung genossenschaftlicher Wechsel, sei es durch Vorschüsse in laufender Rechnung oder vermittelst amortisirbarer Darlehen gegen genügende Sicherheit unter Freilassung des Kündigungsrechts, alles unter Gestattung von Begünstigungen und, soweit möglich, unter Aufsicht der landwirthschaftlichen Syndikate. Derartige Hilfsleistungen dürfen indessen einen festzustellenden Verhältnißtheil der Aktiva der Sparkassen nicht überschreiten.

13. Die leitenden Grundsätze, welche jede städtische Volksbank zu beobachten hat, ergeben sich aus ihrem Zweck, welcher dahin geht, ihren Mitgliedern möglichst billigen Kredit zu verschaffen und sie an die Sparthätigkeit und an die richtige Verwendung ihrer Ersparnisse zu gewöhnen. Diese Grundsätze lassen sich in folgenden Bestimmungen zusammenfassen:

a) Die Mitglieder tragen die Verantwortlichkeit für das Unternehmen, welches ihren Kreditbedürfnissen genügen soll; sie führen die Leitung desselben, übernehmen das entstehende Risiko und ziehen den aus dem Unternehmen erwachsenden Gewinn.

b) Ihre Thätigkeit muß stets mit geschäftsmännischen Grundsätzen im Einklang bleiben.

c) Die Genossenschaft soll selbst den bescheidensten Arbeitern helfen, sei es durch Personalkredit in kleinen Summen, sei es durch Ehrendarlehen, sei es durch Kredite, welche Konsum- und Produktivgenossenschaften eröffnet werden.

d) Sie soll auf dem Wege der Zuweisung möglichst bedeutender Antheile aus den erzielten Gewinnen einen Reservefonds bilden, der zur Kräftigung des Vertrauens bei Leuten, deren Spareinzahlungen gewünscht werden, als Sicherung gegen die Gefahr von Verlusten und zur Vermehrung des eigenen Kapitals der Genossenschaft dienen soll.

e) Die Beschränkung der Zahl der von einem Mitgliede zu erwerbenden Antheile ist nothwendig.

f) Der erwachsende Gewinn ist derart zu vertheilen, daß dem Kapital, der Arbeit und der Intelligenz zugleich Genüge geleistet wird.

g) Die Geschäftsantheile dürfen entweder durch einmalige Zahlung oder durch Abschlagszahlungen gebildet werden.

h) Weitere Geldmittel sind auf dem Wege gemeinsamen Kredits unter Verbürgung aller Mitglieder zu beschaffen.

i) Der Eintritt in die Genossenschaft darf nicht auf eine einzige Berufskategorie beschränkt werden; es ist im Gegentheil wünschenswerth, daß die Berufsarten verschiedenartig sind.

k) Die Genossenschaft soll keinen Immobiliarkredit gewähren und soll Hypotheken nur als Sicherheit für ihre Geschäfte nehmen.

l) Obwohl Darlehen grundsätzlich nur auf kurze Frist zu bewilligen sind, ist doch auch die Tilgung durch Abschlagszahlung zulässig.

m) Durch fortschreitende Entwicklung wird die Genossenschaft zum Banquier für ihre Mitglieder in Betreff aller Geschäfte.

n) Die Genossenschaft soll jedwede Spekulation vermeiden.

14. Behufs Sicherstellung der Geschäfte und als Mittel zur Entwicklung ihrer erzieherischen Thätigkeit ist es wünschenswerth, daß die Genossenschaft bei ihren Mitgliedern auf Haltung einer regelmäßigen Buchführung dringt und solchen Mitgliedern vorzugsweise ihre Dienste gewährt, die dieser Bedingung genügen.

15. Die Statuten einer Volksbank sollen in Gemäßheit der Grundsätze niedergelegt werden, welche für deratige Institute maßgebend sind. Die festzuhaltenden Hauptzüge sind:

a) Es ist in Vereinen mit beschränkter Haftbarkeit ein System zulässig, welches für alle Mitglieder gleiche Antheile bestimmt, indessen gestattet, daß diese Antheile in ungleicher, aber im Maximum beschränkter Zahl von Jedem besessen werden dürfen; in Vereinen mit unbeschränkter Haftbarkeit soll Jedem nur ein einziger gleichmäßiger Antheil zustehen.

b) Es darf kein Mitglied, wieviel Antheile es auch besitzen mag, in den Versammlungen über mehr als eine Stimme verfügen.

c) Durch Zurückhaltung eines Theiles des Gewinnes sind ein oder mehrere Reservefonds zu bilden. Mit solcher Zurückhaltung ist zwangsweise fortzufahren, bis die Höhe des Hauptreservefonds die Hälfte des Kapitals erreicht. Die Höhe der Reserve ist nicht durch Feststellung eines absoluten Maximalbetrages zu beschränken.

d) An dem erzielten Gewinn sollen die Darlehnsnehmer, welche denselben mitgeschaffen haben, im Verhältniß zu ihren mit der Genossenschaft gemachten Geschäften Theil haben, sei es durch Ermäßigung des Zinsfußes für weitere Kredite, sei es durch Rückzahlung eines Theiles des Gewinns im Verhältniß zu den erhobenen Vorschüssen und Diskontirungen.

e) Die dem Kapital zufallende Dividende ist auf einen gewissen Prozentsatz fest zu beschränken, beispielsweise auf 1 pCt. über den für Depositen auf gleiche Zeit gewährten Zinsfuß, unter Vorbehalt des Rechts der Generalversammlung, diese Grenze zu ändern.

f) Es ist wünschenswerth, daß das Geschäftspersonal an dem Gewinn theilnimmt, damit auf diese Weise der Verwaltungsthätigkeit und der Arbeit ein Theil des Gewinnes zugewiesen werde, welchen sie zum Theil erzeugt haben. Es ist ebenfalls wünschenswerth, daß, soweit die Gewinnergebnisse dies zulassen, ein Theil des Gewinnes für Unterrichtszwecke, für sozialen Fortschritt und für Wohlthätigkeitszwecke Verwendung findet.

g) Die Verwaltung muß ermächtigt sein, in dem Maße, wie es der Geschäftsbetrieb verlangt, fremde Gelder heranzuziehen.

h) Es darf nicht nur Genossenschaftsmitgliedern, sondern auch Dritten Kredit gewährt werden, allein mit Hinblick darauf, daß diese Dritten dadurch nach Möglichkeit zur Genossenschaft heranzuziehen sind, und im Uebrigen die Geschäfte mit Mitgliedern stets den Vorzug genießen.

i) Die Bestimmung des Maximalkredits, welcher jedem Einzelnen gewährt werden kann, steht der Generalversammlung zu. Die Gewährung des Kredits muß dem Vorstand überlassen bleiben. Ueber die zu beschaffende Sicherheit, die Dauer des zu gewährenden Kredits, die Ermächtigung, mit Mitgliedern des Vorstandes Geschäfte einzugehen, sind besondere Bestimmungen zu treffen.

k) Die Genossenschaft soll jedwede Spekulation und jedes ein Risiko bedingendes Geschäft vermeiden.

16. Es ist einer der leitenden Grundsätze in Sachen des ländlichen Genossenschaftskredits, daß den örtlichen Bedürfnissen und Umständen gemäß verschiedene Formen der Genossenschaft angenommen werden dürfen.

17. Eine Mischung der Berufsarten in einer Kreditgenossenschaft sichert das finanzielle Gleichgewicht durch Schaffung eines Ausgleichs zwischen den verschiedenartigen Geldbedürfnissen und befestigt den Kredit der Genossenschaft dadurch, daß sie ihr eine besondere Sicherheit verleiht, z. B. im Fall einer Krisis, welche eine besondere Berufsart treffen kann, und erhöht dadurch die Wirkung der Genossenschaft. Der ländliche Kredit läßt sich auch wirksam durch eine Volksbank befriedigen, deren Mitglieder nicht allein aus Landwirthen, sondern auch aus Handels- und Gewerbetreibenden bestehen.

18. Die Genossenschaft Raiffeisen'scher Organisation findet charakteristische Elemente der Sicherheit in dem beschränkten Kreise ihrer Wirksamkeit, in der solidarischen und unbeschränkten Haftpflicht ihrer Mitglieder, in der alljährlichen Bestimmung der Maximalhöhe von Darlehen, der Anleihen und der Depositen durch die Generalversammlung, in der Unterwerfung der Darlehnsgesuche einer sorgfältigen Prüfung in Betreff des Zweckes, in der Untersagung von Dividenden und in der Nichtbesoldung der Verwaltung.*)

19. Die Verpfändung landwirthschaftlicher Erzeugnisse, ohne Entfernung von ihrem Platze, bildet eine nützliche Art des ländlichen Pfandkredits, vorausgesetzt, daß das Gesetz sie in einer Art regelt, welche sie leicht ausführbar und wenig lästig macht. Die Keditgenossenschaften, vor Allem die ländlichen, sind die geeignetsten Organe zur Diskontirung der Verpfändungsscheine (Warrants).

20. Die Verbände von Kreditgenossenschaften sind nützlich zur Verbreitung der Kenntniß der zutreffenden Grundsätze und der besten Wirkungsmethoden der Kreditgenossenschaften, ebenso zur Förderung der Bildung von neuen Genossenschaften, zur Unterstützung der bestehenden durch technischen Rath, behufs Vervollkommnung ihrer Organisation und ihrer Leitung, Erleichterung des Schutzes ihrer gemeinsamen Interessen, Sicherung einer regelmäßigen Thätigkeit durch Ueberwachung, zur Veröffentlichung statistischer Angaben und zur Unterstützung der Ausbreitung der genossenschaftlichen Bewegung.

21. Zu dem Entwicklungswerk ländlicher Kreditgenossenschaften gehört die Anwerbung neuer Mitglieder. Zu diesem Zweck empfiehlt es sich, vor Allem das Eintrittsgeld mit gebührender Rücksicht auf örtliche Verhältnisse möglichst niedrig zu bestimmen, allen Kategorieen der Mitglieder in den leitenden Organen eine Vertretung zuzuweisen, den Genossenschaften einen rein wirthschaftlichen Charakter zu bewahren und aus ihnen Alles auszuscheiden, was dahin führen könnte, daß nur Personen eines besonderen Glaubensbekenntnisses oder einer besonderen Partei Zutritt erhalten.**) Weiter sind von Zeit zu Zeit Ausweise über die soziale Thätigkeit der Genossenschaft zu veröffentlichen, es sind fremde Personen zu den Generalversammlungen der Genossenschaft einzuladen, es sind unter Mitwirkung örtlicher Behörden Wanderversammlungen zur Abhaltung von Vorträgen zu veranstalten, brüderliche Vereinigungen und Feste zu arrangiren und es sind Genossenschaftsmitgliedern nützliche Hilfsdienste zu leisten.

22. Es können landwirthschaftliche Vereine jeder Art, und zumal landwirthschaftliche Berufsvereine, zur Verbreitung und zur ersprießlichen Wirksamkeit ländlicher

---

*) Die hier als Grundbedingung der Raiffeisen'schen Darlehnskassen aufgeführten Bestimmungen treffen zum großen Theil auch für die Schulze-Delitzsch'schen Kreditgenossenschaften zu. Die Beschlüsse auf dem Kongreß entbehrten der genügenden Durchberathung; die französischen Genossenschafter traten mitten in der Verhandlung mit diesen langen „Anträgen" hervor und ehe es dem Besucher möglich war die Anträge zu prüfen, waren dieselben auch schon angenommen. Die Beschlüsse stellen ein merkwürdiges Gemisch von richtigen und verkehrten Grundsätzen dar.

**) Es richtet sich dies gegen die französischen Darlehnskassen Raiffeisen'schen Systems, die einen ausgesprochen konfessionell-katholischen Charakter haben, siehe oben S. 69 ff.

Kreditgenossenschaften sehr nützliche Dienste leisten; die landwirthschaftlichen Berufssyndikate lassen sich als hauptsächlichster Hebel zur Bildung solcher Genossenschaften ansehen, als das bestgeeignete Werkzeug zur Auswahl von Mitgliedern, das zuverlässigste Ueberwachungsorgan in Bezug auf berufsmäßige Anwendung des Kredits. Die Syndikate und die Kreditgenossenschaften sollen stets gesonderte und autonome Körper bilden, daher soll sich ihre Thätigkeit vereinigend unterstützen, damit auf diese Weise alle erreichbaren Resultate erzielt werden können.

23. Die Benutzung des landwirthschaftlichen Kredits verlangt, da er die Vermehrung der Produktionsfähigkeit zum Zweck hat, eine genaue Kenntniß des Berufs. Es ist daher nothwendig, daß die Praxis des ländlichen Genossenschaftskredits durch einen Unterricht im landwirthschaftlichen Berufe und in der Technik der besten Betriebsmaßnahmen ergänzt werde.

24. Der Kongreß erklärt prinzipiell jede staatliche Centralstelle für landwirthschaftlichen Kredit gefährlich. Er hält dafür, daß durch Privatinitiative geschaffene Bezirkskassen nützlich sind, um die örtlichen Vereine zu Gruppen zu vereinigen, die müßigen Kassenbestände an sich zu ziehen und um als Ausgleichsstelle zu dienen; weiter: um örtlichen Vereinen Vorschüsse zu leisten, ihre Wechsel weiter zu diskontiren, ihren Geschäftsgang zu überwachen, ihre Verbreitung zu fördern. Es ist wünschenswerth, daß Institute dieser Art sich der natürlichen Entwicklung der örtlichen Vereine folgend anpassen, anstatt ihnen vorauszugehen, und daß sie in solcher eigenen Entwicklung erst ihren Ursprung finden. Im Prinzip ist es nicht Sache des Staates, derartigen Instituten unter die Arme zu greifen, sei es durch Hergebung eines Gründungskapitals, sei es durch Darlehen unter begünstigenden Bedingungen oder gar zinsfrei. Es ist indessen für Fälle, in welchen in gewissen Ländern besondere Umstände ein Eingreifen solcher Art vorübergehend nöthig machen, ein Vorbehalt zu erheben; doch muß es sich verstehen, daß in solchen Fällen, da die Bezirkskassen nur einfache provisorische Vermittlungsstellen sein können, die örtlichen Genossenschaften niemals ihren Kredit zinsfrei gewährt erhalten, und daß sie sich allmählich derartig organisiren, um ihren eigenen Bedürfnissen Genüge leisten zu können.

II. Internationaler Kongreß landwirthschaftlicher Syndikate.

1. Der Kongreß übergiebt dem Ausschuß der Société des Agriculteurs de France folgende Angelegenheiten zur weiteren Veranlassung:

1. Daß an die Eisenbahnverwaltungen folgende Anforderungen zu stellen sind:
   1. daß die Transportkosten für Obst denjenigen für Gemüse näher zu bringen sind;
   2. daß denen, die Obst zur Beförderung aufgeben, sämmtliches zum Transport nothwendige Material zu geeigneten Zeiten zur Verfügung zu stellen ist;
   3. daß der Dienst der Personenzüge derart einzurichten ist, daß die aufgegebenen Waaren durch sie mit möglichst wenig Verzug an ihren Bestimmungsort gelangen.
2. Daß dem Justizminister gegenüber Vorstellungen zu machen sind, um zu erlangen:
   1. daß die Waarenniederlagen der Syndikate als den Betriebsgebäuden der im Syndikat vereinigten Landwirthe zugehörig angesehen werden, und daß der Minister die Registratoren der Friedensgerichte anweisen möge, in Betreff der in solchen Niederlagen untergebrachten landwirthschaftlichen Erzeugnisse in Gemäßheit mit dem Gesetz vom 18. Juli 1898 landwirthschaftliche Warrants auszustellen;
   2. daß den landwirthschaftlichen Syndikaten gestattet werde, durch die Registratoren der Friedensgerichte Kollektiv-Warrants für die von ihren Mitgliedern in ihren Niederlagen untergebrachten Waaren ausstellen zu lassen, derart, daß

das Syndikat für alle im Gesetz vorgeschriebenen Förmlichkeiten und in der Bewahrung des Pfandes an die Stelle des Niederlegers tritt.

Schließlich:

Der Internationale Kongreß landwirthschaftlicher Syndikate ist der Ansicht, daß der Verkauf landwirthschaftlicher Erzeugnisse und vor Allem der Verkauf von Getreide mit mehr Nutzen durch Genossenschaften, welche sich an die Syndikate anlehnen, ausgeführt werden kann als durch die Syndikate selbst.

2. Die in dem Internationalen Kongreß landwirthschaftlicher Syndikate anwesenden französischen Kongressisten erneuern den in ihren früheren Kongressen ausgesprochenen Wunsch, daß der Artikel 6 des Gesetzes vom 5. November 1894 (betrifft landwirthschaftlichen Kredit) aufgehoben werde, um dem gemeinen Recht an seiner Stelle Platz zu geben.

3. Der Internationale Kongreß landwirthschaftlicher Syndikate spricht unter Wiederholung der in früheren Kongressen der Internationalen genossenschaftlichen Allianz zu Paris und zu Delft zum Ausdruck gebrachten Verlangens den Wunsch aus, daß die genossenschaftlichen Konsumvereine stets, unter Voraussetzung gleichen Preises, für ihre verschiedenen Ankäufe den gleichartigen Vereinen landwirthschaftlicher Produktion, seien es Genossenschaften oder Syndikate, den Vorzug geben.

Abgesehen von Punkt 3 ist auch beim besten Willen ein internationaler Gedanken in den Beschlüssen nicht zu erkennen, sie haben vielmehr ausgesprochen französische Bedeutung.

III. Internationaler Kongreß von Produktivgenossenschaften.

1. Der Internationale Kongreß ist der Ansicht, daß die Geschichte der Genossenschaften sich eng mit der des Sozialismus verknüpft, und daß seine philosophischen Ideen zu allen Theorien, Plänen oder Systemen in Beziehung stehen, die die Organisirung der Arbeiter zum Besten der Menschheit anstreben. Die bezeichnendsten und unmittelbaren Vorläufer des Genossenschaftsgedankens sind: Saint-Simon, Fourier, Rchd. Owen und Buchez. Der Kongreß entsendet dem Drkt. Ott, dem überlebenden, treuen und ergebenen Schüler von Buchez, seinen Huldigungswunsch und die Ausdrücke seiner Erkenntlichkeit.

2. Der Schutz der moralischen Idee und die Praxis der Solidarität in der Genossenschaft lassen sich nicht besser sichern als durch die Vereinigung von Genossenschaften für alle Zwecke und in allen bestehenden Gestalten, zumal in Sachen der Versicherung, welche nur unvollkommen und ungenügend in einer einzigen Genossenschaft bewirkt werden kann.

3. Der Internationale Kongreß spricht, in Würdigung des Umstandes, daß die genossenschaftliche Erziehung sich durch das Beispiel bewerkstelligen muß, im Hinblick ferner darauf, daß sich die größte Ermäßigung der Kosten für das allgemeine Interesse, die größte Sicherheit für den Einzelnen, eine genügende Vorsorge für die Zukunft und die Sicherung einer Unterstützung im Alter nur durch gemeinsames Wirken erzielen lassen, den Wunsch aus, daß von Seiten der verschiedenen Genossenschaften eine allgemeine Versicherungsgenossenschaft gebildet werde, welche sich allen Arten von Risiko, welche erwachsen können, und allen Umständen, wie sie den Einzelnen treffen können, anpassen müßte.

4. Arbeiter, die sich in einer Genossenschaft vereinigt haben, sollen sich mit dem in ihrem Berufe und in ihrem Orte herrschenden Durchschnittssatze des Lohnes zufrieden geben. Ein Antheil in Höhe von mindestens 25 pCt. des Gesammtgewinnes ist, je im Verhältniß der erhaltenen Löhnung oder des Gehalts, sämmtlichen Arbeitern, Beamten und Hilfsarbeitern zuzuweisen. Die Arbeitergenossenschaften sollen vermittelst ihrer Statuten den Hilfsarbeitern den Eintritt als Genossenschaftsmitglieder erleichtern.

5. Der Internationale Kongreß ist der Ansicht, daß die rathgebende Kammer (Centralausschuß) der produktiven Arbeitergenossenschaften die Bildung von Genossen-

schaften anstreben muß, deren Kapital zum Theil durch die Genossenschaft selbst, zum Theil durch andere genossenschaftliche Elemente beigetragen wird, derart, daß in Angelegenheiten, welche die Arbeiter betreffen, die maßgebende Stimme den Berufsgenossen überlassen wird, während in Angelegenheiten, welche das allgemeine Interesse betreffen, das Uebergewicht dem auswärtigen genossenschaftlichen Element zufallen darf. Die rathgebende Kammer hat bei den erfolgreichen Genossenschaften auf Erwerb von Grundeigenthum zu dringen, da dieses dazu geeignet ist, den Reichthum der Genossenschaft zu vermehren.

6. Der Kongreß ist der Ansicht, daß die Vorstände von Genossenschaften selber genügende Kenntniß der Buchführung besitzen müssen, um diese Seite des Genossenschaftsbetriebes leiten zu können.

7. Der Kongreß ist der Ansicht, daß sich für Genossenschaften eine gewisse Reklame empfiehlt, damit die Aufmerksamkeit auf ihr Unternehmen gelenkt werde und auch, daß sie sich in Kreisen, welche ihnen eine Kundschaft zu liefern vermögen, eine Vertretung zu sichern haben. Gute Ausführung der Arbeiten und das Streben nach Zahlungsfähigkeit im Geschäft erleichtern die Befriedigung des Kreditbedürfnisses.

8. Der Internationale Kongreß ist der Ansicht, daß Genossenschaften in ihrer Anfangsperiode in der Zuweisung von Gewinnantheilen große Vorsicht ausüben müssen. Sind sie genügend gestärkt, so haben sie die Vertheilung des Gewinnes in der von der rathgebenden Kammer empfohlenen Weise zu bewirken, doch so, daß sie überdies stets 2 pCt. des Gewinnes behufs Gründung einer zur Förderung genossenschaftlicher Propaganda bestimmten Kasse zurückbehalten.

9. In Anbetracht dessen, daß ein soziales Interesse die weitere Ausdehnung der Wohlthaten der Produktivgenossenschaft gebietet, daß weiter, auf das Kleingewerbe allein angewiesen, Produktivgenossenschaften nur eine kleine Minderheit des Arbeiterstandes an ihrem Verdienst theilnehmen lassen können, beschließt der Kongreß, daß es sich empfiehlt einen internationalen Ausschuß zu bilden, der den Auftrag erhält, ein Musterstatut auszuarbeiten, welches den Arbeitergenossenschaften die Möglichkeit zeigen soll, ohne Beeinträchtigung des stets als Grundlage aller Genossenschaften anzusehenden Gleichheitsprinzips, fremdes Kapital zur Theilnahme an dem Werk heranzuziehen.

10. Es besteht für die Genossenschaften im Allgemeinen und für die Produktivgenossenschaften im Besonderen ein wesentliches Interesse, daß in jedem Lande, wo eine Anzahl solcher Genossenschaften besteht, ein Verband oder eine Vereinigung gebildet werde.

Der Kongreß erklärt die wirksame Vereinigung der Produktivgenossenschaften mit anderen Genossenschaftsgruppen für einen der Menschheit ebensowohl wie der sozialen Emanzipation dienlichen Zweck.

Der Kongreß spricht den Wunsch aus, daß die Arbeitergenossenschaften sich wirksam an der Gründung und der Vereinigung von Unternehmungen, die als „Volksuniversitäten" und „Volkspaläste" bekannt sind, betheiligen.

Der Kongreß spricht den Wunsch aus, daß die Produktivgenossenschaften in den Arbeitsräthen, wie sie die Regierungen in verschiedenen Ländern einsetzen, starke Vertretung finden.

Der Kongreß bestimmt, daß, was auch die Umstände sein mögen, die Genossenschaften in allen Ländern zur Lösung etwaiger Streitigkeiten, welche unter ihnen zu Tage treten könnten, den schiedsrichterlichen Vergleich anrufen.

11. Der Internationale Kongreß produktiver Arbeitergenossenschaften spricht unter möglichst förmlicher Erneuerung des bereits in den zu Paris und Delft abgehaltenen Kongressen der Genossenschaftsallianz ausgesprochenen Verlangens in Bezug auf denselben Gegenstand nochmals den Wunsch aus, daß die genossenschaftlichen Konsumvereine, als Mittel des Ausdrucks der wahrhaften Solidarität, welche sie an die gewerblichen oder landwirthschaftlichen Produktivgenossenschaften bindet, diesen Genossenschaften stets in ihren verschiedenen Ankäufen, vorbehaltlich einer Gleichheit des Preises, den Vorzug geben und daß sie zu diesem Behufe durch Ver-

mittlung ihrer rathgebenden Kammer beständige Beziehungen mit ihnen zu pflegen suchen.

12. Der Kongreß ist der Ansicht, daß es sich empfiehlt, das Studium der Bildung von allgemeinen Arbeitergenossenschaften in Angriff zu nehmen, an welchen auch Frauen sich betheiligen können, und deren Kapital in folgender Weise zu beschaffen sein wird: 1. ein Theil durch die Genossenschaften; 2. ein weiterer Theil durch die Mitglieder solcher Genossenschaften als Einzelpersonen; 3. ein dritter Theil durch Andere, doch so, daß der Genossenschaft ein Theil des Einflusses bestimmt vorbehalten bleibt, welcher ihrer Theilnahme an dem gemeinsamen Werke entspricht.

IVa. Kongreß der Konsumvereine.

1. Obwohl an dem Wunsche festhaltend, daß jedem Verein volle Freiheit in der Herstellung seines eigenen Statuts und in der Verwendung seiner Ueberschüsse zu lassen ist, ladet der Kongreß, von der Nothwendigkeit einer allgemeinen Verständigung über gewisse Punkte überzeugt, sofern die Genossenschaft in der sozialen Entwicklung ein entscheidender Faktor werden soll, die Vereine dazu ein, gemeinsam ein Bureau zur Ertheilung von Auskunft in Handelssachen und zur Bewirkung von Waareneinkäufen zu bilden, oder zum allerwenigsten, als Anfang, freundschaftliche Beziehungen zwischen den Instituten, welche zu solchen Zwecken als getrennte Körperschaften gebildet werden können, herzustellen.

2. Es ist jeder Konsumverein dazu anzuhalten, daß er in sein Statut eine Bestimmung aufnimmt, wonach neben dem gesetzmäßigen und rückzahlbaren Reservefonds auch noch ein gemeinsamer Reservefonds gebildet werden muß, von genügender Größe, um zu gestatten: 1. daß die Existenz des Vereins gesichert und seiner Thätigkeit die möglichste Ausdehnung gegeben werde; 2. daß der Verein allen Unternehmungen, welche zum Zweck haben, einen wirthschaftlichen Fortschritt durch die Genossenschaften herbeizuführen, einen Rückhalt zu geben vermag.

3. Von der Unsittlichkeit des bestehenden Handels- und Produktivgebrauchs überzeugt, ladet der Kongreß die Genossenschaft der Konsumvereine ein, eine Stellung anzustreben, welche es ihnen ermöglichen würde, die genossenschaftliche Produktion in Angriff zu nehmen, damit sie auf diese Weise ihre eigenen Lieferanten und die Eigenthümer ihrer eigenen Arbeitswerkzeuge werden.

4. Der Kongreß ladet die genossenschaftlichen Konsumvereine ein, allen Produktivgenossenschaften und insbesondere in Frankreich auch der Verrerie ouvrière vorzugsweise ihre Kundschaft zu geben.

5. Bis zu der Zeit, wo es Produktivgenossenschaften giebt, welche den Konsumvereinen zu eigen gehören, werden die Konsumvereine eingeladen, den Schwestergenossenschaften, je ihrer Befähigung gemäß die Aufträge zuzuwenden.

6. In der Ansicht, daß es Pflicht der Konsumvereine ist, den Weg der eigenen Produktion zu betreten, spricht der Kongreß den Wunsch aus, daß alle Konsumvereine es sich angelegen sein lassen, eine Kasse zur Ermöglichung der genossenschaftlichen Entwicklung zu bilden.

7. Eine Produktivgenossenschaft soll eine nicht persönliche Körperschaft, d. h. sie soll nicht das Eigenthum einiger Kameraden sein, sondern das Eigenthum von Konsumvereinen oder Produktivgenossenschaften von Gewerkvereinen. Den beschäftigten Arbeitern sollen die Normallohnsätze gesichert werden und der Gewinn soll zur Aufnahme oder zur Unterhaltung anderer dem Proletariat zu Gute kommender Werke dienen. Solche Genossenschaften sind von Delegirten der erwähnten genossenschaftlichen Vereine zu verwalten, und es soll die Leitung der Arbeit einem diesem Arbeitsfach angehörigen Fachmann überlassen werden. Die Genossenschaften sollen dahin streben, für ihr Personal den Achtstundentag einzuführen.

8. An dem Wunsche festhaltend, eine möglichst große Anzahl von Bezirksverbänden in Wirksamkeit treten zu sehen, welche ihre Thätigkeit dem wirthschaftlichen und handelsartigen Theil des Werkes zuzuweisen haben, nimmt der Kongreß den Grundsatz an, daß es wünschenswerth ist, die Bildung von Bezirksverbänden anzustreben, deren soziale oberste Leitung dem Centralausschuß der französischen Konsumvereine anzuvertrauen sein würde.

9. Der Kongreß ladet die Genossenschaften ein, den Weg der Bildung nationaler und internationaler Verbände zu verfolgen. Und in Ausführung des in Anknüpfung der ersten Frage (des Programms) angenommenen Grundsatzes ladet er die verschiedenen Centralbezirksverbände, welche sich bilden könnten, ein, sich in Bezug auf ihre Einkäufe mit einander zu verständigen.

10. Der Kongreß ladet alle Genossenschafter, die Verwaltungsrathsmitglieder in Konsumvereinen sind, ein, niemals zu verabsäumen, mit möglichst geringem Verzuge Fragen zu beantworten, welche an sie gerichtet werden und Materialien zu sammeln für einen Vergleich zwischen den Vortheilen, welche durch Genossenschaften oder durch genossenschaftliche Regionalverbände geboten werden. Der Centralausschuß und die Genossenschaftsbörse haben sich in Betreff der Organisirung eines Centralverkaufsverbandes zu verständigen.

11. Der Kongreß spricht den Wunsch aus, daß die Genossenschaften sich zu Bezirksverbänden vereinigen mögen, welche Organe wieder mit dem angestrebten Centralorgan für genossenschaftlichen Handel Anknüpfung zu suchen haben werden.

12. Der Kongreß ist der Ansicht, es empfiehlt sich, daß der Centralausschuß zu geeignetem Zeitpunkt, sei es allein, sei es unter Mitwirkung anderer genossenschaftlicher Organisationen, eine große Versammlung in Paris vorbereitet, welcher eine Reihe von anderen Versammlungen oder Vorträgen zu folgen haben wird, in welchen Proteste gegen die Anwendung der Gewerbesteuer auf Genossenschaften zu unterzeichnen sein werden.

13. Der Kongreß spricht den Wunsch aus, daß sämmtliche genossenschaftlichen Konsumvereine den Verkauf von Waaren an das Publikum untersagen, und erhebt energischen Protest gegen die Annäherung dieser Vereine an das Wesen von Handelsgesellschaften.

14. In Anbetracht des Umstandes, daß genossenschaftliche Konsumvereine keinerlei Handelsthätigkeit betreiben, daß sich ihre Thätigkeit allein auf den Einkauf von Waaren im Großen beschränkt, die sodann unter ihre Mitglieder vertheilt werden, und daß sie dadurch keinerlei Gewinn erzielen, da ja am Ende jeden Jahres der erwachsende Ueberschuß im Verhältniß zu den Ankäufen eines Jeden unter die Mitglieder vertheilt wird; in Anbetracht ferner des Umstandes, daß ein großer Theil der Konsumvereine, zumal die Mehrzahl derer, welche innerhalb des Bezirks von Paris ihren Sitz haben, wenn nicht gar alle, jetzt der Zahlung einer Konzessionssteuer und eines Kleinverkaufsaufschlages unterliegen, obwohl solche Bestimmung durch kein bestehendes Gesetz vorgeschrieben wird, erklärt der Kongreß, daß eine derartige Besteuerung willkürlich ist und fordert die Genossenschaften, welche sich derselben bisher unterworfen haben, auf, dem Fiskus eine förmliche Weigerung zukommen zu lassen, länger die erwähnten und widerrechtlich erhobenen Auflagen zu leisten.

Auch die Beschlüsse dieses Kongresses haben unter dem internationalen Gesichtspunkt, wenigstens in dem zweiten Theil, keinerlei Bedeutung. Das Gleiche gilt freilich auch von den meisten übrigen „internationalen" Kongressen.

IV b. Kongreß der sozialistischen Konsumvereine.

Betreffend genossenschaftliche und gewerkvereinliche Versicherungen.

Die Genossenschaften und Gewerkvereine sollen die Versicherung der Mitglieder gemeinsam in Angriff nehmen. Vor der Hand soll nur die „Feuerversicherung" betrieben werden. Das Kapital wird auf Zweihunderttausend Francs (200000 Francs) festgesetzt, wovon ein Viertheil sofort einzahlbar ist. Die Antheile lauten auf je 100 Francs. Der Vorstand besteht aus neun Mitgliedern, davon entfallen drei auf die Konsumvereine, drei auf die Produktivgenossenschaften, drei auf die Gewerkvereine. Der Gewinn soll nicht an die Antheilsinhaber vertheilt werden; diese erhalten nur Zinsen auf den Werth ihrer Antheile. Der Gewinn soll dazu dienen, eine Kasse zur Förderung der Arbeiterorganisationen (**organisations ouvrières**) heran zu bilden.

Der Kongreß bestimmt:

1. Die theilnehmenden Organisationen zahlen pro Mitglied einen Beitrag von 2 Francs, wovon ein Viertel sofort zu erheben ist.

2. Sie sind gehalten, ihre Theilnahme vor dem 1. Januar anzukündigen. Die Gelder werden bei der Bank von Frankreich niedergelegt. Beiträge von Einzelpersonen werden nicht anders als im Namen der Arbeiterorganisation angenommen, welcher diese Beitragzahlenden angehören.

Wir haben die Ueberzeugung, daß die Organisationen die Bedeutung der genossenschaftlichen und gewerksvereinlichen Versicherung erkennen und es sich zur Pflicht machen werden, von jetzt ab Hundertfrancsantheile aufzunehmen, damit das Werk so frühzeitig als möglich in Angriff genommen werden kann.

Betreffend Produktivgenossenschaften.

Es werden als der sozialistischen Genossenschaftsbewegung angehörig erkannt die Produktivgenossenschaften, welche die Grundprinzipien des Sozialismus annehmen und die ihren Reingewinn in folgender Weise vertheilen:

25% an die sozialistische Propaganda, 25% an die Genossenschaftspropaganda, 25% an die Arbeiter der Werkstatt, gleichviel ob Mitglieder oder nicht, 25% an die Pensionskasse für die Arbeiter. Dieser Vertheilungsmodus tritt am 1. Januar 1901 in Kraft; er soll jedes Jahr zu derselben Zeit, durch Vermittelung der **Bourse Coopérative** statt haben.

Vor Annahme dieses Beschlusses hatte der Kongreß beschlossen, daß die Konsumvereine nur bei solchen Produktivgenossenschaften kaufen, die diese Grundsätze angenommen haben. Im Falle einer Meinungsverschiedenheit ist eine schiedsgerichtliche Kommission von sechs Mitgliedern einzusetzen, wovon die Hälfte von Konsumvereinen zu ernennen ist, die andere Hälfte von Produktivgenossenschaften; ist eine Einigung nicht zu erzielen, so haben die Parteien einen Schiedsrichter zu ernennen, welcher mit Lösung der Differenz zu betrauen ist.

Betreffend die sozialistische Genossenschaft.

Der Kongreß hat die Nationale Börse der genossenschaftlichen Konsumvereine von Frankreich geschaffen. Um dieser Börse anzugehören, haben die Genossenschaften folgende Bedingungen zu erfüllen:

1. Die Grundprinzipien des Sozialismus, die internationale Verständigung unter Arbeitern, die Sozialisirung der Produktionsmittel,*) anzunehmen.

2. Alljährlich fünf Centimes pro Mitglied an die genossenschaftliche Börse beizutragen.

3. Alljährlich zehn Centimes pro Mitglied zu Zwecken der sozialistischen Propaganda beizutragen.

In der Verwendung dieser letztgenannten Beiträge zum Besten der Arbeiterinteressen hat jede Genossenschaft die größtmögliche Autonomie; doch sollen sie alle

---

*) Dieser Passus ist in dem amtlichen Bericht gesperrt gedruckt.

Jahre Belege darüber liefern, welche nachweisen, daß die Gelder wirklich zur sozialistischen Propaganda verwendet wurden. Den Entscheidungen des Kongresses gemäß, bereitet der Ausschuß einen Statutenentwurf vor, welcher bei der Abänderung oder der Neuherstellung der Statuten der Genossenschaften als Muster dienen soll. Dieser Entwurf wird in der Folge sämmtlichen Genossenschaften zugestellt werden, und diese haben innerhalb dreier Monate dem Ausschuß ihre Ansichten darüber mitzutheilen. Der Ausschuß wird sodann einen endgültigen Entwurf ausarbeiten, welcher auf der Tagesordnung des Kongresses einen Platz finden und, als Stück der Tagesordnung, den Genossenschaften einen Monat vor Zusammentritt des Kongresses unterbreitet werden wird. Schließlich sind von den Fragen, welche in die Tagesordnung des nächsten nationalen Kongresses aufgenommen werden sollen, eine Anzahl bereits dem letzten Kongreß vorgelegt worden, wie die Fragen der genossenschaftlichen Apotheken, der internationalen Beziehungen zwischen genossenschaftlichen Organisationen. Der ständige Ausschuß nimmt die Prüfung dieser Fragen wieder auf, und wird, zugleich mit der Tagesordnung für den nächsten Kongreß einen endgültigen Bericht versenden.

Dem amtlichen Beschlußprotokoll ist die Mittheilung beigefügt, daß der nächste national-sozialistische Genossenschaftskongreß im August oder September 1901 in Lille stattfinden und daß ihm dann sogleich ein internationaler Kongreß in Belgien folgen soll, und weiter folgender Aufruf:

Genossen:

Die Kongresse des Monats Juli müssen Euch Belehrung geschafft haben. Die Arbeitergenossenschaften, auf Einladung des **Bourse des Coopératives etc.** im „**Palais du Travail**“ versammelt, haben die Grundlagen der sozialistischen Genossenschaft und die Unterlagen einer kräftigen Arbeiterorganisation gelegt, auf denen die Emancipation des Proletariats beruhen wird. Einige Tage später haben andere Genossenschaften,*) infolge eines Aufrufes ihres Centralausschusses, im **Palais des Congrès** vereinigt, keinen Anstand genommen, ihren früheren Erklärungen entgegen, alles das wieder aufzuheben, was in ihren Programmen die Auslegung zuließ, daß sie die Aufhebung der Lohnarbeit anstreben, und die zwei oder drei Mitglieder des Centralausschusses, welche diesen Organismus einen demokratischen und reformatorischen Anstrich gegeben haben, zu desavuiren. Es genügte hierzu, daß einige Arbeitergenossenschaften in den Kongreß kamen und die Annahme von Beschlüssen verlangten, welche den, wenige Tage vorher von dem Kongreß der **Bourse des Coopératives socialistes** gutgeheißen, entsprechen sollten. In der Genossenschaft, wie in allen Aeußerungen menschlicher Thätigkeit, giebt es Reformatoren und Reaktionäre, Demokraten und Egoisten und, sprechen wir das Wort aus, Sozialisten und Bourgeois. Zwischen den beiden Lagern kann Euch die Wahl nicht zweifelhaft sein; Ihr werdet kommen, die Zahl der Genossenschaften, welche der **Bourse** anhängen, zu stärken, die Kraft dieses Organismus des Proletariats zu vergrößern; Ihr werdet durch eine kräftige sozialistisch-genossenschaftliche Organisation die Arbeitergruppirungen vervollständigen, welche in das kapitalistische Regiment Bresche schießen und die Herrschaft des Sozialismus vorbereiten. In zwei Monaten werden die Arbeitergenossenschaften eine erste Gelegenheit haben, die Gleichheit ihrer Gedanken mit denen des organisirten Proletariates zu bekunden. Im kommenden September findet in Paris der internationale Sozialisten-Kongreß statt. Zahlreiche Genossenschaften, dessen sind wir überzeugt, werden sich diesem Kongreß anschließen; sie werden damit den Beweis liefern, daß die Genossenschaft nicht, wie Manche es gewünscht haben, ein Weg ist, der den Arbeiterstand von dem sozialistischen Wege ablenkt, sondern eines der vielen Mittel, welche das Proletariat zur Eroberung seiner Unabhängigkeit anwendet.

Der Ausschuß.

---

*) d. h. vermuthlich die französischen Konsumvereine.

V. Internationaler Kongreß der ländlichen und Handwerks-Darlehnskassen und ähnlicher Institute.

1. In Anbetracht dessen, daß die in dem (französischen) Gesetze vom 24. Juli 1867 vorgeschriebenen, die Veröffentlichung verschiedener Auskünfte betreffenden Förmlichkeiten die Genossenschaften schwer bedrücken, sei es, was ihre Bildung, sei es, was jedwede Aenderung in ihren Statuten, sei es, vor allen Dingen, was jeden Wechsel in der Person ihres Leiters anbelangt, daß ferner diese Förmlichkeiten vollständig überflüssig sind, da das Publikum davon in der Registratur keinerlei Kenntniß nimmt, daß drittens die von Syndikaten gebildeten ländlichen Kreditgenossenschaften durch das Gesetz vom 5. November 1894 diesen Kosten überhoben sind und daß die unter Nichtlandwirthen gemachten genossenschaftlichen Kreditgeschäfte so viel gemeinnütziges Interesse bieten, daß sie, ohne auf irgendwelche Staatssubventionen Anspruch zu erheben, wenigstens von unnöthigen Förmlichkeiten und Kosten befreit zu werden verdienen, spricht der Kongreß den Wunsch aus, daß die Gesetzgebung derartige Genossenschaften der nutzlosen und kostspieligen Registraturförmlichkeiten enthebe, welche das Gesetz vom 24. Juli 1867 ihnen auferlegt.

2. In Anbetracht der erheblichen Anzahl belgischer Arbeiter, welche zum Anbau und zur Ernte von Hackfrüchten nach Frankreich und besonders in die Departements berufen werden, welche Paris nahe liegen, spricht der Kongreß den Wunsch aus, daß die Boerenbonde in Belgien, und zumal in Flandern, mit den französischen landwirthschaftlichen Syndikaten in Beziehungen treten, damit auf diese Weise die nothwendige Handarbeit unmittelbar geliefert und den fremden Arbeitern so die Wohlthaten der Genossenschaften und der Gegenseitigkeit, welche sie in ihrem Heimathlande besitzen, gesichert bleiben.

3. Der Kongreß spricht den Wunsch aus, daß der Ausschuß der Jeunesse Catholique sich damit beschäftige, eine Propaganda zu Gunsten der ländlichen Darlehnskassen in allen ihren Provinzialverbänden zu betreiben, und daß eine vom Kongreß zu wählende Delegation behufs Einleitung dieses Werkes die nöthigen Schritte bei dem Bureau dieses Vereins unternehme.

Vergeblich sucht man wiederum einen internationalen Gedanken auf dem internationalen Kongreß.

Den Vertretern des Allgemeinen Verbandes deutscher Erwerbs- und Wirthschaftsgenossenschaften, dem Anwalt Dr. Crüger und Dr. Alberti war es natürlich nicht möglich, allen diesen Kongressen beizuwohnen; es mußte von vornherein eine Auswahl getroffen werden. Dabei waren folgende Erwägungen maßgebend:

Das landwirthschaftliche Genossenschaftswesen hat in Frankreich eine von dem in Deutschland völlig verschiedene Gestaltung angenommen. Die französischen Genossenschaften sind mehr oder weniger Früchte der französischen landwirthschaftlichen Syndikate; auf dieser Grundlage hat das französische Genossenschaftswesen freilich eine bedeutende Entwicklung genommen, es ist aber so verschieden von dem deutschen, daß der deutsche Genossenschafter auf einem Kongreß der französischen als Genossenschafter nicht viel Arbeit findet. So schied denn der landwirthschaftliche Genossenschaftstag für den Besuch im Allgemeinen aus, und es hat sich dies auch als ganz richtig gezeigt, denn die Stunden, während deren Dr. Crüger und Dr. Alberti dem landwirthschaftlichen Genossenschaftskongreß beiwohnten, überzeugten sie, daß es sich dort meist um Fragen handelt, die für den deutschen Genossenschafter überhaupt gar keine Fragen mehr sind, oder solche, die für den deutschen Genossenschafter überhaupt nicht in Betracht kommen. Es war kennzeichnend, daß die französischen Genossenschaften die Anwesenheit von Dr. Crüger dazu benutzten, um sich von diesem über die Bedeutung der unbeschränkten und beschränkten Haftpflicht aufklären zu lassen.

Wenn auf einem Genossenschaftsgebiet international wenig zu verhandeln ist, so ist es das der Produktiv-Genossenschaften, bei denen Personen und lokale Verhältnisse den entscheidenden Einfluß ausüben. Wie grundverschieden sind da die Verhältnisse in Frankreich und in Deutschland als Basis der Produktiv-Genossenschaften gedacht! Deutschland entwickelt sich mehr und mehr zum Groß-Industriestaat — in Frankreich giebt es einen ausgebreiteten Klein-Gewerbestand, der nach mancher Richtung hin der wirthschaftlichen Gestaltung Frankreichs sein Gepräge verleiht. Ohne Weiteres leuchtet ein, daß in Frankreich sich für die Bildung von Produktiv-Genossenschaften ein ganz anderer Boden bietet, als in Deutschland. Weit auseinander gehen die Ansichten über die Produktiv-Genossenschaften in England, wo sich zwei Richtungen lebhaft bekämpfen, die eine ist gegen die Bildung von Einzel-Produktiv-Genossenschaften, wünscht die Konsumvereine zu centralisiren und die Gesammt-Produktion in die Hände der Konsumvereine zu legen. Der Arbeiter kommt bei dieser Richtung wesentlich nur als Konsument in Betracht. Ganz anders die mit den Vertretern dieser Richtung im Kampfe liegenden Genossenschafter, die die Bildung von Einzel-Produktiv-Genossenschaften erstreben, für die der Arbeiter als Produzent die Hauptsache ist, die daher auch in erster Reihe an den Lohn der Arbeiter denken und möglichst den ganzen Gewinn dem Arbeiter zuführen wollen.

Wiederum ganz anders liegt die Produktivgenossenschafts-Bewegung in Italien, wo es entweder einzelne Gewerbe sind, die aus der Produktivgenossenschaftlichen Organisation Nutzen ziehen oder die einfachsten Arbeiter — die Erdarbeiter — sich zur genossenschaftlichen Organisation verbinden. Wo bleiben da nun die gemeinsamen Beziehungen? Wie will die italienische Produktivgenossenschaft der Erdarbeiter den französischen Produktivgenossenschaften die dem Kunstgewerbe dienen, Rathschläge für Organisation und Kapitalbeschaffung ertheilen? Man betrachte nur einmal die Mannigfaltigkeit des Bildes der Produktivgenossenschaften auch nur eines Landes — man durchfliege die Liste der Produktivgenossenschaften in Deutschland, welche Reichhaltigkeit der Zwecke, welche Vielseitigkeit der Form! Hier handelt es sich um eine Produktivgenossenschaft, bei der wir alles finden, nur nichts Genossenschaftliches, man hat die Genossenschafts-Form gewählt, weil man gerade keine bessere Rechtsform zur Hand hatte; dort muß man erst genau auf Grund des Statuts untersuchen, — ist es eine Produktiv-Genossenschaft oder ein Konsumverein, stehen die Interessen der Arbeiter oder die der Konsumenten im Vordergrund? Dort wieder besteht die Produktiv-Genossenschaft aus kaum einem Dutzend tüchtigen Meistern, die mit einem ganzen Heer von Arbeitern eine Fabrik betreiben, wie jeder beliebige Fabrikunternehmer — und dort endlich eine Anzahl Arbeiter, die als wirkliche Genossenschafter eine wirkliche Produktivgenossenschaft ins Leben gerufen haben, und hochhalten, bis auch hier der kapitalistische Geist eines Tages die Oberhand gewinnt.

Wenn in einem Lande schon die Verhältnisse sich so verschieden gestalten, ergiebt sich ohne Weiteres, daß ein Internationaler Kongreß dem Ausbau, der Ausbreitung der Produktivgenossenschaft nur sehr geringe Dienste zu leisten vermag.

Es würde ein ganzes Buch zu schreiben nöthig sein, sollten die Pariser Beschlüsse in ihren Einzelheiten beleuchtet und kritisirt werden, die vorstehenden Bemerkungen werden genügen, sie auf ihren wahren Werth zurückzuführen.

Werfen wir nun einen Blick auf die Internationalen Konsumvereins-Kongresse! Da fällt uns sofort die Spaltung auf — hie sozialistische, hie nicht sozialistische Konsumvereine. Glücklicherweise kennen wir z. B. diese Gegensätze in Deutschland noch nicht. Obgleich der Streit um neutrale und sozialistische Konsumvereinsverbände schon recht lebhaft geworden ist. Frankreich hat die Gegensätze bereits, in den Niederlanden sind sie scharf ausgeprägt. Wo solche Gegensätze bestehen, ergiebt sich ohne Weiteres, daß nicht einmal eine nationale Einigkeit zu erzielen ist und was besagen uns denn auch die Beschlüsse jener Kongresse? Die sozialistischen Konsumvereine sprechen von Brüderlichkeit, von sozialer Umgestaltung und werfen einen Stein auf die nicht sozialistischen Konsumvereine — diese legen dagegen Verwahrung ein, daß Konsumvereine gegründet werden, die andere Tendenzen als rein wirthschaftliche haben. Die Erörterung dieser Frage nahm einen breiten Raum ein und der Anwalt Dr. Crüger konnte sich bei dem Kongreß auf die Erklärung beschränken, daß nach Lage der Gesetzgebung ein sozialistischer Konsum-Vereins-Verband für Deutschland kaum denkbar ist, der sozialistische Konsum-Vereins-Verband würde ein sozialdemokratischer sein, die Regierung würde den betreffenden Konsumvereinen den Nachweis führen, daß sie andere als die im Genossenschaftsgesetz vorgesehenen Zwecke verfolgen, und der Schluß wurde die Auflösung zahlreicher Konsumvereine durch die Verwaltungsbehörde sein.

Die Verhandlungen auf den Pariser Konsumvereinskongressen haben, wie der Wochenbericht der Großeinkaufsgesellschaft in Hamburg berichtet, gewisse Folgen gehabt, wir lesen daselbst:

Diese Vorgänge haben unter anderem dahin geführt, daß Herr Cernesson, der bisherige Chefredakteur der „Union Coopérative" sowohl sein Amt als Redakteur dieses Organs des französischen Genossenschaftsverbandes als auch seinen Posten als Mitglied des Centralkomitees in diesem Verbande niedergelegt hat. Ebenso sind auch einige Pariser Genossenschaften aus dem Verbande ausgetreten.

Neben dem Internationalen Genossenschaftskongreß, den das Centralkomitee des Genossenschaftsverbandes organisirt hatte, tagte ein von der Pariser Genossenschaftsbörse einberufener Kongreß. Auf dem letzteren schloß einer der Berichte damit, daß er von den Konsumvereinen verlangte, sie sollten für die sozialistische Agitation 50% ihres Reingewinnes abgeben. Der Antrag wollte anscheinend einen dem Zustand der belgischen sozialistischen Genossenschaften ähnlichen für Frankreich anbahnen. Trotzdem der Antrag von einigen Rednern lebhaft unterstützt wurde, gingen die Kongreßmitglieder nicht so weit, wie es gewünscht wurde.

Sie begnügten sich mit dem Beschluß, daß die Genossenschaften jährlich pro Mitglied 10 Centimes für den politischen Zweck abzuführen hätten. Der Grundsatz, daß die Genossenschaften sozialistische Organisationen sein sollten und die Partei unterstützen müßten, wurde also anerkannt, das Opfer wurde aber wesentlich bescheidener festgelegt.

Auf dem vom Centralkomitee des Genossenschaftsverbandes veranstalteten Internationalen Kongreß stellten Delegirte von zur Pariser Genossenschaftsbörse gehörenden Vereinen den gleichen Antrag. Sie versuchten, hier im größeren Kreise durchzusetzen, was sie von denen ihnen nahestehenden nicht erhalten konnten. Eine Anzahl Redner, darunter die angesehenen Mitglieder des französischen Verbandes Fitsch, Chiousse und Buffet wiesen darauf hin, daß es gefährlich sei, die Politik so in die wirthschaftliche Frage zu mischen und unter 230 vertretenen Genossenschaften fanden sich nur 16, deren Delegirte bei der Abstimmung den Wünschen der Genossenschaftsbörse entsprachen.

Infolgedessen fand das Centralkomitee, wie es selbst sagt, bei „seinem Streben, den Konsumvereinen, die nur für humanitäre und wirthschaftliche Fragen gegründet sind, zu dienen und jede politische Frage auszuschließen“, die Folgerungen, die sein Vorsitzender in seinem Kongreßbericht gab, für genügend weit. Es war mit ihm, Herrn Fitsch, überzeugt, daß diese den aufrichtig für die Zukunft sorgenden Genossenschaftern genügend ermöglichen, entschlossen an soziale Arbeiten heranzugehen. „Da wir“, berichtet das Centralkomitee in einer amtlichen Kundgebung, „keine Lust haben, zwei Arten von Genossen zu schaffen, halten wir die Einigung aller, wenn wir sie auf dem Boden der Ueberzeugung wollen, für möglich, wenn wir sie veranlassen, einigen Abgaben zuzustimmen, um Darlehenskassen für Nothfälle, genossenschaftliche Erziehung, Krankenkassen und die Entwicklung von Hilfskassen für Noth, Sterbefall und zur Bekämpfung der schrecklichen Wirkungen der Arbeitslosigkeit zu sichern.“ Eine stattliche Anzahl Vereine hatte seitdem diese Marschweise des Centralkomitees gebilligt, sodaß dieses nur noch seine Aufgabe darin suchte, in seiner Haltung zu beharren und die Ergebnisse der Anwendung der Beschlüsse des sozialistischen Genossenschaftskongresses abzuwarten. Die streitige Frage, welche in den letzten Tagen vor die Generalversammlungen der Pariser Konsumvereine **Avenir de Plaisance** und **Égalitaire** gebracht war, wurde durch öffentliche Abstimmung verneint. Ebenso ist die **Bellevilloise**, ein anderer großer Verein, einfach zur Tagesordnung übergegangen. Andere Vereine vertreten freilich die umstrittene politische Beitragsleistung, und mit ihnen hält es der ausgeschiedene Redakteur Cernesson. Das Centralkomitee versichert, daß es „überzeugt von den schönen Aufgaben, welche schon jetzt unsere Vereine erfüllen können, fortfahren werde, die Genossenschafter aufzufordern, sich entschlossen der Schöpfung sozialer Arbeiten hinzugeben“, aber die Politik bei Seite zu lassen.

Viel ist auch natürlich über den gemeinschaftlichen Waarenbezug und die Produktion durch die Konsumvereine gesprochen und verhandelt, aber nichts scheint uns verfehlter, als etwa englische oder schweizer Verhältnisse auf die deutschen Konsumvereine anwenden zu wollen. Es ist gerade kein Zeichen von tiefer Kenntniß der Genossenschafts-Geschichte und der wirthschaftlichen Verhältnisse der einzelnen Staaten, wenn man z. B. den deutschen Konsumvereinen vorhält: „Seht, die Engländer haben doch dies oder jenes vermocht, warum thut ihr es nicht?“

Wie grundverschieden sind die belgischen Konsumvereine von den deutschen! Bei den belgischen Konsumvereinen liegt das Schwergewicht in der Bäckerei, die Mitglieder kaufen andere Waaren, in den Konsumvereinen nur insoweit, als sie durch die Bezahlung der Dividende in Form von Waarenanweisungen gewissermaßen dazu gezwungen sind. Bei den deutschen Konsumvereinen liegt im Waarenhandel das Schwergewicht und der erstarkte

Konsumverein macht sich an die Produktion. Dort steht der Konsumverein im Dienst der politischen Partei, hier ist er „neutral“.

Noch sind wir in Deutschland weit, weit entfernt von einem gemeinsamen Waarenbezug, und da sollten wir bereits ernsthaft mit der Anbahnung internationaler Beziehungen rechnen? Aber derartige Anregungen und Beschlüsse schaden nichts, im Gegentheil, sie gewöhnen vielleicht die Völker daran, daß ihre Interessen im großen Ganzen doch die Gleichen sind und daß jede Abschließung gegen einander die wirthschaftliche und soziale Entwicklung aufhält.

Die Vertreter der deutschen Genossenschaften hatten allen diesen Kongressen wohl die gebührende Aufmerksamkeit zugewandt, mit Interesse die Tagesordnung verfolgt, auch soweit es möglich war an der Diskussion theilgenommen. Ihr Hauptaugenmerk aber hatten sie auf die Kreditgenossenschaften gerichtet, in der Erwägung, daß in einer Reihe von Staaten die Kreditgenossenschaften eine gedeihliche Entwickelung genommen, und anscheinend im Allgemeinen dem gleichen Ziel auf wenigstens verwandten Wegen nachstreben, so daß ein gemeinsamer Gedankenaustausch wohl zweckmäßig erschien. Die Kreditgenossenschafts-Bewegung hat in den meisten Ländern bereits solche Ausbreitung gewonnen, daß die Aufstellung gemeinschaftlicher, wirthschaftlicher und organisatorischer Grundsätze denkbar war, und dazu kam, daß der Kongreß in Frankreich stattfand, dem Lande, in dem mit dem Genossenschafts-Wesen so unendlich viel schon herumexperimentirt ist, wo soviel tüchtige Männer sich seit Jahrzehnten in den Dienst der Kreditgenossenschaften gestellt, und doch so wenig bisher erreicht haben. Der Verlauf des Kongresses aber zeigte bald, daß die Kreditgenossenschaften der verschiedenen Staaten noch lange nicht reif genug sind, daß für sie gemeinschaftliche, wirthschaftliche Grundsätze aufgestellt werden können. Der verschiedene Volkscharakter, die verschiedenartigen wirthschaftlichen Anschauungen treten klar hervor, und es kamen gerade hier Beschlüsse zu Stande, in denen im ersten Theil der Grundsatz nur aufgestellt wird, damit er bei dem zweiten Theil wieder aufgehoben werden kann.

In der I. Abtheilung der Tagesordnung: „Kreditgenossenschaften im Allgemeinen“ standen folgende wichtige Punkte zur Besprechung: Stellung der Selbsthilfe in der Entwicklung der Kreditgenossenschaften; Beschränkung des staatlichen Eingreifens. — Grundsätze einer Gesetzgebung über Kreditgenossenschaften. — Kreditgenossenschaften als Mittel zur Dezentralisation und zur Nutzbarmachung der Spargelder der Bevölkerung; Nothwendigkeit der Dezentralisation der Spargelder für die Entwicklung der Kreditgenossenschaft. — Solidarität der Kreditgenossenschaften mit den Genossenschaften anderer Gattungen; zu leistende Hilfe; Unterstützung der Konsumvereine. — Internationale Geschäftsverbindungen der Kreditgenossenschaften. — Propaganda für die Kreditgenossenschaften, besonders in den Handels- und Gewerbe-, landwirthschaftlichen rc. Schulen. — Die II. Abtheilung: „Städtischer Volkskredit“ enthielt u. a. folgende Punkte: Bericht über die Entwicklung der städtischen Kreditgenossenschaft in den verschiedenen Ländern. — Der Nutzen der städtischen Kreditgenossenschaften für Handwerker, Arbeiter und Kleinhändler. — Praktische Mittel zur Förderung der städtischen Kreditgenossenschaften. — Hauptgrundsätze der städtischen Kreditgenossenschaften. — Allgemeine Skizzirung der Bestimmungen der Statuten einer Volksbank, daran anschließend Eingehen auf eine Anzahl besonderer Punkte (Abstimmung in den Generalversammlungen, Begrenzung der Stimmenzahl, Reservefonds, Allgemeine Unkosten ꝛc.) — Wodurch kann der Volkskredit den einfachsten Arbeitern nutzbar gemacht werden (Ehrendarlehen ꝛc.) — Unterstützung der Volksbanken durch die Sparkassen. — Unterstützung der Volksbanken durch andere Wohlfahrtseinrichtungen, z. B. durch die Hilfskassen ꝛc. — In der III. Abtheilung der Tagesordnung: „Ländlicher Volkskredit“ sind folgende Punkte zu erwähnen: Bericht über die Entwicklung der ländlichen Kreditgenossenschaft in den verschiedenen Ländern. — Zusammenhang der ländlichen Kreditgenossenschaft mit der städtischen; Zweckmäßigkeit der Vereinigung von Kleingewerbetreibenden und kleinen Landwirthen in den Volksbanken. — Verschiedene Typen der landwirthschaftlichen Kreditgenossenschaft. — Sparkassen und ländliche Kreditgenossenschaften ꝛc. — Landwirthschaftliche Syndikate und ländliche Kreditgenossenschaften. — Unterricht über das Wesen in der ländlichen Kreditgenossenschaft in den landwirthschaftlichen Unterrichtsanstalten. — Sicherheit des landwirthschaftlichen Kredits auf der Basis der Raiffeisen-Kassen. — Mittel für die Propaganda. — Bezirks- und Centralkassen ꝛc.

An der Spitze des Kongresses stand als Präsident Eugène Rostand, der Präsident des Centre fédératif du Crédit populaire en France.

Genossenschafter und deutsche Volkswirthe dürfte es interessiren, einige der wichtigsten Referate kennen zu lernen, die deutsche Genossenschafter für den Kongreß der Volksbanken geliefert haben, zumal aus diesen sich die Stellung der Schulze-Delitzsch'schen Kreditgenossenschaften fast zu allen Punkten der Tagesordnung ergiebt.

Ueber die Privat-Initiative auf dem Gebiete der Kreditgenossenschaften und die Grenze für die staatliche Förderung

referirte Dr. Alberti, der Direktor des Verbandes der Erwerbs- und Wirthschaftsgenossenschaften am Mittelrhein. Das Referat hat folgenden Wortlaut:

Schon der 3. congres de l'alliance coopérative Internationale zu Delft 1897 beschäftigte sich mit der Frage nach der Förderung der genossenschaftlichen Bestrebungen durch den Staat und stellte in diesen Beziehungen gewisse Forderungen auf. (Vergl. den Bericht über diesen Kongreß Seite 150.) Die Diskussion über die dort vorgeschlagene Resolution hat bereits gezeigt, daß man von der Förderung durch die Staaten nicht alles erwarten soll, daß vielmehr im Interesse der Genossenschaften selbst eine sorgsame Scheidung dessen einzutreten hat, was von der privaten Initiative und dessen, was von der Thätigkeit des Staates zu erwarten ist.

Hegte man dort schon Bedenken vor einem allzu erheblichen Eingreifen des Staates auf genossenschaftlichem Gebiete überhaupt, so scheinen diese namentlich aber da begründet, wo es sich um die Kreditgenossenschaften handelt und es erscheint daher dringend geboten, hier streng auseinanderzuhalten, was die private Initiative zu leisten hat und was dem Staate obliegt.

Eine jede Kreditgenossenschaft stellt ein wirthschaftliches Unternehmen dar, dessen Erfolg durch alles das bedingt ist, was auch andere von privater Seite ins Leben gerufene Unternehmungen verlangen. Schon gleich bei der Gründung ist eine ganze Reihe von Fragen zu prüfen. Wird nur eine von ihnen falsch entschieden, so kann dies den Erfolg des ganzen Unternehmens in Frage stellen.

So ist vor Allem zu untersuchen, ob ein Bedürfniß für eine Kreditgenossenschaft vorhanden ist. Wird zu Unrecht angenommen, daß ein Bedürfniß vorliegt, so wird es der Genossenschaft an Mitgliedern und damit an der ersten Voraussetzung ihrer Lebensfähigkeit fehlen. Wie leicht kann aber schon gerade hierbei eine Täuschung obwalten, namentlich dann, wenn schon eine andere Kreditgenossenschaft vorhanden ist und also zu entscheiden ist, ob diese das Kreditbedürfniß für die als Mitglieder in Betracht kommenden Personen genügend deckt. Richtig werden dies nur diejenigen beurtheilen können, welche selbst Mitglieder der alten Genossenschaft sind, sehr selten aber eine außerhalb der Genossenschaft stehende Behörde. Wie mancher muß z. B. mit Kreditansprüchen zurückgewiesen werden, weil er den Leitern der Genossenschaft als nicht kreditwürdig bekannt ist. Gerade solche Personen beklagen sich aber am meisten über ihre Zurückweisung und erwirken bei anderen ferner stehenden Personen den Glauben, daß nicht ihre Verhältnisse, sondern die mangelnde Leistungsfähigkeit der Kreditgenossenschaft die Abweisung veranlaßt habe.

Eine weitere Frage von größter Wichtigkeit muß bei der Gründung einer Kreditgenossenschaft erörtert werden und diese geht dahin, ob die richtigen Personen zur Leitung der Genossenschaft vorhanden sind. Muß sich schon der Privatmann ängstlich prüfen, ob er persönlich einem von ihm zu gründenden Unternehmen gewachsen ist, so ist diese Prüfung bei der Genossenschaft noch weit schwieriger. Ein jedes Unternehmen erfordert in der Person des Unternehmers geschäftliche Tüchtigkeit, Fleiß, die Fähigkeit, seine Mittel richtig abzuschätzen, Hartnäckigkeit, welche sich nicht durch Mißerfolge gleich abschrecken läßt. Zu alledem kommt aber bei den Leitern einer Genossenschaft noch der Gemeinsinn, welcher den eigenen Vortheil dem des Ganzen nachsetzt oder ihn vielmehr in dem Blühen des Ganzen sucht. Solche Leute auswählen, können nur diejenigen, für welche sie wirken sollen, nie aber eine außerhalb der Genossenschaft stehende Behörde. Wird aber eine Kreditgenossenschaft gegründet, ohne daß solche Personen die Leitung ihrer Geschäfte übernehmen, so ist das Unternehmen aussichtslos: Den Mitgliedern wird es an dem Vertrauen fehlen, um dem Vorstand bei Kreditgesuchen den erforderlichen Einblick in ihre Verhältnisse zu gewähren und ebenso wird der erwartete Zufluß an Geld ausbleiben.

Wie bei der Gründung der Kreditgenossenschaft so ist auch bei ihrer Leitung die private Initiative unerläßlich und unersetzlich. Jede Kreditgenossenschaft stellt ein Stück unseres wirthschaftlichen Lebens vor, das sich nicht nach starren ewig feststehenden Regeln formen läßt. Allerdings muß durch Statut und Geschäftsordnung für Vorstand und Aufsichtsrath eine genaue Richtschnur gegeben sein. Innerhalb dieser Grenzen aber ist ein großes Feld für die Thätigkeit und das freie Ermessen der Geschäftsleitung vorhanden. Diese Thätigkeit erfordert einen weiten Blick für die wirthschaftlichen Verhältnisse. Denn einmal bedarf es einer richtigen Auffassung der jeweiligen allgemeinen wirthschaftlichen Lage überhaupt und dann der Lage der einzelnen Kreditgenossenschaft im besonderen. Letztere muß der ersteren angepaßt werden. Dazu ist wieder eine richtige Beurtheilung der Kräfte der Genossenschaft erforderlich, ebenso ihrer Bedürfnisse und Aufgaben. Und wie verschieden können diese letzteren wieder sein je nach Leistungsfähigkeit, Gewerbe, Unternehmungsgeist und wirthschaftlicher Schulung der Mitglieder! Nur wer sich in alle diese Verhältnisse hineinlebt und die Genossenschaft in enger Fühlung mit den Mitgliedern denselben anpaßt, wird seine Aufgabe als Leiter der Genossenschaft wirklich erfüllen. Wie kann dies aber anders geschehen, als durch private Initiative? Jedes schablonenhafte Eingreifen einer Behörde muß hier störend wirken. Hierzu kommt, daß sich jede Behörde bei einer Thätigkeit in einer Kreditgenossenschaft nicht den Mitgliedern, sondern ihrer vorgesetzten Behörde verantwortlich fühlen wird, denn von dieser hat sie Stellung und Auftrag erhalten und muß letzteren den ihr ertheilten Weisungen entsprechend ausführen. Wie können aber die Mitglieder einer Kreditgenossenschaft zu deren Leitung das unbedingt erforderliche Vertrauen haben, wenn die Grundsätze für die Geschäftsleitung nicht von ihnen selbst, sondern von dritten ihnen nicht verantwortlichen Personen aufgestellt werden? *Ihre* Geschäfte sind es doch, die dort besorgt werden und *ihr* Vermögen, nicht das des Staates haftet, wenn Schaden entsteht. Gerade diese Haftbarkeit macht es unerläßlich, daß Genossenschaft und Vorstand in engster Berührung bleiben und daß eine verwaltende Thätigkeit nur von solchen Personen ausgeübt wird, welche der Genossenschaft im weitesten Maße verantwortlich sind und in der Verwaltung keine Weisungen von außerhalb stehenden Organen Folge zu leisten haben. *Selbstverwaltung* und *Selbstverantwortung* sind die Grundpfeiler, auf denen jede Kreditgenossenschaft aufgebaut sein muß.

Eine viel umstrittene Frage ist es, ob auch die Beschaffung der Mittel für eine Kreditgenossenschaft lediglich durch die Mitglieder zu erfolgen oder ob hier die Thätigkeit des Staates einzugreifen hat. Die Aufgaben des Staates seinen Bürgern gegenüber im Allgemeinen zu erörtern, würde hier zu weit führen. Es kann wohl als feststehend angesehen werden, daß der Staat in weitgehendem Maße für das wirthschaftliche Wohlergehen der Bürger Sorge zu tragen hat, daß es ihm aber nicht zusteht, einen Ausgleich des Besitzes dadurch herbeizuführen, daß er den einen nimmt, um den anderen zu geben. Wohl steht es hiermit nicht im Widerspruche, wenn bei besonderen Nothlagen der Staat helfend eingreift und z. B. bei Feuer-, Wasser- oder Hungersnoth weitgehende Unterstützungen aus seinen Mitteln und zwar auch aus solchen, die er als Steuern erhebt, gewährt. Sehr wohl denkbar ist auch, daß bei der Vertheilung dieser Mittel genossenschaftliche Organisationen von großem Vortheile sein können. Dies kann namentlich der Fall sein, wenn diese Mittel darlehensweise gegeben werden. Dann handelt es sich jedoch keinesfalls um Kreditgenossenschaften in unserem Sinne.

Genossenschaften dieser Art kommen daher auch für uns nicht in Betracht.

Wie liegt es nun, wenn freien auf Selbsthilfe gegründeten Genossenschaften staatliche Mittel zur Verfügung gestellt werden, um ihnen so das mangelnde Kapital zu beschaffen? Man erklärt vielfach den Staat dann hierzu für verpflichtet, wenn diese Genossenschaften selbst zur Ansammlung des Kapitals außer Stande sind, namentlich dann, wenn die für die Mitgliedschaft in Betracht kommenden Klassen der Bevölkerung nicht kapitalkräftig sind. Von diesem Gesichtspunkte aus hat man vielfach Staatshilfe für gewerbliche und landwirthschaftliche Kreditgenossenschaften verlangt. Dies wurde dann damit begründet, daß es sich um einen Nothstand handele und daß, wie oben erörtert, der Staat einzugreifen habe, wo ein Nothstand vorliegt. Der Unterschied zwischen einem Nothstand in dem oben erörterten Sinne und dem hier als Nothstand bezeichneten Zustande liegt aber auf der Hand. Dort war eine größere oder kleinere Anzahl bestimmter Personen durch Naturereignisse in ihrem Vermögen geschädigt worden, hier aber handelt es sich um große Berufsstände, welche unter der Aenderung wirthschaftlicher Verhältnisse leiden. Haben die Angehörigen dieser Berufsstände in solchen Fällen ein Recht auf staatliche Hilfe, so muß die gleiche Hilfe auch den Klassen zustehen, welche überhaupt wirthschaftlich schlecht stehen. Ihnen könnte also der Kredit des Staates ebenfalls nicht geweigert werden. Hiermit käme man zu einem Rechte der Bürger auf staatlichen Kredit und zwar auf billigen Kredit, der schon darum undenkbar ist, weil der Staat die Mittel zur Deckung eines solchen Kreditbedürfnisses nicht hat.

Diesen Erwägungen sucht man mit dem Einwand zu begegnen, daß es sich hierbei um Bedenken handele, die wohl der Staat haben könne bei der Gewährung des Kredits an Genossenschaften, die aber für die Genossenschaft bedeutungslos seien, setze sich also der Staat über diese Bedenken hinweg, so liege kein Grund für die Kreditgenossenschaften vor, die ihnen angebotene Staatshülfe aus den erörterten Gründen abzulehnen. Hierbei ist übersehen, daß es sich im vorliegenden Falle nicht um die Erwägungen einzelner Genossenschaften, sondern um die Aufstellung von Grundsätzen auch für die staatlichen Organe handelt und daß darum die Durchführbarkeit dieser Grundsätze der genauesten Prüfung bedarf. Weiter aber haben sich auf dem Gebiete der Volkswirthschaft solche Bestrebungen auch für die einzelnen Glieder stets als unheilvoll erwiesen, welche mit den Grundsätzen der gesammten Wirthschaftspolitik nicht in Einklang zu bringen waren. Ist es also für den Staat nicht durchführbar, große Klassen des Volkes auf Kosten der Gesammtheit mit Kapital auszustatten, so muß es für die einzelne Genossenschaft von vornherein Bedenken haben, derartige Bestrebungen zu pflegen.

Thatsächlich liegt denn auch eine ganze Reihe solcher Bedenken vor.

Wie schon erörtert, ist der wesentlichste Grundsatz der Genossenschaft die Selbsthülfe. Die Vereinigung der kleinen Kräfte soll erzielt und so durch die eigene Kraft die wirthschaftliche Lage des einzelnen Genossen gehoben werden. Alles was von dieser Selbsthilfe abzieht und sie ermatten läßt, steht darum in direktem Gegensatze zur Genossenschaft und muß sie auf's schwerste schädigen. Diese Wirkung ist nun mit der staatlichen finanziellen Unterstützung von Genossenschaften nur zu leicht verbunden. Die Aufbringung von Geldmitteln ist für die Genossen naturgemäß, namentlich so lange die Genossenschaft nicht eine gewisse Blüthe erreicht hat, nicht leicht und stellt an ihren Sparsinn und ihre Entsagung erhebliche Anforderungen. Sehen nun die Genossen, daß sie das Geld bekommen können, ohne zu sparen und ohne persönliche Entbehrungen, so wird dieser Anreiz den Sparsinn gar sehr beeinträchtigen. Dann wird aber diese Quelle der Kraft für die Genossenschaft überhaupt versiegen und das Bestreben, möglichst viel von den Staatsmitteln an sich zu ziehen, an ihre Stelle treten.

Abgelenkt wird die Genossenschaft jedenfalls auch von dem Bestreben, möglichst viel eigenes Vermögen in Geschäftsantheilen und Reserven anzusammeln.

Die weitere Folge ist die, daß das, was leicht errungen ist, nicht so geschätzt und gehütet wird, als das, was durch eigene Selbstüberwindung zusammen gebracht wurde. Die Gefahr liegt darum nahe, daß die Genossenschaft und namentlich die Kreditgenossenschaft die Bahnen der vorsichtigen Verwaltung verläßt und mit dem leicht errungenen Kapitale auch leichtsinnig wirthschaftet. Diese Gefahr ist darum noch um so größer, weil überall da, wo ein Kapital leicht zu holen ist, namentlich, wenn es sich um ein solches vom Staate handelt, sich Elemente herandrängen, denen die Grundsätze der Selbsthilfe sehr weit abliegen. Daß aber das Eindringen solcher Leute in die Kreditgenossenschaft für letztere nur unheilvoll sein kann, bedarf keiner Auseinandersetzung.

Mit der Annahme staatlicher Subventionen wird ferner eine Beschränkung der Selbstverwaltung eintreten. Der Staat wird und muß sich eine gewisse Einwirkung auf die Verwaltung der Genossenschaft sichern. Er wird allgemeine Grundsätze über Verwendung, Sicherstellung rc. aufstellen und nur allzuleicht treten diese an die Stelle des eigenen wohlerwogenen Ermessens. Bei den verwaltenden Organen der Kreditgenossenschaft schwächen sie das Gefühl der Verantwortung, während sie umgekehrt im Publikum die falsche Vorstellung erwecken, daß durch die Aufsicht des Staates eine erhöhte Sicherheit gegeben sei.

Mit der durch die Annahme des Geldes zweifellos in mehr oder weniger erheblichem Grade eingetretenen Abhängigkeit der Kreditgenossenschaft von dem Staate kommt diese dann aber auch in politische Verhältnisse und Beziehungen. Die ausführenden Organe des Staates werden die politischen Anschauungen, nach denen sie überhaupt ihr Amt verwalten, leicht auch hier walten lassen und damit zu Parteiungen und Rücksichtsnahmen in der Kreditgenossenschaft Veranlassung geben, welche die lediglich nach wirthschaftlichen Grundsätzen zu führende Verwaltung stört. Und wie wird es, wenn einmal ein gänzlicher Umschwung politischer oder wirthschaftlicher Anschauungen in der Staatsleitung eintritt, wenn insbesondere die Ansicht zur Geltung gelangt, daß die staatliche Subvention einzustellen und das den Kreditgenossenschaften gegebene Geld wieder einzuziehen sei?

Die Geschichte des Genossenschaftswesens in Frankreich dürfte manches lehrreiche Beispiel dafür liefern, wie schädlich eine solche finanzielle Abhängigkeit der Genossenschaften von dem Staate ist.

Der Nachtheil, welcher aus der finanziellen Unterstützung von Genossenschaften durch Staatsmittel erwächst, beschränkt sich jedoch nicht auf die einzelne unterstützte Genossenschaft, sondern trifft das Genossenschaftswesen überhaupt. Zunächst finden sich auch in finanziell selbständigen Genossenschaften stets Leute, welche den Verlockungen der staatlichen Subvention zugängig sind. Sie werden auf deren Annahme hinarbeiten und dem Vorstande seine ablehnende Haltung sehr erschweren, vielleicht auch Kämpfe und Parteiungen in die Genossenschaft bringen, welche schon allein von nachtheiligen Folgen sind und von ihren eigentlichen Zielen ablenken.

Weiter schafft auch jede Unterstützung wirthschaftlicher Unternehmungen diesen selbst Gegner, denn alle wirthschaftlichen Unternehmungen stehen in einem gewissen Konkurrenzkampfe und die Unterstützung der einen schädigt hieran naturgemäß die anderen. So werden den Genossenschaften leicht Gegner groß gezogen in Kreisen, für welche das Genossenschaftswesen zum großen Segen gereichen könnte.

Die Gefahren der staatlichen Unterstützung für Kreditgenossenschaften glaubt man nun vielfach damit begegnen zu können, daß man als Voraussetzung für dieselbe die Selbsthilfe verlangt. So entstand das Schlagwort: „Selbsthilfe ergänzt durch Staatshilfe.“ In Wirklichkeit handelt es sich aber hier nur um Staatshilfe. Die Selbsthilfe besteht hierbei darin, daß in der Genossenschaft ein Organ gegründet wird, welches die Staatshilfe in Empfang nimmt.

Eine Theilung etwa derart, daß der Staat den gleichen Betrag hergiebt, welchen die Genossenschaft aufbringt, wird man selten finden. Wissen die Genossen, daß der Staat überhaupt Geld hergiebt, dann wird auf sofortige Zahlung gedrängt. Man begreift es nicht, daß der Staat mit der angeblich so nöthigen Hilfe zögert, bis die Genossenschaft selbst etwas geleistet hat. Der Appell an die eigene Kraft wird hier ungehört verhallen. Hat die Genossenschaft aber schon in jahrelanger Arbeit eigenes Vermögen angesammelt und erhält dann den gleichen Betrag, so wird dies erst recht verderblich wirken, denn es wird die thätige Selbsthilfe lahm legen. So sind Staatshilfe und Selbsthilfe Gegensätze, die sich für Kreditgenossenschaften zu segensvollem Zusammenwirken nur schwer vereinigen lassen, soweit sie auf dasselbe: die Beschaffung von Kapital, hinausgehen.

Als Staatshilfe in diesem Sinne hat man nun die Hergabe von Kapital durch den Staat vielfach darum nicht wollen gelten lassen, weil dieses Kapital in der Regel doch wohl verzinst wird. Aber auch hier handelt es sich um Scheingründe. Der Staat wird das Geld stets unter wesentlich anderen Bedingungen geben, als der Privatmann, denn sonst wird die Kreditgenossenschaft den immerhin etwas umständlicheren Weg der Beschaffung durch den Staat wohl kaum wählen. Die Bedingungen, um die es sich hier handelt, können mannigfache sein: geringere Verzinsung, kleinere Sicherheit, längere Festlegung. Erhält aber eine Genossenschaft unter solchen Bedingungen Geld, das sie sonst nicht oder nur gegen schwere Aufwendungen zu erlangen vermöchte, so handelt es sich zweifellos um Zuwendungen, für die eine entsprechende wirthschaftliche Gegenleistung nicht gewährt wird, also um eine Hilfe, eine staatliche Unterstützung.

Alle solche Unterstützungen sind im Widerspruch mit der Selbsthülfe und damit mit dem Begriffe der Genossenschaft überhaupt. Sie bringen dem Mittelstande nicht eine Besserung seiner Lage, sondern schwächen ihn, indem sie den Urquell alles Wohlstandes: die eigene Kraft versiegen lassen.

Demgemäß hat auch der Allgemeine Deutsche Genossenschaftstag zu Augsburg im Jahre 1895 erklärt:

> „Aufgabe und Ziel der Genossenschaft ist es, die Einzelkräfte in dem wirthschaftlichen Organismus des Staates zu sammeln und zu wirthschaftlichen Gesammtkräften zu verbinden — die Mitglieder zu Fleiß, Ordnung und Sparsamkeit zu erziehen, durch Besserung der wirthschaftlichen Lage für immer weitere Theile des Volkes den Boden für deren geistige und sittliche Hebung zu schaffen und sie so zur Mitarbeit an der Lösung der Aufgaben des Staates und der Gesellschaft zu befähigen.
>
> Erreicht wird dieses Ziel auf dem Wege der Selbsthülfe.
>
> Die Genossenschaft muß auf der ausschließlichen Entfaltung der eigenen Kraft beruhen, nur dann wird sie eine wahre Stütze des Staates und der heutigen Wirthschaftsordnung und eine Schule der Selbstverwaltung für die Mitglieder.
>
> Groß sind die Erfolge der Genossenschaften, größer aber ist das Feld, daß sich ihrer Thätigkeit noch bietet. Jeder weitere dauernde Erfolg wird davon abhängen,
>
> daß die Genossenschaften festhalten an den ewig wahren wirthschaftlichen und sittlichen Grundsätzen der Selbsthilfe, Selbstverwaltung und Selbstverantwortlichkeit,
>
> daß sie sich stets bewußt bleiben ihrer idealen Aufgaben, der wirthschaftlichen, der sittlichen und der bürgerlichen Wohlfahrt des Volkes zu dienen,
>
> daß sie allezeit bestrebt sind, den genossenschaftlichen Gedanken in immer weitere Bevölkerungskreise hineinzutragen.“

Ist hiernach die finanzielle Unterstützung der Kreditgenossenschaften durch den Staat zu verwerfen, so fragt es sich weiter, was als solche Unterstützung zu betrachten ist, ob insbesondere hierzu die staatliche Gründung und Ausstattung von Bankinstituten gehört, welche die Erleichterung des Geldverkehrs bei den Kreditgenossenschaften bezwecken. Die Kreditgenossenschaften sind ein Theil des wirthschaftlichen Gesammtorganismus. Ihre Thätigkeit spielt sich sowohl im Verkehr mit den Genossenschaften ab, wie in dem Verkehr mit der Außenwelt. Die Kreditgenossenschaft hat nicht nur die Aufgabe, den einzelnen Genossen einen gewissen Kredit zu beschaffen, sondern überhaupt ihnen die Vortheile des Geldverkehrs zugänglich zu machen. Sie muß deshalb auch mit anderen Geldinstituten in Verbindung stehen, namentlich mit Großbanken. Solche Großbanken werden auch vom Staate gegründet und haben in dem wirthschaftlichen Leben, in dem Geldverkehr, wichtige Aufgaben zu erfüllen. Nichts steht nun dem entgegen, daß die Kreditgenossenschaften ebenso wie jeder Privatmann, mit ihnen ihre Geschäfte machen. Dies gilt auch dann, wenn derartige staatliche Banken gerade zu dem Zweck gegründet sind, um den Kreditgenossenschaften förderlich zu sein und sie dem Weltverkehr anzuschließen. Eine derartige feste Kundschaft kann für die staatliche Großbank sogar von solchem Vortheile sein, daß sie in der Lage ist, den Genossenschaften gewisse Vorzugsbedingungen einzuräumen. Dies kommt auch bei dem Verkehre von Banken mit Privatkunden vor und fördert den beiderseitigen Vortheil. Löst eine staatliche Bank diese Aufgabe, so kann dabei nicht in Frage kommen, ob für sie der Verkehr mit jeder einzelnen Genossenschaft von Vortheil ist.

In dem Verkehre einer Genossenschaft mit einer staatlich gegründeten Bank, welche solche Zwecke, zugleich aber auch solche geschäftliche Grundsätze hat, daß sie sich dem Geldmarkte anpaßt und den Banken keine Vortheile bietet, die vom geschäftlichen Standpunkte aus nicht gerechtfertigt erscheinen, kann nichts als Annahme von Staatshilfe erachtet werden. Wird jedoch dieser geschäftliche Standpunkt nach der einen oder anderen oben erörterten Richtung verlassen, dann erscheint dieser Verkehr bedenklich und geeignet, die mit der Staatshilfe verbundenen Gefahren für die Kreditgenossenschaft nach sich zu ziehen.

Wird so der privaten Initiative bei Gründung und Entwicklung der Kreditgenossenschaften eine große Aufgabe zugewiesen, so fällt doch auch dem Staate hier ein weites Feld zu.

Vor Allem hat die Kreditgenossenschaft zu ihrer Entwicklung gute Gesetze nöthig, welche ihre Bildung und Verwaltung erleichtern. Die Genossenschaft ist eine besondere Form der Gesellschaft mit entsprechenden besonderen Bedürfnissen. Paßt sich die Gesetzgebung diesen an und schafft hierdurch rechtliche Zustände, unter denen die Genossenschaft ihre Geschäfte leicht und sicher führen kann, so ist damit unendlich viel gewonnen. Diese so geschaffene Rechtslage muß aber auch der Entwicklung der allgemeinen rechtlichen und wirthschaftlichen Verhältnisse entsprechend weiter gebildet werden. Hierzu ist vor Allem nöthig, daß der Staat die Entwicklung des Genossenschaftswesens mit Verständniß verfolgt und die Gesetzgebung nur einrichtet nach den so gewonnenen Erfahrungen und nicht nach politischen Ansichten und Strömungen, die an sich mit dem Genossenschaftswesen nichts zu thun haben.

Ueberhaupt ist es Aufgabe des Staates, alles zu vermeiden, was innerhalb der Genossenschaften politische Parteiungen hervorrufen könnte.

Wirthschaftliche Unternehmungen, zumal wenn sie auf dem Zusammenwirken vieler einzelner Personen aufgebaut sind, vertragen keine politischen Kämpfe innerhalb ihrer Organisation. Deshalb muß der Staat alles vermeiden, was die Genossenschaften politischen Parteien unterstellen könnte. Im Gegentheile soll die Genossenschaft ein Sammelpunkt sein, in welchem Anhänger aller politischen Ansichten friedlich zusammenwirken, und darauf hinzuwirken ist Aufgabe des Staates, weniger durch ausdrückliche gesetzliche Bestimmungen, als durch Fernhalten aller störenden Einflüsse.

Wie politisch soll der Staat auch wirthschaftlich nicht in das Genossenschaftswesen störend eingreifen. Es ist oben schon gesagt, daß sehr viele Genossenschaften als wirthschaftliche Unternehmungen Konkurrenten und damit auch Neider und Anfechter haben. Diese haben Einfluß auf die Verwaltung und Gesetzgebung des Staates zu erlangen gesucht, um sich der Konkurrenz zu erwehren. So sind thatsächlich Gesetze erlassen worden zu dem Zweck, um einzelne Genossenschaftsarten einzuschränken und in ihrer geschäftlichen Thätigkeit zu behindern. Wenn die Kreditgenossenschaften auch noch von solchen verschont geblieben sein sollten, so werden sie doch durch ein solches Vorgehen des Staates geschädigt, denn durch solche Gesetze wird das ganze Genossenschaftswesen getroffen. Zunächst muß es überhaupt in dem Publikum das Vertrauen in die genossenschaftliche Selbsthilfe erschüttern. Denn wie kann bei dem Publikum derselbe Grundsatz zur Befriedigung des Kreditbedürfnisses räthlich erscheinen, wenn er z. B. bei den Konsumvereinen als gemeingefährlich gebrandmarkt wird, und zwar gemeingefährlich, obwohl er hier Hunderttausende zur Sparsamkeit erzieht, sie der Borgwirthschaft entreißt und ihre ganze Lebenshaltung durch Beschaffung guter Lebensmittel verbessert? Der Einzelne sieht bei den Konsumvereinen die außerordentlichen Vortheile, welche die Mitglieder aus ihnen ziehen. Wenn diese Vereine dann trotzdem als Auswüchse unserer Wirthschaftsordnung gebrandmarkt werden, dann muß es in seinen Augen das Prinzip sein, auf dem sie beruhen, das Prinzip, auf dem auch die Kreditgenossenschaften aufgebaut sind.

Weiter stärkt ein solches staatliches Vorgehen aber auch die Konkurrenten und Gegner der Kreditgenossenschaften, denn so gut die Gegner der Konsumvereine staatlichen Schutz genießen, können auch sie ihn verlangen.

Der Staat kann und soll hier für die Kreditgenossenschaften fördernd wirken, indem er alle Genossenschaften schützt. Er soll das Publikum aufklären darüber, daß man nicht dem Einen ein wirthschaftliches Hilfsmittel geben und dem Anderen versagen kann. Belehren soll er die Gewerbetreibenden, daß sie der durch die Genossenschaften drohenden Konkurrenz am besten dadurch begegnen, daß sie sich selbst der Genossenschaft bedienen.

Um dies zu erreichen, empfiehlt es sich für den Staat, auch in Schulen Belehrung über das Genossenschaftswesen und namentlich über Kreditvereine zu verbreiten. Allerdings wird sich die Volksschule hierzu nicht eignen, wohl aber kann in gewerblichen und ländlichen Fortbildungsschulen dieses so werthvolle wirthschaftliche Hilfsmittel erörtert werden.

Dringend nothwendig ist dann noch, daß der Staat in seiner ganzen Wirthschaftspolitik nichts thut, was die Grundlagen der Kreditgenossenschaft: Selbsthilfe, Selbstverwaltung und Selbstverantwortung erschüttert. Verweist er so die Bürger vor Allem auf ihre eigene Kraft, veranlaßt er sie, selbst die Verwaltung ihrer Angelegenheiten zu führen und sich der Verantwortlichkeit für die Genossenschaft wie für ihr ganzes Schicksal bewußt zu werden, so wird er besser für die Kreditgenossenschaft wirken, als durch Zuwendung noch so vieler Millionen.

Hiernach werden folgende Grundsätze aufgestellt:

1. Die Gründung und Verwaltung der Kreditgenossenschaften fällt der privaten Initiative zu. Ebenso ist es Sache der privaten Initiative, das für den Betrieb der Kreditgenossenschaft erforderliche Kapital zu beschaffen. Jede finanzielle staatliche Subvention ist abzulehnen.

2. Sache des Staates ist es, den Kreditgenossenschaften die zum Geschäftsbetriebe erforderliche Rechtsgrundlage zu schaffen und entsprechend den Fortschritten der wirthschaftlichen Verhältnisse weiter auszubauen. Der Staat hat durch Schutz des Genossenschaftswesens in allen seinen Zweigen dieses selbst und damit auch die Kreditgenossenschaft zu fördern. Er soll die Kenntniß der genossenschaftlichen Grundsätze und ihrer Vorzüge verbreiten und in seiner Wirthschaftspolitik alles vermeiden, was die Grundlagen der Genossenschaften: Selbsthilfe, Selbstverwaltung und Selbstverantwortung erschüttern könnte.

Anwalt Dr. Crüger erstattete u. A. folgende Referate:

Grundsätze der Gesetzgebung für Kreditgenossenschaften.

Als im Jahre 1865 in Preußen eine aus Arbeitgebern und Arbeitern zusammengesetzte von der Regierung einberufene Kommission unter Anderem über die Frage berieth, was geschehen könne „um die auf Selbsthilfe beruhenden Genossenschaften zu fördern", erklärte der in Stettin versammelte Vereinstag des Allgemeinen Verbandes der auf Selbsthilfe beruhenden deutschen Erwerbs- und Wirthschaftsgenossenschaften: „Die einzige Förderung, welche die Genossenschaften von der Preußischen, wie von jeder anderen Staatsregierung beanspruchen, sei, daß sie sich aller Versuche, die Genossenschaften der polizeilichen Kontrole zu unterstellen, fernerhin enthalte, und dem von Schulze 1863 im Preußischen Abgeordnetenhaus eingebrachten Genossenschaftsgesetzentwurf zustimme."

In diesem Beschluß kommt die ganze Bedeutung zum Ausdruck, die in einer guten Gesetzgebung für die Entwicklung des Genossenschaftswesens liegt. Ein Gesetz kann und vor Allem soll in der Regel die wirthschaftliche Entwicklung nicht regeln, die Gesetzgebung hat sich vielmehr dieser anzupassen — wer wollte aber deswegen den großen Einfluß der Gesetzgebung auf das wirthschaftliche Leben in Zweifel ziehen! Ganz besonders bedarf Handel und Verkehr einer guten Gesetzgebung, es ist denkbar, daß Handel und Verkehr das Fehlen eines Gesetzes, das gewisse Rechtsverhältnisse im Handel und Verkehr regelt, nicht entbehren. Eins aber ist sicher, daß ein schlechtes Gesetz dem Handel schadet.

Von besonderer Bedeutung ist ein gutes Gesetz für die Genossenschaften. Auch hier sehen wir, wie ohne Gesetzgebung sich die Erwerbs- und Wirthschaftsgenossenschaften zur Blüthe entwickeln und trotzdem tritt überall das dringende Bedürfniß hervor nach gesetzlicher Anerkennung und Regelung.

Auf die Tagesordnung ist die Frage gesetzt nach den Grundsätzen der Gesetzgebung für eine bestimmte Genossenschaftsart, die Kreditgenossenschaft — ich halte die Frage für sehr eng gestellt, denn ich vermag nicht ein Bedürfniß anzuerkennen, daß für jede Genossenschaftsart ein besonderes Genossenschaftsgesetz erlassen wird, die Erfahrung zeigt, daß durch ein Gesetz sehr wohl das ganze Genossenschaftswesen geregelt werden kann, denn mögen die Geschäfte der einzelnen Genossenschaftsarten noch so verschieden sein, in ihrem Wesen gleichen diese sich und die Organisation kann in den Grundzügen überall die gleiche sein. Das Gesetz muß sich nur möglichst enthalten, Detailbestimmungen zu treffen, es muß der statutarischen Ordnung einen möglichst weiten Spielraum lassen, so daß innerhalb desselben die Eigenthümlichkeiten der einzelnen Genossenschaftsarten zum Ausdruck gebracht werden können.

Haupterforderniß für die gesetzliche Regelung der Genossenschaften ist, daß das Gesetz dem Charakter der Genossenschaft als Personal-Gesellschaft gerecht wird. Das Gesetz muß von dem Gedanken durchzogen sein, daß bei der Genossenschaft nicht Kapitalien, sondern Personen die Träger des Instituts bilden. Treffend kommt dies in der Definition des deutschen Genossenschaftsgesetzes zum Ausdruck, das die Genossenschaft definirt als eine Gesellschaft von nicht geschlossener Mitgliederzahl, welche die Förderung des Erwerbs oder der Wirthschaft ihrer Mitglieder mittelst gemeinschaftlichen Geschäftsbetriebes bezweckt.

Es scheint mir unmöglich, allgemein gültige „Grundsätze der Gesetzgebung für Kreditgenossenschaften" aufzustellen, insbesondere wenn es sich um die Erörterung der Frage auf einem internationalen Genossenschaftstage handelt, denn die juristischen Anschauungen der Völker weichen zu sehr von einander ab, als daß einheitliche Grundsätze aufgestellt werden können. Ich möchte mich in dem Folgenden daher auch nur auf das Hervorheben einiger allgemeiner Gesichtspunkte beschränken, die m. E. für die gesetzliche Regelung maßgebend sind.

I. Erstes Erforderniß ist, daß die Genossenschaft Rechtsfähigkeit besitzt, so daß der Vorstand als gesetzlicher Vertreter der Genossenschaft und nicht als Bevollmächtigter der Mitglieder handelt; die Genossenschaft muß Rechtssubjekt sein, die Mitglieder stehen ihr als Dritte gegenüber. Fehlt es an der Rechtspersönlichkeit der Genossenschaft, so ergeben sich gerade für den Geschäftsverkehr der Kreditgenossenschaften unendliche Schwierigkeiten, die naturgemäß dann auch die Ausbreitung der Genossenschaft und der Genossenschaften verhindern.

Diese Rechtspersönlichkeit soll die Genossenschaft aber nicht erwerben durch obrigkeitliche Verfügung, denn die Genossenschaft ist ein privatrechtliches Institut und darf daher behördlichem Einfluß nicht unterstellt werden — vielmehr soll die Rechtspersönlichkeit ihr durch das Gesetz verliehen werden, für den Fall, daß das Statut gewissen im Gesetz bestimmten Erfordernissen genügt. Die Prüfung, ob das Statut den Erfordernissen entspricht, wird am besten dem Gericht übertragen werden. Und um den Erwerb der Rechtspersönlichkeit nach draußen erkennbar zu machen, wird es zweckmäßig sein, die Genossenschaften, die Rechtspersönlichkeit besitzen, durch bestimmte Worte in der Firma diesen Charakter zum Ausdruck bringen zu lassen. Eintragung in ein öffentliches Register würde die zweckmäßigste Basis abgeben.

II. Die Regelung des Umfangs der Haftpflicht und der Geltendmachung der Haftpflicht durch Gesetz, ist ein wichtiges Erforderniß besonders für Kreditgenossenschaften.

Die Genossenschaft ist eine Personalgesellschaft, sie tritt ohne oder mit geringem Vermögen ins Leben, ihr eigenes Vermögen ist auch möglicherweise dem Wechsel unterworfen, der sich aus dem Charakter der Personalgesellschaft, dem Merkmal der nicht geschlossenen Mitgliederzahl, ergiebt — es muß daher für einen Ersatz gesorgt werden, soll die Genossenschaft sich des Vertrauens im geschäftlichen Leben erfreuen, was ja gerade für eine Kreditgenossenschaft von größter Bedeutung ist. Es würde dem Wesen der Genossenschaft widersprechen, das Vorhandensein eines bestimmten Kapitals zu erfordern — wohl aber verträgt es sich mit dem Wesen der Genossenschaft zu fordern, daß die Mitglieder der Genossenschaft eine persönliche Garantie für die Verpflichtungen der Genossenschaft übernehmen. Wie weit diese persönliche Garantie geht, das hängt von den Gewohnheiten des Volkes ab. In Deutschland entsprach es der Rechtsentwickelung, daß diese Garantie — die persönliche Haftpflicht der Mitglieder — eine unbeschränkte war und es konnte in Deutschland durch Jahrzehnte das Gesetz davon ausgehen, daß diese unbeschränkte Haftpflicht der Mitglieder die allein zulässige sein soll. Erst aus der Entwicklung heraus ist die Zulassung der beschränkten Haftpflicht neben der unbeschränkten Haftpflicht hervorgegangen.

Jedenfalls ist unbedingt nothwendig, daß ein Genossenschaftsgesetz zu diesen Fragen Stellung nimmt; und es wird zweckmäßig sein, wenn das Gesetz in der Wahl der Haftart nicht einen zu weiten Spielraum läßt, vielmehr bestimmte Haftarten aufstellt, unter denen die Genossenschaft wählen mag. Ich würde es für genügend erachten, wenn ein Genossenschaftsgesetz die Wahl der unbeschränkten und der beschränkten Haftpflicht zuläßt. Der Unterschied zwischen den beiden Haftarten liegt also darin, daß bei der unbeschränkten Haftpflicht die Mitglieder für die Verbindlichkeiten der Genossenschaft unbeschränkt persönlich haften — bei der beschränkten Haftpflicht ist diese persönliche Haftbarkeit durch einen (statutarisch festgesetzten) Betrag begrenzt.

Die gesetzliche Regelung der Haftpflicht aber muß eine derartige sein, daß die persönliche Haftpflicht der Mitglieder einen bürgschaftsartigen Charakter hat, d. h. es muß im Gesetz Vorsorge getroffen werden, daß der Gläubiger erst dann Befriedigung wegen seiner Ansprüche an die Genossenschaft direkt von den Mitgliedern der Genossenschaft verlangen kann, wenn er vergeblich sich bemüht hat, aus dem Vermögen der Genossenschaft Befriedigung zu erreichen. Der durchgeführte Konkurs über das Vermögen der Genossenschaft wird in der Regel diesen Zeitpunkt markiren.

Selbstverständlich muß diese persönliche Haftpflicht der Mitglieder innerhalb einer gewissen Zeit nach dem Ausscheiden aus der Genossenschaft ihr Ende erreichen.

Da die Mitglieder der Genossenschaft gleichmäßig haften, erscheint es ferner nothwendig, daß das Gesetz die Geltendmachung der Haftpflicht für den Fall des Konkurses der Genossenschaft regelt. Es mag an dieser Stelle genügen, diese allgemeinen Gesichtspunkte auszusprechen, es würde zu weit führen, die Einzelheiten der Geltendmachung dieser Haftpflicht zu erörtern.

Für die Kreditgenossenschaften verdient jedenfalls für die erste Zeit ihres Bestehens die unbeschränkte Haftpflicht den Vorzug, denn diese ersetzt den Mangel an Kapital und erhöht die Kreditfähigkeit der Genossenschaft.

Wünschenswerth ist, daß für die gesetzliche Regelung der beschränkten Haftpflicht eine Reihe Grundsätze beobachtet werden. Solche Grundsätze hat Goldschmidt in seinem Buche: „Erwerbs- und Wirthschaftsgenossenschaften" (1882) aufgestellt und Schulze-Delitzsch hat in seinem Buche: „Material zur Revision des Genossenschaftsgesetzes" (1883) ausdrücklich anerkannt, daß die Hauptpunkte, wie sie von Goldschmidt formulirt worden sind, für die gesetzliche Zulassung der Genossenschaft mit beschränkter Haftpflicht als durchaus zutreffend zu betrachten sind. Es handelt sich dabei um Folgendes:

1. Sichere äußere Unterscheidbarkeit der Genossenschaft mit beschränkter Haftpflicht von der Genossenschaft mit unbeschränkter Haftpflicht durch einen obligatorischen Firmenzusatz.

2. Volle Publizität für den in jedem Zeitabschnitt bestehenden Haftungsbetrag der Genossenschafter.

3. Haftung jedes einzelnen Genossenschafters mit einer weiteren, der Höhe seiner sämmtlichen Geschäftsantheile mindestens gleichkommenden Garantiesumme; es empfiehlt sich nicht mit dieser Haftungsgrenze unter den Betrag des Geschäftsantheils (der Aktie) herunterzugehen: es soll die Haftsumme der einzelnen Genossen (d. h. also die persönliche Haftpflicht) nicht niedriger als der Geschäftsantheil sein (d. h. als der Betrag, bis zu dem sich die Genossenschafter mit Einzahlungen zu betheiligen haben).

4. Subsidiäre Gestaltung der gesetzlichen Garantiehaft nach Art der Schadlosbürgschaft; so lange die Genossenschaft solvent ist, sind die Mitglieder nur zur Einzahlung auf den Geschäftsantheil verpflichtet — erst im Falle der Insolvenz tritt das „Umlageverfahren" ein mit Einziehung der Haftbeträge bis zur statutarischen Haftbarkeitsgrenze.

5. Die Garantiehaft gilt als modifizirt solidare Haftbarkeit: die Ausfälle der insolventen Genossenschafter sind auf die solventen — nur selbstverständlich nicht über die Haftbarkeitsgrenze hinaus — zu übertragen.

6. Austrittsrecht der Genossenschafter am Schlusse des Geschäftsjahres nach vorgängiger dreimonatiger Kündigung, aber mit zweijähriger Haftbarkeit für den Fall, daß innerhalb dieser Zeit die Genossenschaft in Konkurs geräth. Der Zulassung der Auszahlung der auf Geschäftsantheil geleisteten Einzahlungen nach dem Ausscheiden steht nichts im Wege. Dabei wird zweckmäßigerweise eine völlige Auseinandersetzung mit dem Ausgeschiedenen auf Grund der Bilanz zu erfolgen haben mit der Maßgabe, daß, wenn innerhalb einer bestimmten Zeit nach dem Ausscheiden, z. B. 6 Monate, die Auflösung der Genossenschaft erfolgt, das Ausscheiden als nicht geschehen betrachtet wird.

7. Die Geschäftsantheile sind weder vererblich noch veräußerlich, die Mitgliedschaft ist an die Person gebunden, es kann ein Mitglied, das mit mehreren Geschäftsantheilen betheiligt ist, so lange es Mitglied ist, nicht einen oder mehrere der Geschäftsantheile herausziehen — es ist das Ausscheiden mit nur einem oder mehreren Geschäftsantheilen unstatthaft.

Aus der Wichtigkeit der Bestimmungen der Haftpflicht ergiebt sich die Nothwendigkeit einer sorgfältigen gesetzlichen Regelung des Erwerbs und des Verlustes der Mitgliedschaft.

III. Die Organisation. Die Genossenschaft muß durch das Gesetz als Handelsgesellschaft betrachtet werden. Die Genossenschaft muß eine Vertretung nach Außen haben und diese muß Dritten gegenüber unbeschränkt und unbeschränkbar sein. Unbedingte Vorsorge zu treffen ist gerade mit Rücksicht auf die Kreditgenossenschaften durch die Gesetzgebung für die Schaffung eines Organs in der Genossenschaft, dem die Kontrole der Geschäftsführung obliegt. Es ist dies der Aufsichtsrath. Die Gesammtheit der Mitglieder ist natürlich außer Stande, eine regelmäßige Kontrole auszuüben — die Einräumung einer solchen Kontrole würde auch zur Behinderung des Geschäftsbetriebes führen, es muß daher gewissermaßen ein Ausschuß der Mitglieder eingesetzt werden, der für die Gesammtheit die Kontrole übernimmt. Es ist dies der Aufsichtsrath.

Die Organisation der Genossenschaft muß auf demokratischem Boden beruhen, die Genossenschaft ist eine Personalgesellschaft, — daraus ergiebt sich, daß das Stimmrecht der Mitglieder in der Generalversammlung für alle Mitglieder das gleiche sein muß. Jedes Mitglied hat eine Stimme und hat nur eine Stimme. Dies gilt auch für die Genossenschaften mit beschränkter Haftpflicht; denn würde man zulassen, daß sich mehrere Stimmen in der Hand eines Mitgliedes zusammenfinden, so würde dies der Genossenschaft den kapitalistischen Charakter geben und das muß vermieden werden.

IV. Freiheit muß für die Genossenschaft gelten bei der Kapitalbeschaffung, das Gesetz darf weder die Genossenschaft mit Rücksicht auf die Bevölkerungskreise beschränken, von denen sie Geld annehmen kann, noch darf das Gesetz eine gewisse Grenze für die Höhe der angeliehenen Kapitalien ziehen. Die Erfahrung lehrt uns, daß derartige Grenzen durch das Gesetz nicht gezogen werden können, will man nicht der Genossenschaft die Bewegungsfreiheit nehmen, deren gerade die Kreditgenossenschaft bedarf.

Zweifelhaft kann es höchstens sein, ob der Kreditgenossenschaft durch das Gesetz soll vorgeschrieben werden, daß sie nur an Mitglieder Kredit gewähren darf. Das deutsche Gesetz zieht solche Schranken, es muß aber bestritten werden, daß ein Erforderniß dafür vorhanden ist.

V. Für Bilanzziehung, Vertheilung von Gewinn und Verlust, sollten im Allgemeinen die gleichen Grundsätze gelten, die für Handelsgesellschaften maßgebend sind.

VI. Die Verhältnisse der ländlichen und gewerblichen Genossenschaften lassen einheitliche Grundsätze für die gesetzliche Regelung zu; so heißt es mit Recht in der amtlichen Begründung des deutschen Genossenschaftsgesetzes von 1889:

„Zu der Zeit, als das preußische und das norddeutsche Genossenschaftsgesetz erlassen wurden, dienten die Erwerbs- und Wirthschaftsgenossenschaften überwiegend den Interessen der gewerblichen Bevölkerung in den Städten. Seitdem hat das Genossenschaftswesen auch auf dem Lande vielseitige Anwendung gefunden. Darlehnskassenvereine zur Befriedigung des Kreditbedürfnisses der bäuerlichen Bevölkerung, landwirthschaftliche Konsumvereine zum gemeinsamen Bezug der Bedürfnisse an Kunstdünger, Saatgut, Viehfutter und dergleichen, Genossenschaften zur Beschaffung landwirthschaftlicher Maschinen und Geräthe oder zum gemeinsamen Halten von Zuchtvieh 2c., Produktiv- oder Magazinvereine, wie namentlich Molkerei-, Winzer- und Hopfenbaugenossenschaften u. s. w. zeigen die Mannigfaltigkeit der Zwecke, welche auf dem Gebiete der landwirthschaftlichen Interessen durch die genossenschaftliche Vereinigung verfolgt werden. Die Wirksamkeit der Vereine hat namentlich durch die Pflege des Personalkredits in einzelnen Gegenden Deutschlands eine merkbare Besserung in der Lage der bäuerlichen Bevölkerung herbeigeführt, und man darf bei der stetig wachsenden Verbreitung des ländlichen Genossenschaftswesens erwarten, daß sich dasselbe künftig in noch höherem Grade als ein wirksames Mittel für die Erhaltung und Stärkung des kleinen und mittleren Bauernstandes erweisen wird. Die Gesetzgebung hat daher alle Veranlassung zu prüfen, inwiefern besonderen Bedürfnissen der ländlichen Genossenschaften Rechnung zu tragen ist.

Im Allgemeinen wird man hierbei allerdings zu dem Ergebnisse kommen müssen, daß für das Gebiet gesetzlicher Regelung die Verhältnisse der ländlichen und gewerblichen Genossenschaften keineswegs in dem Grade verschieden sind, daß nicht einheitliche Grundsätze den Bedürfnissen beider Genossenschaftsarten gleichmäßig gerecht werden könnten. Es wäre auch schwierig, eine bestimmte Grenze zu ziehen. Denn bei zahlreichen Genossenschaften gehören die Mitglieder ebensowohl der gewerblichen, wie der landwirthschaftlichen Bevölkerung an. Aus der vorwiegenden Berücksichtigung des einen oder anderen Wirthschaftsgebiets ergeben sich zwar eigenartige Unterschiede für die Wirksamkeit der Genossenschaften; dieselben beschränken sich aber in der Hauptsache doch auf den Kreis der den Genossenschaftszwecken dienenden Geschäfte und auf die Bedingungen (Kreditfristen, Sicherungsmittel), unter welchen die letzteren abgeschlossen werden. Der gesetzlichen Regelung sind diese Verhältnisse entzogen."

Die wichtigsten Grundsätze für die Leitung einer städtischen Volksbank und die wichtigsten Grundsätze, die für das Statut einer städtischen Volksbank zu beobachten sind.

Ziffer 10 und 11 des Programms zu verbinden scheint mir zweckmäßig, da sich aus den Grundsätzen, die bei der Leitung einer Kreditgenossenschaft zu beobachten sind, im Allgemeinen auch die Grundsätze ergeben, die für das Statut maßgebend sind. Wie in den übrigen Referaten, kann ich auch hier mich nicht damit einverstanden erklären, daß Sondergrundsätze für sogenannte städtische Volksbanken aufgestellt werden und in den nachfolgenden Ausführungen werde ich zu Grunde legen, daß die betreffende Genossenschaft sowohl dem städtischen wie dem ländlichen Kreditbedürfniß zu genügen bestrebt ist, wobei ich vorausschicken will, daß für die Befriedigung des ländlichen Kreditbedürfnisses im Wesentlichen nur zwei besondere Gesichtspunkte in Betracht kommen, einmal die Befristung des Kredits, womit in unmittelbarem Zusammenhang steht die Befristung der fremden Betriebskapitalien und dann die Behandlung der Kreditgesuche, insoweit darauf Rücksicht zu nehmen ist, daß dem Landwirth nicht, wie dem in der Stadt angesessenen Gewerbetreibenden es möglich ist, in ständigem Verkehr mit der Leitung der Kreditgenossenschaft zu bleiben. Dabei möchte ich nicht unterlassen, darauf hinzuweisen, daß in Nr. 1 ff. der Blätter für Genossenschaftswesen von 1900 ein Aufsatz: „Einrichtungen zur Erleichterung der Befriedigung des Kreditbedürfnisses der Landwirthe" enthalten ist, in dem die Praxis einer großen Anzahl Kreditgenossenschaften in dem Geschäftsverkehr mit Landwirthen behandelt ist.

Ein Blick auf die Zusammensetzung der Mitgliedschaft der Schulze-Delitzschschen Kreditgenossenschaften ergiebt, wie es sehr wohl möglich ist, daß eine Kreditgenossenschaft sowohl den städtischen Gewerbetreibenden, wie den Landwirthen Kredit zur Verfügung stellt. Nach dem Jahrbuch des Allgemeinen Verbandes der auf Selbsthilfe beruhenden deutschen Erwerbs- und Wirthschaftsgenossenschaften für 1898 setzen sich bei 924 Kreditgenossenschaften die 489543 Mitglieder wie folgt zusammen:

I.	Selbständige Landwirthe, Gärtner, Förster, Fischer . .	29,6 %	144080
II.	Gehilfen und Arbeiter bei der Land-, Forstwirthschaft, Gärtnerei und Fischfang	2,8 „	13710
III.	Fabrikanten, Bergwerksbesitzer und Bauunternehmer . .	3,4 „	16674
IV.	Selbständige Handwerker	25,7 „	125832
V.	Fabrikarbeiter, Bergarbeiter, Handwerksgesellen . . .	5,9 „	29000
VI	Selbständige Kaufleute und Händler	9,2 „	44906
VII.	Handlungs-Kommis und sonstige kaufmännische Gehilfen	1,0 „	4971
VIII.	Fuhrherren, Schiffseigenthümer, Gast- u. Schankwirthe .	4,8 „	23479

IX.	Briefträger, untere Eisenbahn-, Telegraphen- oder Postbeamte, Eisenbahnarbeiter, unselbständige Schiffer, Kellner	2,3 %	11225
X.	Dienstmänner, Dienstboten	0,8 „	4067
XI.	Aerzte, Apotheker, Lehrer, Künstler, Schriftsteller, Kirchen-, Staats- und Gemeinde-Beamte.	6,6 „	32547
XII.	Rentiers, Pensionäre und andere Personen ohne Berufsübung	7,9 „	39052

Unter den Schulze-Delitzsch'schen Kreditgenossenschaften, die dem genannten Verbande angehören, befinden sich eine ganz erhebliche Anzahl solcher Genossenschaften, die ihr Schwergewicht gerade auf dem Lande haben, ich führe an den landwirthschaftlichen Kreditverein Augsburg, e. G. m. u. H., mit 12365 Mitgliedern, darunter 7744 Landwirthe — den Vorschußverein zu Insterburg, e. G. m. u. H., mit 4001 Mitglieder, darunter 1529 Landwirthe — die Gewerbe- und Landwirthschaftsbank zu Gotha, e. G. m. b. H., mit 3174 Mitgliedern, darunter 908 Landwirthe — den Vorschußverein zu Cosel in Schlesien, e. G. m. u. H., mit 1909 Mitgliedern, darunter 1228 Landwirthe — den Verschußverein zu Tilsit, e. G. m. u. H., mit 2419 Mitgliedern, darunter 1180 Landwirthe — die Landwirthschafts- und Gewerbebank zu Gerabronn, e. G. m. u. H., mit 1184 Mitgliedern, darunter 534 Landwirthe — den Vorschußverein zu Pillkallen e. G. m. u. H., mit 1279 Mitgliedern, darunter 798 Landwirthe u. s. w.

Die Grundsätze für die Leitung der Kreditgenossenschaften ergeben sich im Allgemeinen aus der Aufgabe derselben, diese geht dahin, das Kreditbedürfniß der Mitglieder der Genossenschaft möglichst billig zu befriedigen und gleichzeitig möglichst allen Ansprüchen, die ein Gewerbetreibender an seinen Bankier stellen kann, gerecht zu werden. So ist denn auch in den Musterstatuten für Schulze-Delitzsch'sche Kreditgenossenschaften als Gegenstand des Unternehmens angegeben:

„Der Betrieb von Bankgeschäften zum Zwecke der Beschaffung der in Gewerbe und Wirthschaft der Mitglieder nöthigen Geldmittel."

Man hat sich zuweilen an dem Wort „Bankgeschäft" gestoßen und wollte daraus herleiten, daß die Schulze-Delitzsch'schen Kreditgenossenschaften den Charakter als Genossenschaft verloren haben. Dies ist durchaus unrichtig, es kann eine Genossenschaft, die alle Arten des Kreditgeschäfts betreibt, ebenso „genossenschaftlich" geleitet werden, wie die allerkleinste Dorfkasse, der genossenschaftliche Charakter ist keineswegs von dem Umfang des Geschäfts abhängig, sondern allein von den Grundsätzen, nach denen die Leitung handelt.

Folgende Hauptgrundsätze der Kreditgenossenschaften lassen sich zusammenfassen, wie sie bereits Schulze-Delitzsch in seinem Buche: „Vorschuß- und Kreditvereine als Volksbanken" im Wesentlichen aufgestellt hat:*)

1. die Kreditbedürftigen sind selbst Träger und Leiter des auf Befriedigung ihres Kreditbedürfnisses gerichteten Unternehmens, d. h. also Mitglieder des Vereins, weshalb ihnen Risiko und Gewinn des Unternehmens gemeinsam sind;
2. der durch die Vereine vermittelte Geldverkehr ist überall auf geschäftlichem Fuße (Leistung und Gegenleistung) nach den Regeln des Bankverkehrs geordnet, so daß den Vereinsgläubigern durch die Genossenschaft, sowie dieser letztern durch die Darlehnsnehmer der marktgängige Zins nebst Provision, endlich den Geschäftsleitern und Vereinsbeamten eine ihrer Mühwaltung entsprechende Entschädigung gewährt wird;
3. durch Rücklagen aus dem Reingewinn wird ein Reservefonds gebildet, der bestimmt ist zur Deckung eines aus der Bilanz sich ergebenden Verlustes und zur Stärkung des eigenen Vereinsvermögens;

*) 6. Auflage, bearbeitet von Dr. Crüger, Verlag von J. Guttentag, Berlin.

4. entweder durch sofortige Vollzahlung oder meist allmählich durch fortlaufende kleine Beisteuern der Mitglieder werden die Geschäftsantheile derselben in der Genossenschaft gebildet, welche den Maßstab für Vertheilung der Dividende abgeben und durch Zuschreibung der letzteren ein stets wachsendes Stammkapital des Vereins repräsentiren;
5. die außerdem zum Geschäftsbetriebe erforderlichen Gelder werden anlehnsweise auf gemeinschaftlichen Kredit aller Mitglieder aufgenommen;
6. die Zugehörigkeit beschränkt sich nicht auf eine bestimmte Berufsklasse: städtische Gewerbetreibende, Beamte, Arbeiter wie Landwirthe sind als Mitglieder betheiligt, und es wird auf diese Weise nicht bloß zwischen Stadt und Land, sondern allgemein zwischen allen Berufsarten ein Ausgleich zwischen Geld-Angebot und Geld-Nachfrage herbeigeführt;
7. wie die Genossenschaft eine Personalgesellschaft ist, so dient sie auch nur der Befriedigung des Personalkredits;
8. sind dementsprechend die gewährten Kredite auch in der Regel nur kurz befristet, so wird doch, so weit wie möglich, die Tilgung des gewährten Darlehns durch entsprechende Abschlagzahlungen zugelassen, was durch die Bildung eines ausreichenden eigenen Vereinsvermögens erleichtert wird;
9. mit fortschreitender Entwicklung wird die Kreditgenossenschaft für alle Geldangelegenheiten ihrer Mitglieder deren Bankier.

In diesen Grundsätzen liegen zugleich die Regeln, die für die Leitung einer Kreditgenossenschaft als grundlegend zu betrachten sind.

Was nun das Statut anlangt, und damit kommen wir auf die Organisation, auf die Handhabung der oben bezeichneten Grundsätze in der Praxis, so muß ich vorausschicken, daß die Punkte, die in dem Programm der Tagesordnung unter a—f aufgestellt sind, mir keineswegs überall das eigentliche Wesen der Kreditgenossenschaft zu treffen scheinen. Zu den einzelnen Punkten bemerke ich:

Zu a. Es soll gegenübergestellt werden, das bei gewissen Genossenschaften angeblich besonders in Deutschland geltende System, wonach die Mitglieder mit gleichen Geschäftsantheilen und einem einzigen Geschäftsantheil betheiligt sind — mit dem System, nach dem die Genossenschaften ungleiche Geschäftsantheile haben und den Mitgliedern gestattet ist, eine ungleiche Anzahl Geschäftsantheile zu besitzen.

Geschäftsantheile ungleicher Höhe sind nach dem deutschen Genossenschaftsgesetz überhaupt nicht möglich, da der Geschäftsantheil im Statut in einer für alle Mitglieder gleichen Höhe zu bestimmen ist; ein Unterschied zwischen den Genossenschaften besteht nur insofern, als für Genossenschaften mit unbeschränkter Haftpflicht und unbeschränkter Nachschußpflicht durch das Gesetz nur der Erwerb eines Geschäftsantheils zugelassen ist, während für Genossenschaften mit beschränkter Haftpflicht nach dem Gesetz das Statut den Mitgliedern den Erwerb mehrerer Geschäftsantheile gestatten darf, wobei aber auch durch das Statut die Höchstzahl der zu erwerbenden Geschäftsantheile festgesetzt sein muß. Zwischen diesen beiden Arten von Genossenschaften liegt aber keineswegs, insoweit es sich um den Charakter der Genossenschaft handelt, ein prinzipieller Unterschied, diese Verschiedenheiten beruhen in der verschiedenen Haftpflicht und fast ganz allgemein lassen Kreditgenossenschaften mit beschränkter Haftpflicht den Erwerb mehrerer Geschäftsantheile zu, da in der Zulassung des Erwerbs mehrerer Geschäftsantheile die verschiedene Leistungsfähigkeit der Mitglieder zum Ausdruck kommen kann. Wie wenig durch die Zulassung des Erwerbs mehrerer Geschäftsantheile der genossenschaftliche Charakter beeinflußt wird, ergiebt sich daraus, daß auch bei Genossenschaften mit beschränkter Haftpflicht die Mitglieder, die mehrere Geschäftsantheile erworben haben, in der Generalversammlung nur eine Stimme haben, sie haben nicht mehr Stimmrecht, wie ein Mitglied, das nur im Besitz eines Geschäftsantheils ist. De lege ferenda möchte ich behaupten, daß die Zulassung des Erwerbs mehrerer Geschäftsantheile für Genossenschaften mit beschränkter Haftpflicht durchaus empfehlenswerth ist, vorausgesetzt nur, daß das Stimmrecht der Mitglieder dadurch nicht beeinflußt wird, vielmehr auch der Grundsatz des deutschen Genossenschaftsgesetzes übernommen wird, wonach jedes Mitglied eine und nur eine Stimme in der Generalversammlung hat.

Zu b. Die Frage ist mit dem vorstehend aufgestellten Grundsatz beantwortet. Sobald die Gesetzgebung es zuläßt, daß das Stimmrecht statutarisch verschieden geordnet wird, besteht die Gefahr, daß die genossenschaftliche Form für Zwecke benutzt wird, für die sie nicht bestimmt ist. Das allgemeine gleiche Stimmrecht gehört zu den Fundamenten der Genossenschaft.

Zu c. Auf eine möglichste Stärkung der Reserven ist unbedingt gerade bei Kreditgenossenschaften zu sehen; der Reservefonds wird am zweckmäßigsten bemessen nach dem Verhältniß des Risikos; die Höhe des Risikos ergiebt sich aus dem zur Befriedigung des Kreditbedürfnisses benutzten Betriebskapital — in dem Musterstatut für Kreditgenossenschaften ist bestimmt, daß der Reservefonds allmählich bis zur Höhe von wenigstens 5% des Betriebskapitals angesammelt werden soll.

In der Frage des Programms ist von einer Begrenzung des Maximums des Reservefonds die Rede. Meines Erachtens kommt es nicht auf eine Limitirung des Maximums an, sondern das Minimum sollte festgesetzt werden und sehr richtig bestimmt das deutsche Genossenschaftsgesetz in § 7: „das Statut muß bestimmen die Bildung eines Reservefonds, welcher zur Deckung eines aus der Bilanz sich ergebenden Verlustes zu dienen hat, sowie die Art dieser Bildung, insbesondere den Theil des jährlichen Reingewinns, welcher in den Reservefonds einzustellen ist, und den Mindestbetrag des letztern, bis zu dessen Erreichung die Einstellung zu erfolgen hat."

Jede Verminderung des Reservefonds ist daher auch grundsätzlich zu vermeiden. Nicht auf die Amortisirung, sondern auf die Vergrößerung des Reservefonds ist Bedacht zu nehmen, zumal jede Vergrößerung der Genossenschaft auch mit einer gewissen Erhöhung des Risikos verbunden ist.*)

Zu d. Die Zurückvergütung des Ueberschusses nach Verhältniß der gezahlten Zinsen und Provisionen, ist in Deutschland wohl bei Beginn der Genossenschaftsbewegung erörtert, hat aber keinen Eingang gefunden. Zur Zeit ist es nur von einer einzigen Genossenschaft bekannt, daß diese einen Theil des Ueberschusses nach Verhältniß der gezahlten Zinsen und Provisionen zurückvergütet. In den Jahren 1897/98 ist die Frage nochmals in den Blättern für Genossenschaftswesen aus Veranlassung des Beschlusses des Kongresses der belgischen Volksbanken erörtert — die Erörterung ist nicht zu Gunsten der Einrichtung ausgefallen, es sei auf den Aufsatz der Blätter für Genossenschaftswesen von 1897 S. 492 ff. verwiesen. Auf die Einzelheiten der Frage hier einzugehen, würde zu weit führen.

Zu e. Für die Bemessung der Unkosten wird der richtige Grundsatz der sein, daß für die Verwaltung die Leistung der Gegenleistung entsprechen soll. Bei den Schulze-Delitzsch'schen Kreditgenossenschaften ist die Besoldung der Vorstandsmitglieder entsprechend ihren Leistungen ein allgemein anerkannter Grundsatz; nicht nothwendig erscheint es mir, hier die Gründe dafür auseinanderzusetzen. Die Höhe der Besoldung richtet sich, entsprechend diesem Grundsatze, nach der Höhe der Leistungen. Vorstandsmitglieder, die nebenamtlich die Geschäfte wahrnehmen, erhalten selbstverständlich nur eine geringe Entschädigung — Vorstandsmitglieder, die ihre Obliegenheiten in Berufsstellung ausfüllen, müssen so gestellt sein, daß sie entsprechend ihrer Stellung zu leben vermögen. Und dabei hat sich als der richtige Grundsatz für die Besoldung der Vorstandsmitglieder herausgestellt, daß man sie mit einem festen Gehalt anstellt und ihnen nur einen geringen Antheil an dem Reingewinn zubilligt, um sie an der Entwicklung der Genossenschaft zu interessiren. Unzulässig erscheint es, die Grundsätze der Gewinnbetheiligung der Arbeit auf Kreditgenossenschaften zu übertragen, da ja die Erzielung eines Gewinnes nicht zu den Aufgaben einer Kreditgenossenschaft gehört und es

---

*) In der betreffenden Frage war auf die Amortisirung des Reservefonds hingezielt.

würde heißen einen Interessen-Konflikt bei den Vorstandsmitgliedern hervorrufen, wollte man eine weitgehende Betheiligung am Gewinn durchführen: das Vorstandsmitglied würde für sich dann einen möglichst hohen Antheil am Reingewinn und einen möglichst hohen Reingewinn erstreben, während es doch thatsächlich bemüht sein soll, das Kreditbedürfniß der Mitglieder so billig wie möglich zu befriedigen. Eingeschaltet mag hier nur werden, daß die Behauptung, die Schulze-Delitzsch'schen Kreditgenossenschaften würden theuer verwaltet und besonders theurer wie die Raiffeisen'schen Darlehnskassen, der Begründung entbehrt.

Zu f. Die statutarische Begrenzung der Dividende hat sich bei den deutschen Kreditgenossenschaften weder als nothwendig, noch als zweckmäßig erwiesen, schon aus dem Grunde, weil die Verhältnisse bei den einzelnen Kreditgenossenschaften zu verschiedenartig liegen. Die Dividende wird nach Verhältniß der Höhe der Geschäftsguthaben vertheilt — je kleiner der Betrag der Geschäftsguthaben, desto höher naturgemäß die Dividende, je größer das Geschäftsguthaben-Kapital, desto kleiner die Dividende. Die Allgemeinen Genossenschaftstage haben wiederholt durch Beschlüsse den Kreditgenossenschaften den Rath ertheilt, niemals das eigentliche Ziel aus den Augen zu verlieren: billigste Befriedigung des Kreditbedürfnisses, bei Vertheilung der Ueberschüsse dann aber darauf bedacht zu sein, daß eine Stärkung der Reserven aus den Ueberschüssen mehr im Interesse der Genossenschaften und deren Mitglieder gelegen ist, als eine hohe Dividende. Diese Beschlüsse haben dann auch im weitesten Umfange Beachtung gefunden. Wo bei den deutschen Kreditgenossenschaften heute noch hohe Dividende zur Vertheilung gelangt, ist dies, vereinzelte Ausnahmen abgerechnet, nicht darauf zurückzuführen, daß hohe Zinsen und Provisionen berechnet sind, sondern daß das Geschäftsguthaben, das an dem Dividendenbezug theilnimmt, zu niedrig ist. Nöthiger als eine statutarische Beschränkung der Dividende, erscheint der Rath, für angemessene Höhe des Vereinsvermögens Sorge zu tragen.

Wenn ich mir nun, unabhängig von dem Tagesordnungs-Progamm, gestatten darf, die Grundsätze aufzustellen, die für das Statut einer Kreditgenossenschaft maßgebend sind, so soll dies in Folgendem geschehen.

Zu unterscheiden ist meines Erachtens zwischen dem Statut und den Geschäftsordnungen, die für jeden Geschäftszweig gelten sollten. Das Statut soll nur die Grundsätze der Geschäftsführung enthalten, die Einzelheiten gehören in die Geschäftsordnung.

Wie bereits bemerkt, kommen für die Kreditgenossenschaften als Besonderheiten in Betracht:

a) Eine umfangreiche Geldbeschaffung;

b) die für die Kreditgewährung maßgebenden Bestimmungen.

Zu a. Für die Geldbeschaffung hat sich das Statut ganz allgemein zu halten. Es genügt eine Bestimmung des Statuts, nach der die Verwaltung berechtigt ist, fremde Gelder nach dem durch den Umfang der Geschäfte gebotenen Bedürfniß aufzunehmen.

Es sind dann durch die Geschäftsordnungen die Einzelheiten zu regeln, die bei der Heranziehung der fremden Gelder zu beobachten sind.

Zweckmäßig erscheint es, in die Hände der Generalversammlung die Bestimmung des Höchst-Betrages zu legen, über den hinaus fremde Gelder nicht aufgenommen werden sollen. Das deutsche Genossenschaftsgesetz verlangt dies sogar.

Zu b. Für die Kreditgewährung — den eigentlichen Gegenstand des Unternehmens — hätte das Statut die folgenden Punkte zu regeln:

1. An wen Kredit gewährt werden soll; durchaus wünschenswerth ist, daß die Kreditgewährung nur an Mitglieder der Genossenschaft erfolgt. Durch das deutsche Genossenschaftsgesetz ist dies ausdrücklich vorgeschrieben.

2. Auf welche Arten der Kreditgewährung sich der Geschäftsbetrieb erstrecken soll. Und da mag hingewiesen werden auf die oben mitgetheilten allgemeinen für die Kreditgenossenschaften geltenden Grundsätze, nach denen die Kreditgenossenschaft

eine Volksbank im wahren Sinne des Wortes sein soll. Es muß daher empfohlen werden, daß die Kreditgenossenschaften sowohl das reguläre Vorschußgeschäft betreiben, wie ferner Wechsel diskontiren, als auch das Konto-Korrent-Kreditgeschäft pflegen.

3. Die Formen, in denen die Kreditgewährung vor sich geht, sind im Statut klar zu regeln. Lege ich das deutsche Genossenschaftsgesetz zu Grunde, das davon ausgeht, daß die Geschäftsführung in den Händen des Vorstandes liegt und zur Kontrole der Geschäftsführung ein Aufsichtsrath eingesetzt wird, so ergiebt sich als Grundsatz, daß die Kreditgewährung in den Händen des Vorstandes liegen muß. Dabei hat eine jahrzehntelange Praxis aber ergeben, daß es möglich und wünschenswerth ist, dem Aufsichtsrath innerhalb seiner Zuständigkeit eine Mitwirkung bei der Kreditgewährung einzuräumen. Die Stellung des Aufsichtsrathes verbietet es, daß ihm die Kreditgewährung selbst übertragen wird, wohl aber ist es mit der Stellung vereinbar, daß ihm ein Veto eingeräumt wird, indem es statutarisch dem Vorstand zur Pflicht gemacht wird, zu jeder Kreditgewährung die Genehmigung des Aufsichtsraths einzuholen.

4. Ueber die Höhe der zu gewährenden Kredite kann das Statut natürlich nichts bestimmen, denn maßgebend sind für sie die Verhältnisse der Mitglieder und die Mittel der Genossenschaft. Es erscheint aber wünschenswerth, den Mitgliedern die Möglichkeit zu bieten, dem Risiko eine gewisse Grenze zu ziehen. Oben zu a empfahl ich, der Generalversammlung es zu überlassen, den Höchstbetrag zu bestimmen, über den hinaus nicht fremde Gelder angenommen werden sollen. Hier übertrage ich die Empfehlung auf die Kreditgewährung: Der Generalversammlung soll die Festsetzung des Betrages vorbehalten bleiben, über den hinaus Kredit nicht gewährt werden darf.

5. Die Art der Sicherheit, die zu leisten ist, zu regeln, ist jedenfalls Sache des Statuts. Entsprechend dem Charakter der Kreditgenossenschaft als Personalgesellschaft wird auszuschließen sein die Real-Kreditgewährung. Sache des Statuts ist es, festzusetzen, ob ohne weitere Sicherheit Kredit gewährt werden kann, in welchem Falle oder welcher Art die zu bestellenden Sicherheiten sein müssen.

Bestimmungen über die Fristen, über Prolongationen, über Zinsfuß können durch das Statut nur ganz allgemeiner Art getroffen werden. Den Geschäftsordnungen ist es zu überlassen, diese Fragen zu regeln.

6. Dagegen ist es Sache des Statuts, die Kreditgewährung an Vorstand und Aufsichtsrath zu regeln und zwar am besten in der Art, daß Vorstandsmitglieder ganz von der Kreditentnahme ausgeschlossen werden und die Kreditgewährung an Aufsichtsrathsmitglieder an Kautelen geknüpft wird, die eine gewisse Sicherheit dafür bieten, daß nicht Vorstands- und Aufsichtsrathsmitglieder ihre Stellung in der Genossenschaft in persönlichem Interesse mißbrauchen.

Das wären die Punkte, deren Regelung durch das Statut zu erfolgen hätte.

Zusammenhang des städtischen und ländlichen Volksbankkredits; Nutzen einer Verbindung von Gewerbetreibenden und Landwirthen in den Volksbanken.

In dem vorstehenden Referate habe ich Stellung genommen zu Fragen des städtischen und ländlichen Kredits und mich dahin ausgesprochen, daß ein grundsätzlicher Unterschied zwischen den beiden Kreditarten nicht existirt, daß von einer Kreditgenossenschaft, sowohl das sogenannte städtische wie das ländliche Kreditbedürfniß befriedigt werden kann. Ich habe auch dargelegt, wie jene Unterscheidung durchaus willkürlicher Natur ist, indem wenigstens die deutschen Kreditgenossenschaften, bis auf vereinzelte Ausnahmen, dahin gelangt sind, alle Berufsarten in sich aufzunehmen. Als ein Kennzeichen der ländlichen Kreditgenossenschaften könnte höchstens der Umstand angesehen werden, daß sie ihren Geschäftsbetrieb auf die Dorfgemeinde beschränken und dadurch einen ländlichen Charakter erhalten, aber auch bei ihnen fehlen selten Mitglieder anderer Berufsarten.

Stadt und Land gehören zusammen. Auch die Genossenschaftsgesetzgebung kann für alle Kreditgenossenschaftsarten die gleiche sein, wie in dem besonderen Referat (siehe oben) näher dargelegt ist.

Die Vortheile der Verbindung der Vertreter der verschiedenen Berufsarten zu einer Kreditgenossenschaft lassen sich nach folgenden Richtungen hin feststellen.

1. Nur eine solche Verbindung führt zum Geldausgleich. Es ist eine bekannte Thatsache, daß in dem gleichen Gewerbestande fast zur selben Zeit ein Kreditbedürfniß der Angehörigen des Berufs sich geltend macht und wieder um dieselbe Zeit auch sich ein Zurückströmen der Geldaußenstände zeigt. Mitglieder eines bestimmten Gewerbestandes stoßen daher auf erhebliche Schwierigkeiten, wenn sie allein eine Kreditgenossenschaft bilden wollen, vereinigen sie sich aber mit Mitgliedern anderer Berufsstände, so ist weit eher ein Ausgleich der Geldbedürfnisse zu erwarten, ganz besonders klar tritt dies in die Erscheinung, wenn sich Mitglieder städtischer und landwirthschaftlicher Berufsarten in der Kreditgenossenschaft zusammenfinden.

2. Der Kredit einer solchen, aus verschiedenen Berufsarten zusammengesetzten Genossenschaft ist ein in sich gefestigter, weil eine derartige Genossenschaft von sicherem Bestande zu sein verspricht, als eine Genossenschaft, die nur Mitglieder eines Berufsstandes umfaßt. Nehmen wir z. B. den Fall, daß eine wirthschaftliche Krisis ausbricht, besteht die Kreditgenossenschaft nur aus Mitgliedern des Berufsstandes, der von der Krisis betroffen ist, so ist es ohne Weiteres klar, daß auch die Kreditgenossenschaft von der Krisis in Mitleidenschaft gezogen wird — setzen sich die Mitglieder aus verschiedenen Berufsständen zusammen, so wird die Krisis von der Genossenschaft weit weniger schwer empfunden.

3. Eine Thatsache ist es, daß der Angehörige eines Berufs nur ungern einem anderen Angehörigen desselben Berufs gegenüber seine Wirthschafts- und Erwerbsverhältnisse offenlegt — ebenso ist es auch eine Thatsache, daß Konkurrenz-Rücksichten den Angehörigen eines Berufsstandes beeinflussen bei der Kreditgewährung an den Kollegen des gleichen Berufs, denn er sagt sich, stärkt er die Leistungsfähigkeit des Konkurrenten, so wird er selbst möglicherweise im Geschäft die nachtheiligen Folgen empfinden. Am wenigsten herrschen derartige Konkurrenz-Rücksichten noch in der Landwirthschaft, am ausgeprägtesten sind sie im Handwerk, aber auch in der Landwirthschaft gestattet der Landwirth dem Berufsgenossen der Gemeinde nur ungern einen Einblick in seine Verhältnisse. Dies macht sich selbstverständlich fühlbar bei einer Kreditgenossenschaft, deren Mitglieder nur einem Berufe angehören — setzt sich die Mitgliedschaft der Kreditgenossenschaft aus verschiedenen Berufsarten zusammen, so werden nur selten derartige Konkurrenz-Rücksichten bei der Kreditgenossenschaft in Bezug auf die Kreditbemessung entscheidend sein.

4. Die Verbindung der verschiedenen Berufsarten in der Kreditgenossenschaft, erhöht zweifellos die Leistungsfähigkeit der Genossenschaft und gereicht damit den verbundenen Mitgliedern zum Nutzen.

Bei einem andern Punkt der Tagesordnung ist die Frage aufgeworfen, unter welchen Bedingungen die Kreditgenossenschaften Centralkassen bilden sollen. Die Beantwortung der Frage hängt auch mit dem hier behandelten Gegenstand zusammen. Beschränkt sich eine Genossenschaft nur auf die Angehörigen eines Berufes, so ergiebt sich daraus ohne Weiteres, daß die Genossenschaft nur unter kleinen und kleinsten Verhältnissen zu arbeiten im Stande ist, ein solches Institut wird dann selten in der Lage sein, auf eigenen Füßen zu stehen, genügende Leistungsfähigkeit zu entwickeln, um das Kreditbedürfniß der Mitglieder zu befriedigen — hier sehen wir in dem Zusammenschluß der benachbarten gleichartigen Kassen zur Centralkasse die nothwendige Folge der sich aus der ursprünglichen Organisation ergebenden Kleinheit der Kassen. Freilich soll dabei nicht unberücksichtigt bleiben, daß eine solche Centralisirung von Kassen, deren Mitgliederbestand sich aus Angehörigen eines Berufs zusammensetzt, an und für sich nicht unbedenklich ist, denn die Gefahren, die sich für die Einzelkassen daraus ergeben, daß die Mitglieder nur einer Berufsart angehören, potenziren sich bei der aus einer größeren Anzahl solcher Kassen bestehenden Centralkasse. Es mag sein, daß diese Befürchtungen in der Theorie größer sind, als sie in der Praxis sich ergeben werden, es ist aber immer bedenklich, wenn man sich theoretischen Befürchtungen gegenüber darauf beruft, daß die Praxis sich anders gestalten wird und zumal da, wo keine Nothwendigkeit vorliegt, die praktische Probe auf theoretische Befürchtungen zu versuchen.

Ich fasse meine Ansicht dahin zusammen, daß eine Kreditgenossenschaft, die die verschiedenen Berufsarten in sich vereinigt, durchaus in der Lage ist, die Sonder-Ansprüche, die die eine Berufsart an die Befriedigung des Kreditbedürfnisses stellen kann, zu erfüllen und, daß keinerlei Veranlassung vorliegt, verschiedene Organisationen für die Befriedigung des städtischen und ländlichen Kreditbedürfnisses zu bilden, daß vielmehr aus der Verbindung der Mitglieder der verschiedenen Berufsarten zur Kreditgenossenschaft, für alle Betheiligten nur Vortheile entstehen.

Anwalt Dr. Crüger hatte ferner noch Referate geliefert zu den Punkten: „Praktische Mittel für die Gründung von Kreditgenossenschaften in den Städten zu agitiren"; „Gegenwärtiger Stand der städtischen Kreditgenossenschaften"; „Ueber den Nutzen des genossenschaftlichen städtischen Kredits für Arbeiter, Handwerker und kleine Unternehmer"; „Solidarität der Kreditgenossenschaften mit den anderen Genossenschaftsarten".

Wie kam es nun zur Beschlußfassung? Die Referate waren längere Zeit vor dem Kongreß eingeliefert und ins Französische übersetzt. Dabei ist die erstaunliche Arbeit zu bewundern, die der auch den deutschen Genossenschaftern wohl bekannte Professor Dufourmantelle geleistet, indem er sich der Mühe der Uebersetzung der meisten Arbeiten unterzogen hatte. Wenn nun der Referent auf dem Kongreß sein Referat vorgetragen hatte — natürlich nur durch einen kurzen Hinweis darauf, — so wurde die Debatte eröffnet, eine kurze Erörterung, in der hauptsächlich die Franzosen das Wort ergriffen, und der Präsident zog eine Resolution aus der Tasche, die angeblich nur eine kleine Umwandlung der von dem Referenten vorgeschlagenen Resolution enthalten sollte, die aber meist in Wirklichkeit keineswegs so harmlose Abänderungen enthielt, wie sich bei näherer Betrachtung herausstellte und alles andere, nur nicht international war, vielmehr zugeschnitten erschien auf französische Verhältnisse. Ganz offenbar ergab sich jetzt, daß diese internationalen Kongresse in den Dienst der französischen Genossenschaften gestellt werden sollten, daß diese beabsichtigten, ihren lokalen Wünschen durch die internationalen Beschlüsse den entsprechenden Nachdruck zu verleihen. So erklären sich die oben mitgetheilten Beschlüsse; es kann füglich nicht behauptet werden, daß ein derartiges Vorgehen der internationalen Genossenschafts-Sache förderlich ist.

Die Zahl der erstatteten Referate war Legion. Ihr Inhalt selbstverständlich nicht gleichwerthig. Einige Glossen zu den Referaten hier einzuflechten, läge nahe, doch diese Darstellung würde dann dem Heft den Charakter einer Streitschrift geben und das soll sie nicht sein. Nur so nebenbei möchten wir des Umstandes Erwähnung thun, daß in den Referaten des Anwalts des Allgemeinen Verbandes der deutschen landwirthschaftlichen Genossenschaften über die verschiedenen Typen, die die ländlichen Kreditgenossenschaften in Deutschland angenommen haben, und über die Lage des ländlichen genossenschaftlichen Kredits, der Leistungen der Schulze-Delitzsch'schen Kreditgenossenschaften für die Befriedigung des ländlichen Kredits **keiner** Erwähnung geschieht oder nur in dem Sinne, daß sie für diesen Zweck minderwerthig sind, das ist kennzeichnend. Es war den Verfassern die Geschichte des Offenbacher Verbandes offenbar entfallen und ebenso, daß thatsächlich eine nicht kleine Anzahl der diesem Verbande angehörigen Genossenschaften völlig nach Schulze-Delitzsch'schen Grundsätzen organisirt ist. Die ausländischen Referate sind zum Theil ganz vortrefflich, in ihnen wird vielfach besonders eingehend das Verhältniß der Sparkassen zu den Kreditgenossenschaften behandelt und bieten sie gerade in diesem Theil lehrreiches Material. Für Deutschland war dieses Thema in trefflicher Weise von Regierungsrath Dr. Seidel-Wiesbaden behandelt.

Sehr große Hoffnungen auf die Entwicklung der Kreditgenossenschaften in Frankreich haben wir nicht. Das Kreditgenossenschaftswesen leidet vor allem unter der Centralisation des Sparkassenwesens, bei dem die Gelder aus den Provinzen und Bezirken herausgeholt und dem Staate dienstbar gemacht werden. Der Franzose scheint sich auch im Allgemeinen zum Genossenschafter nicht gerade zu eignen; da soll gleich alles ins Große gehen und vor allen Dingen — es soll schnell gehen. Die mühselige, genossenschaftliche Entwicklung, wie wir sie in Deutschland gehabt haben, ist in Frankreich undenkbar. Auf dem Kongreß der französischen Volksbanken in Marseille (1889) äußerte sich der bekannte Genossenschafter Ludovic de Besse: „Man kann wohl behaupten, der Grund, daß wir nicht vorwärts gekommen sind, liegt darin, daß wir Alles zu schnell machen wollen; unser Nationalfehler ist unsere natürliche Leidenschaftlichkeit, la furia francese genannt, die uns verleitet, mit einem Schlage zur Vollendung kommen zu wollen. Wir haben vergessen, daß das Bessere des Guten Feind ist, daß man in allen Sachen mit dem Anfang beginnen und Schritt für Schritt vorwärts gehen muß. Was in unseren Plänen ganz vorne steht, kommt in der Ausführung zuletzt. Das Ziel des genossenschaftlichen Systems ist auf allmähliche Emancipation der Arbeiter gerichtet, bestrebt, sie zu erheben aus der Stellung des Lohnarbeiters zu der des Unternehmers . . . In Frankreich will man, daß die Volksbanken uns mit einem Schlage an dieses Ziel bringen.“ Jetzt nun greift der Staat ein und wird die Kreditgenossenschaften fördern. Es ist ja nicht das erste Mal, daß die französische Regierung das Genossenschaftswesen gefördert hat, aber niemals ist der Rückschlag bisher ausgeblieben und er hat dann stets auch die kleinen gesunden Pflänzchen vernichtet.

Charakteristisch für das französische Genossenschaftswesen ist, daß wohl seit bald 15 Jahren die Kammern über das Genossenschaftsgesetz berathen, sie können sich nicht einigen. Möchte ja doch jede Genossenschaftsart ihr Spezial-Gesetzchen haben. Es scheint den Franzosen ganz undenkbar, ein Gesetz für die Genossenschaften zu erhalten, für das allein die großen Gesichtspunkte maßgebend sind, wie wir sie in dem deutschen Genossenschaftsgesetz haben.

Dazu kommt die gerade in Frankreich herrschende Verquickung von Gewinnbetheiligung und Genossenschaften. Der mitgetheilte Beschluß über die Gewinnbetheiligung bei den Kreditgenossenschaften ist kennzeichnend. Es nutzte den Vertretern der deutschen Genossenschaften nichts, daß sie die Franzosen aus ihrer eigenen Erfahrung heraus darauf aufmerksam machten, daß die Gewinnbetheiligung in der Kreditgenossenschaft zu den schwersten Konflikten führen könnte, es galt das Prinzip der Gewinnbetheiligung zu retten, und diesem Prinzip zu Liebe wurde der gesunde volkswirthschaftliche Gedanke geopfert.

Aber diese, vielleicht scharfe, Kritik soll uns nicht abhalten, anzuerkennen das ernste Bestreben der französischen Genossenschafter, und anzuerkennen die Verehrung, die in allen Kreisen auch heute dem Schöpfer des deutschen Genossenschaftswesens, Schulze-Delitzsch, dargebracht wird. Die Worte der deutschen Genossenschafter fanden ganz besonders Gehör — wenn dann schließlich auch die Beschlüsse auf französische Verhältnisse zugespitzt wurden.*)

IV.

Noch ein Wort über die Ausstellung.

Auf der Pariser Weltausstellung fehlte das Genossenschaftswesen nicht, es nahm die Darstellung des Genossenschaftswesens sogar einen sehr breiten Raum ein, aber freilich gilt dies für Deutschland nur in sehr beschränktem Umfange. Die Versuche des Anwalts des Allgemeinen Verbandes der deutschen Erwerbs- und Wirthschaftsgenossenschaften, Dr. Crüger, eine Ausstellung des Genossenschaftswesens im großen Stil herbeizuführen, mißlangen, es fehlte der Raum dazu oder wohl auch die Einmüthigkeit unter den deutschen Genossenschaften. Wäre letztere vorhanden gewesen, hätte sich vielleicht auch der geeignete Raum gefunden. Die Leitung der deutschen Ausstellung hat das Schwergewicht auf die Industrie gelegt, und wie der Erfolg gezeigt, hat sie Recht damit gethan. Sie wollte einer Zersplitterung der Kräfte möglichst vorbeugen. Immerhin wäre ein zweckmäßigeres Arrangement der sozialen Ausstellung, als wir es fanden, doch denkbar gewesen.

Die soziale Ausstellung war in zwei Theile zerlegt, der eine Theil befand sich in dem Kongreßhaus, der andere Theil im Deutschen Haus. Natürlich litt schon hierunter die Ausstellung selbst. Der erste Theil nun wurde aber auch überdies durch die Ausstellung der Arbeiterversicherung fast vollkommen in Anspruch genommen, so vermißten wir denn ganz oder fast ganz die Ausstellung der Sparkassen, der Gewerbevereine, Gewerkvereine und

*) Hier sei noch besonderer Dank Herrn Henry W. Wolff-London ausgesprochen, dessen Bemühungen es zu verdanken ist, daß die Beschlüsse der internationalen Genossenschaftskongresse hier mitgetheilt werden konnten, denn die Berichte waren in Folge der sehr mangelhaften Berichterstattung auf den Kongressen schwer zu beschaffen.

Gewerkschaften, der freien Kassen — wir vermißten eine Gesammtdarstellung des deutschen Genossenschaftswesens. Fast alle anderen Staaten hatten diesem Gebiete der sozialen Wirksamkeit den weitesten Raum bewilligt. Wenn man nur nach den Ausstellungsgegenständen eine vergleichende Darstellung der auf Selbsthilfe beruhenden sozialen Schöpfungen der verschiedenen Staaten geben wollte, so müßte man zu dem Resultat kommen, daß Deutschland weder Genossenschaften, noch freie Hilfskassen, noch Sparkassen, noch Gewerbevereine, noch Gewerkvereine und Gewerkschaften besitzt. Das war höchst bedauerlich und ist denn auch von allen sozialen Politikern, die die Ausstellung besuchten, in gebührendem Maße gewürdigt. Gelegentlich eines Kongresses sprach einer der französischen Volkswirthe dem Anwalt Dr. Crüger gegenüber sein Bedauern aus, daß die deutschen Genossenschaften nicht ausgestellt hätten. Dr. Crüger erwiderte ihm, daß der Allgemeine Verband allerdings und zwar eine recht bedeutende Ausstellung geliefert habe, sie wäre in der betreffenden Abtheilung des Deutschen Hauses nur so untergebracht, daß es allerdings eines hervorragenden Spürsinns bedürfte, um sie zu finden. Schon vorher hatten deutsche Genossenschafter Dr. Crüger geklagt, daß sie beim besten Willen trotz umfangreichster Recherchen im Deutschen Hause die Ausstellung des Allgemeinen Verbandes nicht haben entdecken können, auch selbst Diener der Ausstellung konnten dabei nicht behülflich sein. Es verdient dies hier hervorgehoben zu werden, denn die Verleihung des „Grand Prix" an den Allgemeinen Verband der deutschen Erwerbs- und Wirthschaftsgenossenschaften für seine Ausstellung und seine Leistungen beweist wohl zur Genüge, daß das Deutsche Reich sich dieser Ausstellung nicht zu schämen brauchte. Auch der Leiter des Allgemeinen Verbandes deutscher Erwerbs- und Wirthschaftsgenossenschaften, Dr. Crüger, ist bei Gelegenheit der Ausstellung mit der goldenen Medaille ausgezeichnet. Außer dem Allgemeinen Verband hatte sich noch der Allgemeine Verband der deutschen landwirthschaftlichen Genossenschaften bei einer Ausstellung des Landwirthschafts-Ministeriums wenigstens so weit betheiligt, daß er dem Ministerium Materialien zur Verfügung gestellt hat. Er fand sich dafür in der Liste der Aussteller, und hat für die Ausstellung als Preis die goldene Medaille erhalten. Ferner hatten noch eine Reihe Baugenossenschaften sich an der Ausstellung mit Skizzen von Häusern, Tabellen u. s. w. betheiligt, auf die eine Reihe Preise fielen. So hat der Berliner Spar- und Bau-Verein die goldene Medaille, der Hamburger Bau- und Spar-Verein die silberne Medaille erhalten, eine Anzahl weiterer Baugenossenschaften erhielten als Auszeichnungen Bronze-Medaillen und ehrenvolle Anerkennungen.

Herrosé & Ziemsen, Wittenberg.

FSC
www.fsc.org
MIX
Papier | Fördert
gute Waldnutzung
FSC® C083411

Kolibri 360 GmbH
Ferdinand-Jühlke-Straße 7
99095 Erfurt, Deutschland
produktsicherheit@kolibri360.de